凝聚隧道及地下工程领域的

先进理论方法、突破性科研成果、前沿关键技术，

记录中国隧道及地下工程修建技术的创新、进步和发展。

"十四五"时期国家重点出版物出版专项规划项目

中国隧道及地下工程修建关键技术研究书系

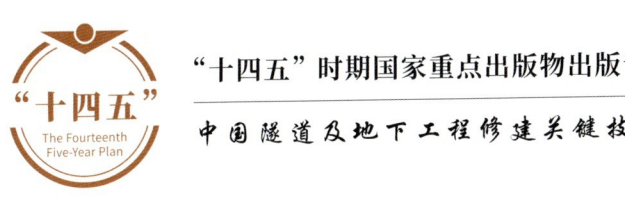

米仓山特长公路隧道建设技术创新与实践

张 睿 李建兴 方 勇 王中林 唐 协 / 编著

人民交通出版社股份有限公司

北 京

内 容 提 要

本书基于米仓山特长公路隧道修建过程中的科研攻关与实践经验,系统总结了特长公路隧道修建的创新性成果。本书主要内容包括:快速施工组织与机械配套,强岩爆段微震监测及处治技术,中—弱岩爆段柔性防护网快速施工技术,长距离独头掘进施工通风及硫化氢处治技术,深大通风竖井建造技术,地下风机房及联络道施工,隧道施工对水环境的影响及评价,以及其他四新技术的应用与创新。

本书可供从事隧道及地下工程设计、施工、科研的技术人员参考,也可作为高等院校隧道、岩土等专业师生的参考用书。

图书在版编目(CIP)数据

米仓山特长公路隧道建设技术创新与实践 / 张睿等编著. — 北京:人民交通出版社股份有限公司,2022.4
ISBN 978-7-114-17301-1

Ⅰ.①米… Ⅱ.①张… Ⅲ.①公路隧道—特长隧道—隧道工程—研究—四川 Ⅳ.①U459.9

中国版本图书馆 CIP 数据核字(2021)第 252933 号

中国隧道及地下工程修建关键技术研究书系
Micangshan Techang Gonglu Suidao Jianshe Jishu Chuangxin yu Shijian

书　　名:	米仓山特长公路隧道建设技术创新与实践
著 作 者:	张　睿　李建兴　方　勇　王中林　唐　协
责任编辑:	张　晓
责任校对:	孙国靖　宋佳时
责任印制:	刘高彤
出版发行:	人民交通出版社股份有限公司
地　　址:	(100011)北京市朝阳区安定门外外馆斜街 3 号
网　　址:	http://www.ccpcl.com.cn
销售电话:	(010)59757973
总 经 销:	人民交通出版社股份有限公司发行部
经　　销:	各地新华书店
印　　刷:	北京交通印务有限公司
开　　本:	787×1092　1/16
印　　张:	12
字　　数:	292 千
版　　次:	2022 年 4 月　第 1 版
印　　次:	2022 年 4 月　第 1 次印刷
书　　号:	ISBN 978-7-114-17301-1
定　　价:	92.00 元

(有印刷、装订质量问题的图书由本公司负责调换)

前 言
Preface

近年来,随着交通路网不断向西部山区和离岸深水区域延伸,我国公路隧道的长度和埋深不断增加,长大隧道、隧道群越来越多,直接或间接提升了隧道工程的建造难度。对长大隧道工程而言,主要体现在施工通风排水复杂、机械与材料的供应保障难度大、地质情况复杂、施工效率降低等方面。长大公路隧道往往是制约整个工程进度的关键工程,其建设进度和建设质量决定了整个工程的进展,因而如何又好又快地完成隧道建设对于长大隧道的建设至关重要。

本书依托巴陕高速公路米仓山特长隧道工程,结合科研创新及技术攻关成果,系统梳理总结了特长公路隧道修建的关键技术问题。米仓山特长公路隧道位于川陕交界处,是 G85 银川至昆明高速公路的控制性工程。隧道全长 13.8km,主要穿越砂泥岩、白云岩和石英闪长岩地层,存在瓦斯、岩溶等不良地质,是典型的高地应力深埋复杂地层特长公路隧道。针对隧道建设过程中的长距离独头掘进、岩爆段施工处治、长距离独头掘进施工通风及硫化氢处治、深大通风竖井建造、地下风机房及联络通道施工、隧道施工对水环境的影响等关键技术问题,作者团队开展了多项理论研究和技术攻关,秉承安全高效、创新实用的原则,建立了米仓山特长公路隧道快速施工组织与机械配套体系,形成了强岩爆段微震监测及处治技术体系,提出了深大通风竖井建造技术,实现了米仓山特长公路隧道的安全快速施工。

本书是对上述研究成果和工程实践的系统总结。全书共 9 章,第 1 章简要介绍了我国公路隧道的建设与发展现状以及特长公路隧道的关键技术体系发展;第 2 章介绍了米仓山隧道施工组织与机械配套;第 3 章针对强岩爆段微震监测及处治技术进行了论述;第 4 章详细介绍了中—弱岩爆段柔性防护网快速施工技术;第 5 章论述了长距离独头掘进施工通风及硫化氢处治;第 6 章论述了深大通风竖井建造技术;第 7 章介绍了地下风机房及联络道施工;第 8 章介绍了隧道建设对环境的影响;第 9 章介绍了隧道施工过程中的四新技术应用情况。

本书由四川川交路桥有限责任公司(以下简称"川交公司")隧道分公司张睿统稿、校核,四川省铁路产业投资集团李建兴、西南交通大学方勇、川交公司王中林、四川省公路规划勘察设计研究院有限公司唐协、四川交通投资集团有限公司周雄华参与编写。另外西南交通大学方勇教授的课题组成员余涛、蒲松和叶来宾参与了部分章节的编写与文稿整理工作,谨此致以衷心的感谢!

鉴于作者水平有限,书中难免出现谬误之处,恳请同行及广大读者批评指正。

作　者

2021 年 4 月

目 录
Contents

第1章　绪论 ··· 1
  1.1　我国公路隧道的建设历史、发展现状 ·· 1
  1.2　特长公路隧道建造技术发展现状 ··· 2
  1.3　米仓山特长公路隧道形成的创新成果 ··· 7

第2章　米仓山隧道施工组织与机械配套 ·· 10
  2.1　米仓山隧道快速施工组织 ·· 10
  2.2　长距离独头快速施工机械配套 ·· 18
  2.3　米仓山隧道机械配套实施效果 ·· 20

第3章　强岩爆段微震监测及处治技术 ·· 25
  3.1　米仓山隧道区域构造应力特征 ·· 25
  3.2　米仓山隧道岩爆风险预测 ·· 27
  3.3　米仓山隧道岩爆微震监测预警 ·· 42
  3.4　米仓山隧道岩爆处治 ·· 47

第4章　中—弱岩爆段柔性防护网快速施工技术 ··· 54
  4.1　柔性防护网静载力学行为 ·· 54
  4.2　柔性防护网动载力学行为 ·· 55
  4.3　岩爆段柔性防护网快速施工工法 ··· 72

第5章　长距离独头掘进施工通风及硫化氢处治 ··· 77
  5.1　特长公路隧道施工通风特点 ··· 77
  5.2　超长距离独头掘进施工通风 ··· 81
  5.3　硫化氢处治 ·· 94

第6章　深大通风竖井建造技术 ·· 98
  6.1　米仓山隧道竖井方案设计 ·· 98
  6.2　竖井施工方案研究 ··· 100
  6.3　竖井最终建井方案 ··· 107
  6.4　深大竖井短段掘砌混合作业法施工与机械配套研究 ······································· 108

6.5	竖井施工地下水控制及防排水技术	116

第7章　地下风机房及通风联络道施工 … 121
7.1	地下风机房开挖	121
7.2	地下风机房及通风联络道单层锚喷支护	125
7.3	地下风机房及通风联络道交叉口施工	134
7.4	通风联络道取消二次衬砌后风阻分析	137

第8章　米仓山隧道施工对水环境影响及评价 … 142
8.1	米仓山隧道沿线生态环境现状	142
8.2	地表重要水文点监控	147
8.3	米仓山隧道施工涌水监测	152
8.4	米仓山隧道施工环境的影响评价	160

第9章　其他四新技术 … 171
9.1	施工信息化技术	171
9.2	交通转换带的应用	175
9.3	新型半装配式电缆沟	177
9.4	新型施工机械	178
9.5	长陡斜井施工技术	180

参考文献 … 182

第1章 绪论

1.1 我国公路隧道的建设历史、发展现状

公路隧道是专供汽车运输行驶的通道。随着社会经济和生产的发展，高速公路大量出现，对道路的修建技术提出了更高的标准，要求线路顺直、坡度平缓、路面宽敞等。隧道在穿山越海方面具有其他工程无法比拟的优势，可显著优化公路空间线形、缩短运行距离、提高运输能力、保护环境。近年来，隧道的建设呈现出了非常明显的增长趋势，具体表现为里程数不断增加，特长和长大隧道以及大规模隧道群不断涌现。

新中国成立以来，交通建设迅速发展，随着川藏公路、青藏公路、新藏公路等第一个五年计划重点项目的开工建设，我国修建了一部分公路隧道，但是20世纪50年代全国隧道总量仅30余座，总长约2.5km，主要用于低等级公路穿山越岭。到1979年，全国公路隧道总量达到374座，通车里程52km，其中新增隧道主要出现在省道和国道公路上，比较典型的有位于S229省道的愚公洞隧道和向阳洞隧道等。党的十一届三中全会以后，随着经济建设的迅速发展，公路交通建设需求极为迫切，1985年全国公路总里程历史性的突破百万千米，但交通功能亟待改善，高速公路进入国人视野，隧道因其在改善行车条件方面的独特优势而进入前所未有的建设高峰期，如深圳梧桐山隧道、福建马尾隧道、甘肃七道梁隧道等一大批隧道相继建设完成。据统计，1993年我国公路隧道数量达到682座，共计136km，隧道平均长度小于200m，以二级以下的短隧道为主。到20世纪90年代，我国已建成十余座千米级典型隧道，如1986年建成的福建鼓山隧道，该隧道全长3.138km，是当时全国最长的一级公路隧道，隧道内配有闭路电视监测和雷达测速系统，拱顶设置轻型耐火吊顶，是我国第一条现代化双线公路隧道。1995年建成的成渝高速公路中梁山隧道采用的全射流纵向通风方式在国内首次突破1.5km的适用长度，通风距离达到了3.1km。1998年建成通车的潭峪沟隧道采用了五心圆圆拱曲墙三车道断面，也是当时国内跨度最大的公路隧道。1999年通车的广安至重庆高速公路华蓥山隧道在建设过程中攻克了溶洞、涌泥、突水、岩爆、高瓦斯和天然气等诸多难题。截至2000年，我国公路隧道通车里程达到1684座，共计628km，隧道平均长度已达373m，其中特长隧道15座，

长隧道135座,中隧道514座,短隧道1020座,公路隧道通车里程比1979年增长了12倍多,比1993年增长了4倍多。

进入21世纪,我国公路隧道年均增长率高达20%,且有逐年加快的趋势,在2000年至2010年的10年间,年均隧道建设里程达到555km。先后建成了沪蓉高速公路华蓥山隧道(4.706km)、二广高速公路雁门关隧道(5.235km)、沪渝高速公路方斗山隧道(7.605km)和秦岭终南山公路隧道(18.02km)等一批标志性特长隧道工程。其中秦岭终南山公路隧道目前仍是国内运营里程最长的高速公路隧道。截至2020年底,我国已建成10km以上特长高速公路隧道10余座,包括终南山隧道(18020m)、米仓山隧道(13833m)、西山隧道(13654m)、新二郎山隧道(13459m)、狮子坪隧道(13156m)、虹梯关隧道(13122m)、麦积山隧道(12290m)、云山隧道(11387m)、包家山隧道(11200m)、宝塔山隧道(10480m)、泥巴山隧道(10007m)等;还有近20座10km以上特长公路隧道处于在建或规划建设中,如新疆天山胜利隧道(21975m)、云南哀牢山隧道(17850m)、甘肃木寨岭隧道(15221m)、四川大凉山1号隧道(15346m等)、四川白马隧道(13013m)、重庆城开隧道(11306m)等。

1.2 特长公路隧道建造技术发展现状

目前我国已成为世界上公路隧道工程规模最大、数量最多和难度最高的国家,公路隧道的长度、埋深以及断面尺寸不断增加,建设水平和技术创新也取得了长足的进步,在快速施工、施工通风、竖井建造以及隧址区环境保护等方面形成了较为成熟的技术体系。

1.2.1 快速施工技术

目前对于隧道快速施工技术的研究集中在快速施工工法及掘进支护措施、人员机械配置、施工组织与管理等方面,其中施工工法与支护根据隧道围岩条件不同而不同,对于大多数特长公路隧道而言,快速施工的共性技术包括施工机械化、施工组织与管理等方面。

(1)施工机械化

在施工工法方面,目前大部分公路隧道施工还是以钻爆法为主。得益于实用爆破炸药和风动凿岩设备的研发,隧道施工速度大大提高,特别是随着新奥法理念的提出,喷射混凝土技术及锚喷支护的应用进一步提高了隧道修建的水平。20世纪60—70年代,受限于机械设备产生水平,我国隧道施工基本以上下导坑、漏斗棚架法为主要开挖方式,采用小型机械进行机械化和半机械化施工,如风动支架式凿岩机、装渣机等,独头掘进月平均进尺大多在100m以下。进入20世纪80年代以后,由于新奥法施工技术的普遍推广,全断面开挖成为隧道快速施工的主要开挖方式。

大瑶山隧道是我国第一个采用机械化施工的隧道,在大瑶山隧道施工过程中引入了四臂凿岩台车、轮胎装载机、倾卸汽车等设备组成了开挖、喷锚及混凝土衬砌三条作业线,大大提高了施工效率。之后随着隧道施工设备生产水平的不断提高和高效爆破器材的研发,特别是电脑控制多臂凿岩台车、混凝土湿喷台车、乳化炸药等的推广应用,极大地促进了施工水平的提升,如图1-1所示。

a)　　　　　　　　　　　　　　　b)

图1-1　国产首台全电脑三臂凿岩台车与混凝土湿喷车

全断面硬岩隧道掘进机(Tunnel Boring Machine,TBM)作为隧道机械化装备的典型代表,在铁路隧道施工中得到了广泛的应用,但是在公路隧道中应用尚不广泛。目前国内已建采用TBM施工的公路隧道主要为派墨公路多雄拉隧道,该隧道全长4784m,最大埋深820m,围岩以混合片麻岩为主,隧道施工面临高寒缺氧、高地温和高地应力等问题,施工采用海瑞克双护盾TBM,最大月掘进进尺达到561.17m。目前在建的乐西高速公路大凉山1号隧道采用TBM进行隧道平行导洞(以下简称"平导")施工,这也是TBM在国内高速公路建设中的首次应用。

(2)施工组织与管理

合理的隧道施工组织管理是将隧道施工全过程的各个主要环节进行全面、合理、有计划的安排,是实现隧道快速施工、缩短建设工期的重要途径。近年来随着我国隧道施工技术的逐步成熟和施工设备的优化完善,单作业面施工速度进一步提升的空间越来越小,因此在施工过程中常通过增加辅助坑道来辅助施工,实现长隧短打,以达到缩短工期的目的。在铁路隧道中通常会设置多座斜井来增加工作面,如石太客运专线太行山隧道全长27.84km,在施工中设置了9座斜井辅助正洞施工,共有24个工作面同时进行施工;兰新铁路乌鞘岭隧道全长20.05km,设计阶段设置了14座辅助坑道,在施工过程中增加1竖1横,共16个施工辅助坑道。

对于超特长公路隧道而言,往往需要设置运营通风井,故一般利用通风井兼顾辅助主洞施工来提高施工速度,较少额外设置斜井作为辅助坑道。代表性案例如下所述。

①秦岭终南山公路隧道。秦岭终南山公路隧道位于西安至安康高速公路西安至柞水段青岔村与营盘镇之间,隧道全长18.02km。在公路隧道施工过程中,东线隧道利用邻近铁路平导开设了8个施工横通道,实现长洞短打,历时32个月开挖贯通了两条18km长的公路隧道。借助于铁路平导的详细地质资料并根据现场实际情况制订了各种设计预案,施工中未发生事故,确保了施工安全和人身安全,加快了施工进度,月平均进尺在220m左右,部分地段连续月进尺超过300m,最高月进尺429.5m。

②太原西山特长公路隧道。太原西山特长公路隧道为太原至古交高速公路的控制性工程,左右洞长度分别为13680m和13580m,为上下行分离的双四车道隧道。隧道左右洞均采用纵向分段送排式通风系统,设置了四处斜井和两处竖井。隧道共设进口工区、1号斜井工区、1号竖井工区、2号斜井工区、2号竖井工区及隧道出口6个工区。

③大坪里(麦积山)隧道。隧道施工主要采用独头掘进,距离超过6.3km,利用通风竖井

辅助主隧道施工787m(占比6%),辅助比例低,在辅助施工比例较低的情况下,由于围岩条件相对较好,且地下水不丰富,开挖工期40个月。Ⅲ级围岩进度达到180m/月,Ⅲ~Ⅳ级围岩平均进度为144m/月、Ⅳ级围岩进度为115m/月。

④包家山隧道。3号斜井,长度约为600m,利用有轨运输承担了正洞4.1km的施工任务,辅助比例为18%,施工中采用无轨—有轨—无轨运输自动转化系统,其中斜井施工期间最大涌水量3.12万 m^3/d,主洞内最大涌水量4.3万 m^3/d,由于组织合理,未发生安全事故。1号和2号斜井,利用无轨运输均分别辅助左右洞1km,占比各为9%。在地质条件十分复杂,且地下水丰富的情况下,由于组织合理,辅助总比例达36%,因此开挖工期较短,为34个月,主洞平均进度为82m/月,无轨斜井为77m/月、有轨斜井为66m/月。

1.2.2　施工通风技术

隧道施工通风技术已经比较成熟,主要有压入式通风和巷道式通风两种方式。国外隧道施工主要采用独头压入式通风,这种通风方式可以解决较长距离的通风问题,而国内采用最长独头压入式通风的隧道为大别山隧道2号斜井(4300m)。这种独头压入式通风的显著差距主要为通风设备之间的差距,我国所生产的风管,长度大多为10m/节或20m/节,更长的风管在隧道内依靠人工已经无法挂设,平均百米漏风率为0.02,风管摩阻系数为0.02,而国外风管大多使用200m/节,均由机械挂设,平均千米漏风率为0.04,风管摩阻系数为0.012,从上述数据就可以看出国内外风管性能差距较大。国内施工通风所使用的通风机,功率大多为2×110kW,功率在220kW以上均可称为大功率通风机,如果再加大功率,风管抗拉强度不够,容易破裂;国外目前普遍使用大功率大风管通风机,瑞典GIA公司生产的3×AVH180大型通风机最大功率可达3×500kW。

国内对于掘进距离超过1500m的特长隧道主要采用巷道式通风。巷道式通风是指利用平导或者在成洞地段修建风道作为回风道的通风方式,一般适用于3000m以上的设置了平导的隧道或设置了横通道的双洞隧道。该通风方式在长隧道中通风效果好,通风排烟时间短,通风阻力小,送风距离短,通风长度大大缩短,减少了一次性投入,也大大减少了通风维护工作量,运营成本明显降低,理论上可解决无限长通风距离。但实际上该通风方式仍有自身难以克服的缺点,例如:风机布置数量多、功率大;经常移拆风机;风流方向不易控制,存在污风循环,难以解决多工作面施工通风等问题;当通风距离超过4km后,由于系统复杂且管理难度大等因素造成通风效果较差。因此,对于以米仓山隧道为代表的长大公路隧道,有必要开展通风系统优化和有效管理研究。

1.2.3　竖井建造技术

竖井施工通常采用复杂的垂直提升设备,施工进度慢,竖井深度不宜超过150m;对于超长隧道,竖井深度不宜超过400m,否则应有充分的技术经济比较和论证。我国《公路隧道设计规范　第一册　土建工程》(JTG 3370.1—2018)规定,竖井须采用复合式衬砌结构,并给出直径7m以下的竖井井身支护结构参数参考取值,但对于竖井直径大于7m的,要求进行专项设计。近年来,采矿、水电和交通等有关深大竖井方面的实例明显增加,但在施工环境方面,对占用空间限制、周围环境的保护、安全性等要求越来越苛刻,在这种情况下,选用合理可行的深大竖井设计与施工技术显得尤为重要。

1) 竖井结构设计理论和方法

关于竖井设计理论,首先要解决的问题是作用在衬砌结构上的荷载计算。一直以来在计算竖井荷载时普遍采用普罗托奇雅柯诺夫教授和秦巴列维奇教授的计算方法,而这两种方法都是依据挡土墙压力理论计算的,该理论认为在竖井开挖后竖井周围岩层受到破坏时会出现滑动棱柱体,并将其上的覆盖层视为作用于破坏棱体上的均布荷载。但是这种理论存在一些缺点,从整个计算体系来看,该算法把围岩看成作用于支护上的荷载,完全忽略了围岩本身的自承能力。这种计算体系和目前的实际情况已不符合,如在有些裂隙较多的围岩中,一层较薄的喷层就能支护井筒。对于较软弱围岩,在竖井开挖后周边围岩向井筒中心位移的瞬时会产生自身挤压和楔紧作用,但秦氏方法并没有考虑这些因素的影响。由于上述问题的存在围岩压力随着竖井深度的增大而呈线性增大,当竖井深度增大到一定深度时,围岩荷载就会相当大。为了修正上述缺点,秦巴列维奇教授又提出了一种修正算法。该算法认为引起岩石应力状态的力并不包括所有上覆岩层的重量,仅包括破碎带内的岩石重量,如果围岩性质较好,则不会形成明显的破坏带,因而只会产生很小的压力。除此之外还有一些学者针对竖井荷载进行了深入的研究,取得了一系列的成果。但是目前在设计中还是以工程类比方法为主,在《公路隧道设计规范 第一册 土建工程》(JTG 3370.1—2018)中对直径小于7m的竖井提出针对不同等级围岩的相应要求。对于Ⅰ、Ⅱ级围岩可以采用喷锚支护、支护衬砌和无初期支护的复合式衬砌(二次衬砌模筑混凝土),对于Ⅲ级围岩三种支护方式均可以使用,而Ⅳ、Ⅴ级围岩一般采用支护衬砌和复合衬砌。

2) 深大竖井施工方法现状

目前我国公路行业常用的竖井施工方法主要有正井法(凿岩爆破一次成形法)和反井法(先导井后扩挖)。

(1) 正井法

从井口开始全断面开挖,自上而下施工,井筒开挖一次凿岩爆破成形,采用抓岩机装渣,采用吊桶提升运输洞渣和材料,出渣完成后施作初期支护和二次衬砌。凿岩爆破一次成形法优点是施工技术成熟,可提前开工,解决了主洞施工通风难题;缺点是装渣、出渣效率低,成井进度较低,空间狭小,地下水排出困难,存在一些安全隐患。目前我国采用正井法施工的竖井有秦岭终南山隧道2号竖井、大坪里隧道竖井、包家山隧道竖井、宝塔山隧道竖井、泥巴山隧道竖井、龙潭隧道竖井、乌池坝隧道竖井、明月山隧道竖井等。

根据竖井深度、地质情况、施工设备和施工顺序,凿岩爆破一次成形法又分为全井单行作业法、长段单行作业法、短段单行作业法、长段平行作业法,见表1-1。

竖井正井法各方案比较 表1-1

方法	特点	优点	缺点	适用范围
全井单行作业法	竖井自上而下掘进到底,然后自上而下浇筑二次衬砌	施工只需1套吊盘设备,作业简单,无干扰,管理方便	掘进和衬砌不是平行作业,工期较长;当地质较差时完全靠初期支护承受围岩压力,安全性偏差	竖井不深,地质良好

续上表

方法	特点	优点	缺点	适用范围
长段单行作业法	竖井自上而下掘进100~150m到达壁座后,停止掘进,浇筑二次衬砌,完成后,再开始下一循环	施工只需要1套吊盘设备,作业简单,干扰少,管理方便,且能保证竖井安全	工期偏长,壁座需进行特殊设计,保证下一循环掘进时二次衬砌不脱落	竖井不深,地质相对差
短段单行作业法	二次衬砌紧跟开挖面	属单行作业,设备简单,竖井的安全性好	工期偏长,二次衬砌接头多,整体性较差,防水性能差	竖井深,地质十分差
长段平行作业法	掘进和衬砌同步进行,两工作面相距不小于30m,二次衬砌均从壁座开始	平行作业,总工期短	需要掘进和衬砌两套吊盘,设备多,施工复杂,干扰大	竖井深,地质差

(2)反井法

具体方法是先开挖用于溜渣的导洞,然后再用传统的钻爆法自上而下扩挖成井,目前我国采用反井法施工的隧道有终南山隧道1号竖井、括苍山隧道、苍岭隧道等。

反井法的优点如下所述:

①地面施工场地较小,设备相对较少,不需要在山上弃渣,有利于保护环境,对自然环境破坏小。

②由于有反井的自由面存在,扩大施工时爆破效率高,有利于实现深孔光面爆破。

③地下水和爆破下来的岩石直接落到下部,提高了出渣和清底的速度,加快了凿井进度。

④减小了吊桶容积和提升设备规模,节省了吊泵等临时排水设备,降低了施工成本。

反井法的缺点如下所述:

①只有主洞施工到竖井处才能开始竖井施工,不能缩短主洞施工通风距离。

②反井贯通后,仍需正井扩挖,上口需布置一套提升吊挂设施和设备。

③随着竖井深度的增加,反井钻孔容易产生偏斜,施工难度越来越大,速度越来越慢,造价也会相应增加。

综上所述,目前交通行业竖井修建还是以正井法为主,但是正井法需要大量人员下井作业,井筒狭窄、工作环境恶劣,施工人员安全难以保障,同时受到噪声、潮湿淋水、有害气体等职业伤害困扰,影响工作人员的身心健康。而爆破产生大量CO、CO_2、H_2S等有害气体,排入大气会对环境造成污染。

1.2.4 环境影响及控制

隧道施工过程会不可避免对原有环境状态造成影响,并可能使环境向不利于人类生存的方向发展,形成环境污染,如岩体结构松散、地表水和地下水流失、施工导致的噪声、爆破冲击与振动、大气污染、弃渣污染等。总体而言,隧道在建设过程中对环境的影响可以总结为以下几个方面:

(1) 隧道施工对隧址区水土资源的影响

隧道在洞口段经常会进行填挖方作业,在主洞施工过程中伴随着大量的弃土弃渣,这必然会对隧址区水土资源产生影响。首先洞口填挖方将破坏原地表的水土保持功能,导致地表土层松动,土壤抗蚀性下降,加剧水土流失;其次施工过程中产生的大量弃土、弃渣为加剧水土流失提供了丰富的物质来源,增强了水土流失强度;最后施工驻地等临建设施会破坏原有地表林草植被,大大降低原有水土保持功能。目前国内主要采取加强弃渣的综合利用、合理选择弃渣场、建立弃渣的多级挡护、加强弃渣场的绿化和复垦等相应措施,并建立了由目标层、准则层和指标层构成的生态环境保护的指标体系框架,形成了相应的评价方法和评价流程。

(2) 隧道建设中振动、冲击波、噪声、粉尘废气对环境的影响

目前钻爆法是公路隧道施工过程中被广泛使用的开挖方法,而爆破过程中产生的振动效应、爆破噪声和冲击波会对施工人员和附近居民的身心健康造成影响。此外,隧道施工过程中大量使用的钻孔设备、支护设备、搅拌和运输设备等都会不可避免地产生噪声污染。此外,隧道爆破、材料运输等施工过程都会导致大量粉尘和有害气体的产生,对附近大气环境造成不可忽略的影响。煤系地层中隧道施工过程中极易遭遇硫化氢等有害气体,对施工人员的身体健康及安全造成危害。

(3) 隧道建设对水环境的影响

隧道开挖会对隧址区原有水系统平衡造成不同程度的破坏,特别是对地下水循环系统的破坏。地下水循环系统的破坏必然会引起地下水位的短期或长期降低,造成水资源浪费和水资源局部枯竭;加速围岩风化作用和侵蚀性地下水的形成;使围岩中重金属元素或有害元素活化迁移,导致水资源水质下降和污染土壤;破坏地下水的动态平衡,出现地下漏斗,从而引起地表水源地的枯竭、水质下降,甚至出现地表塌陷等现象;使土壤含水量下降,从而影响植物的正常生长、破坏自然生态平衡。此外隧道施工过程中产生的油污等也会随着隧道排水进入地表水体,对水体造成污染。目前国内普遍采用模糊层析分析法、隶属函数法、距离判别分析模型等方法建立地下水环境负效应评价指标体系,进而评估隧道施工过程对地下水环境的影响。在隧道允许排水量方面,引入了生态学、农学中有关植被生态需水的概念,将地下水位最大降深控制在植被正常生长所允许范围内,推导出了地下水降水漏斗体积计算公式,结合隧道围岩参数得出地下水总排放量,与降雨补给量进行比较,得到恢复隧址区原始地下水位所允许的排放量。但总体而言,目前地下水的排放对环境的影响评价缺乏可操作的量化评价指标体系,给确定堵水限排的标准带来难度。

1.3 米仓山特长公路隧道形成的创新成果

米仓山隧道位于 G85 银川至昆明高速公路川陕交界位置,总长 13.8km,为西南地区最长的公路隧道,是目前已建成通车的全国第二长、世界第三长公路隧道。其中陕西境内约 3km,四川境内约 10.8km,是巴陕高速公路的重大控制性工程。米仓山特长公路隧道具有工程规模巨大、地质条件复杂、大断面与交叉洞室较多等特点,建设过程中主要面临特长公路隧道快速施工组织与机械配套、岩爆监测及处治、柔性防护网快速施工、超长距离独头掘进施工通风及硫化氢处治、深大通风竖井建造、地下风机房和通风联络道施工、施工对环境的影响及控制等

关键技术问题。

(1)米仓山特长公路隧道快速施工组织与机械配套

合理的施工组织与机械配套对于加快施工进度、节约劳动力、改善施工条件、提高工程质量具有重要意义。米仓山隧道全长13.8km，隧道共设置两组斜井、一组竖井，其中陕西境斜井长约1900m、四川境斜井长约1600m、竖井深约435m，隧道规模居国内公路隧道工程界前列。我国的秦岭隧道、乌鞘岭隧道、太行山隧道等都是十几、二十几公里，但这些隧道的施工往往都是集中了相当范围内的优势资源，包括人力资源、设备资源，集中多家实力很强的公司或组织，进行管理、设计、咨询、监理，特别是施工，基本上是由几家知名的公司共同完成。像米仓山特长公路隧道采用独头掘进，仅由两家施工单位施工的情况较为少见，因此如何对长大隧道施工安全和工期风险进行控制与管理，如何通过合理的施工组织、选择科学的施工方法和工序安排、配置适当的资源、规范操作工艺等措施，既保证施工安全、规避工期风险，又能有效地控制成本，是米仓山隧道建设者需要研究解决的重要课题。

(2)强岩爆段微震监测及处治技术

岩爆是隧道施工过程中的一种常见的地质灾害，其中强岩爆作为一种强烈的动力失稳地质灾害，往往伴随着岩体的爆裂松脱，会对施工人员、设备造成极大的安全威胁，钱七虎院士指出对于深部地下工程，岩爆已成为造成人员伤亡、设备毁损、影响工程施工的突出地质灾害。岩爆过程伴随着大量的微破裂产生、合并、集群过程，而这些破裂过程释放的P波和S波可以被微震系统中的检波器或加速度传感器捕获，借助数据处理软件可以确定微震事件的位置、强度，最终依据微破裂稳定或失稳破裂发展的趋势，对岩体是否发生岩爆以及岩爆的定位和能量做出定性或定量的评价。米仓山隧道埋深大，受构造作用影响强烈，岩体以石英闪长岩等硬脆性岩石为主，具备发生岩爆的客观条件，因此在隧道施工过程中如何对潜在岩爆风险进行较为准确的预测和处治是隧道施工过程中面临的重要挑战之一。

(3)中—弱岩爆段柔性防护网快速施工技术

与强岩爆相比，中—弱岩爆破坏性较小，但其持续时间较长，对施工人员、机械设备的安全也会造成一定威胁，目前在施工中基于加固围岩的思想，常采用钢支撑和喷—锚—网(钢筋网)的整体支护方式进行被动支护，但是这种方法不仅会增加施工成本，还会降低施工效率，因此如何在防治岩爆的基础上达到快速施工的目的是公路隧道工程面临的长期性难题。

(4)超长距离独头掘进施工通风及硫化氢处治

特长隧道的施工通风一直是超长距离独头掘进施工中亟待解决的问题。施工通风的目的是供给洞内足够的新鲜空气，稀释、排出各种有害气体，并降低粉尘浓度，以保证作业人员的身体健康和施工安全，提高作业效率。只有合理地解决施工中的通风问题，才能有效地排除有害气体和降低粉尘浓度，保证掌子面和整个隧道内的空气新鲜，从而改善洞内的施工环境，保障施工人员的身心健康，为加快施工进度、提高生产效率提供可靠的保障。而特长公路隧道由于其自身的特点和难点——长、大、难、新，导致通风效果难以保证，施工通风难度越来越大。

(5)深大通风竖井设计与施工技术

随着我国公路网不断向山区延伸，出现了一大批长大隧道，这类隧道通常需要设置通风井以解决运营通风问题。竖井相对其他井形具有长度短、风阻小等优点，但由于受制于建井技术，目前我国公路隧道行业已建竖井较少，多借鉴煤矿部门20世纪70年代的设计与施工技术,建井深度有限,直径较小,施工以正井钻爆开挖和掘砌单行作业为主,支护主要采用开挖后喷锚支护和成井后自井底模筑混凝土或钢筋混凝土组成的复合式衬砌。目前建井技术存在的主要问题首先为竖井设计深度不宜超过 300m,当竖井深度超过 300m 时,应进行专题论证。其次,公路隧道竖井直径不宜大于 7.0m,小直径竖井施工安全性优于大直径竖井,但小直径竖井会限制机械化施工水平。另外,复合式支护参数对应围岩级别由 Ⅴ 级向 Ⅱ 级逐渐变弱,而实际划分围岩时井口至井底围岩力学条件往往越来越好,对应支护参数越来越弱,与竖井的受力方式不对应,而且复合式衬砌支护工序较多,建井速度慢。最后,施工掘砌以单行作业方式为主,缺乏相应的机械配套要求,机械化程度低,安全性较差。

(6)隧道建设对隧址区的环境影响及控制技术

米仓山特长公路隧道位于米仓山国家森林公园(主要是牟阳城景区)和省级大小兰沟自然保护区的实验区,地表生物种类多样,自然景观和人文景观众多,隧道工程建设是否会对陆域生态敏感区环境造成影响,是否会危及景观体的生命等重大问题,是隧道建设过程中面临的重大挑战。

第2章

米仓山隧道施工组织与机械配套

随着国内隧道建设规模逐渐增大，隧道工程技术不断创新，长大隧道不断涌现。长大隧道具有施工强度高、施工工艺复杂多变、建设难度大等特点，因此，为了保证隧道工程能按设计进度要求高质量地完成建设，科学的施工组织、合理的施工机械配套是非常必要的。施工组织设计是对施工活动实行科学管理的重要手段。通过编制科学的施工组织设计，根据施工的各种具体条件制订拟建工程的施工方案，确定施工顺序、施工方法、劳动组织和技术组织措施；排定施工进度，保证拟建工程按照工期要求完成。同时，对于长大隧道而言，一般采用机械化程度较高的施工设备来进行施工，并使这些施工机械设备在数量和功能上彼此匹配，达到最理想的施工效果，进而提高施工效率，缩短工期进度。故本章主要对米仓山隧道建设过程中的施工组织与机械配套进行介绍，以期为类似隧道工程的建设提供一定的参考。

2.1 米仓山隧道快速施工组织

隧道项目建设过程中，如何合理确定项目总体施工组织与总体施工方案是决策者和管理者重点关注的问题。特别在重大复杂工程项目建设过程中，施工组织和总体方案是决定一个建设项目是否合理的关键影响因素，也是关系到建设项目能否按期取得经济效益的重要因素。所以合理地规划各子项工程的施工方法和施工安排具有重要意义。

2.1.1 米仓山隧道总体施工方案

1）方案1：独头掘进施工方案

方案1为不利用运营通风道辅助主隧道施工、按主隧道独头掘进考虑。由于各方案运营通道施工工期相对主隧道工期较短，主隧道为控制工期段。根据设计文件提供的隧道围岩统计情况、开挖进度指标，按照独头施工的工期见表2-1。

通过计算，隧道可分为2个合同段，按贯通时间相等考虑，合同段分界点为K45+780，开挖时间至少为56个月（通风道单独施工、工期较短，不是控制工期段），如图2-1所示。参照相关隧道，按2个月施工准备期，且隧道贯通后6个月通车计，则采用主洞独头开挖，隧道的总工期需要64个月(5.3年)。参照近期施工的10~14km隧道的开挖工期相对较长,有必要利用通风井辅助施工。

米仓山隧道围岩统计及独头施工工期   表2-1

围岩级别	V	IV	III	II	合计
围岩长度(m/%)	1252/9	1900/14	9480/69	1160/8	13792/100
平均开挖进度(m/月)	50×2	90×2	160×2	220×2	219.8
开挖时间(月)	12.52	10.56	29.63	2.64	55.35

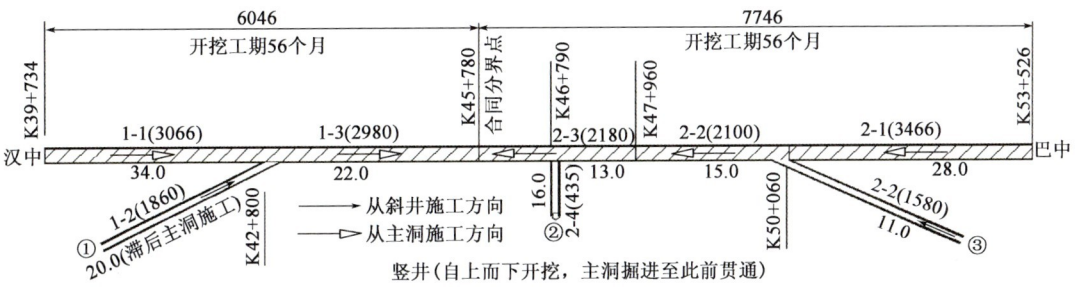

图2-1 方案1:隧道独头掘进施工方案平面示意图(尺寸单位:m)

注:带小数的数值为工期,单位:月。以下类同。

2)方案2:进口端斜井辅助+出口端斜井辅助施工方案

将隧道(含通风井)划分为2个合同段,根据初步的工序安排,合同段分界点桩号为K45+500,每个合同段应进行分段施工,并要求第1合同段的1-1段和1-2段同时施工,第2合同段的2-1段和2-2段同时施工,辅助通道先期与主洞交汇后,单向参与主隧道施工直至与主洞贯通后由主洞完成剩下的开挖,如图2-2所示。各段落的长度、控制工期及合同段划分见表2-2。

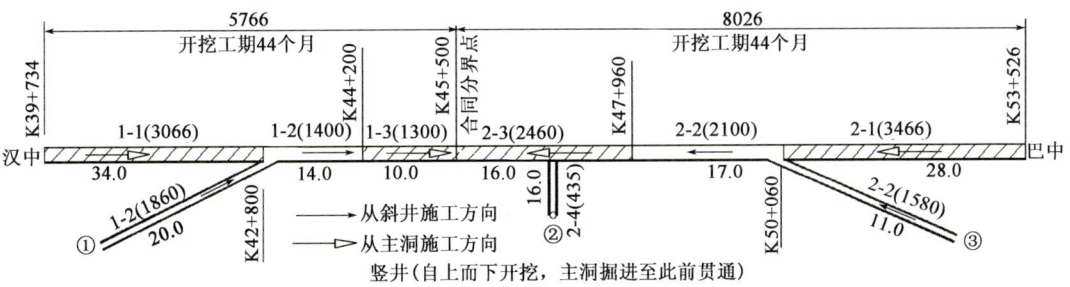

图2-2 方案2:进口端斜井辅助+出口端斜井辅助施工方案示意图(尺寸单位:m)

方案2:进口端斜井辅助+出口端斜井辅助施工方案的合同段划分及工期安排情况   表2-2

合同段	施工区段	桩号	长度(m)	工期(月)	备注
第1合同段	1-1段	K39+734~K42+800	3066	34	主洞施工,90m/月
	1-2段	进口端斜井	1860	(20)	斜井施工,93m/月
		K42+800~K44+200	1400	(14)	斜井单向辅助主洞,100m/月
	1-3段	K44+200~K45+500	1300	10	主洞施工,130m/月
	小计	主隧道5766m+斜井1860m		44	开挖工期

续上表

合同段	施工区段	桩号	长度(m)	工期(月)	备注
第2合同段	2-1段	K50+060~K53+526	3466	28	主洞施工,124m/月
	2-2段	出口斜井	1580	(11)	斜井施工,143m/月
		K47+960~K50+060	2100	(17)	斜井单向辅助主洞,124m/月
	2-3段	K45+500~K47+960	2460	16	主洞施工,154m/月
	2-4段	竖井	435	(16)	竖井施工,28m/月
	小计	主隧道8026m+竖井435m+斜井1580m		44	开挖工期
总工期:52个月(综合考虑2个月施工准备,开挖完成后6个月完成土建)					

注:1. ( )为非控制工期段,工期计算时不考虑。
2. 变坡点在K46+810处,工期计算时考虑反坡施工因素。
3. 斜井单向辅助主洞施工,工期计算时无双向相互干扰因素。
4. 进口端斜井预测在与主洞交汇的826m段涌水量较大,工期计算时考虑其影响因素。

3)方案3:进口端斜井不辅助(正打+反打)+出口端斜井辅助施工方案

基于斜井涌水量的预测,考虑进口斜井分两段施工:最大涌水段(与主洞交汇段的826m)由主洞辅助完成,减小斜井淹井的可能;斜井地表段由斜井自身开挖完成。将隧道(含通风井)划分为2个合同段,根据初步的工序安排,合同段分界点桩号为K44+590,每个合同段应进行分段施工,第1合同段的1-1段和1-2段不必同时施工(因为1-2段斜井工期远小于1-1段主洞施工)。第1合同段隧道完全由主洞开挖完成,且主洞开挖至与斜井交汇点后,从主洞辅助斜井完成其中的826m开挖。第2合同段的2-1段和2-2段同时施工,辅助通道先期与主洞交汇后,单向参与主隧道施工直至与主洞贯通后由主洞完成剩下的开挖(图2-3)。各段落的长度、控制工期及合同段划分见表2-3。

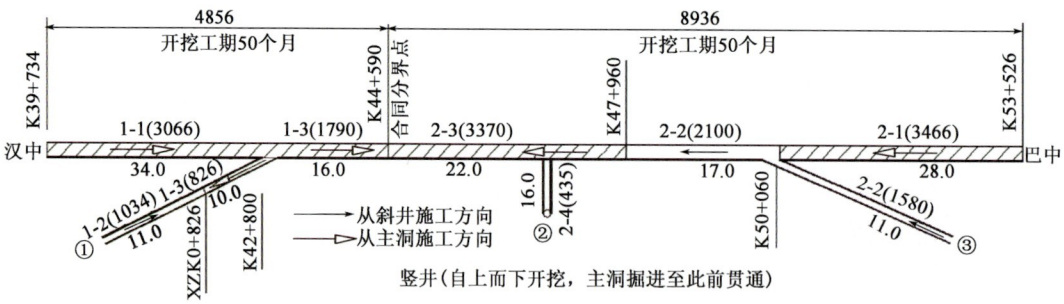

图2-3 方案3 进口端斜井不辅助(正打+反打)+出口端斜井辅助施工方案(尺寸单位:m)

方案3:进口端斜井不辅助+出口端斜井辅助施工合同段划分及工期安排情况　　表2-3

合同段	施工区段	桩号	长度(m)	工期(月)	备注
1合同段	1-1段	K39+734~K42+800	3066	34	主洞施工,90m/月
	1-2段	进口端斜井地表段	1034	(11)	斜井施工,93m/月
	1-3段	进口端斜井交汇段	826	(10)	主洞辅助施工,83m/月
		K42+800~K44+590	1790	16	主洞施工,112m/月
	小计	主隧道4856m+斜井1860m		50	开挖工期

续上表

合同段	施工区段	桩号	长度(m)	工期(月)	备注
2合同段	2-1段	K50+060~K53+526	3466	28	主洞施工,124m/月
	2-2段	出口斜井	1580	(11)	斜井施工,143m/月
		K47+960~K50+060	2100	(17)	斜井单向辅助主洞,124m/月
	2-3段	K44+590~K47+960	3370	22	主洞施工,154m/月
	2-4段	竖井	435	(16)	竖井施工,28m/月
	小计	主隧道8936m+竖井435m+斜井1580m		50	开挖工期
总工期:58个月(综合考虑2个月施工准备,开挖完成后6个月完成土建)					

注:1.( )为非控制工期段,工期计算时不考虑。
2. 变坡点在K46+810处,工期计算时考虑反坡施工因素。
3. 进口主洞辅助斜井施工段,工期计算时要考虑相互干扰因素;出口斜井单向辅助主洞施工,工期计算时无双向相互干扰因素。
4. 进端斜井预测在与主洞交汇的826m段涌水量较大,不考虑其参与主洞施工。

4)各施工方案综合比较

米仓山隧道施工方案比较见表2-4。

米仓山隧道施工方案比较　　　　　　　　　　表2-4

项　目	方案1	方案2	方案3
辅助施工方式	无辅助,主洞独头掘进	进口端斜井辅助+出口端斜井辅助	进口端斜井不辅助(正打+反打)+出口端斜井辅助
施工风险	进口端斜井滞后主洞施工,无涌突水风险	进口端斜井存在涌突水风险	进口端斜井滞后主洞施工,无涌突水风险
施工难度	较大	大	小
施工安全控制	较困难	困难	容易
开挖工期(月)	56	44	50
预计总工期(月)	64(5.3年)	52(4.3年)	58(4.83年)
综合比较结论		推荐方案3	

从工期控制、安全性、环保(对风景区的影响)、成本(通风道以及辅助施工成本)以及工程实施难度等方面进行综合比较,方案3具有如下优势:

(1)施工风险小。进口斜井涌水最大段落由主洞辅助施工完成,基本可解决斜井受涌突水影响淹井的安全性问题;竖井不参与主隧道施工。

(2)施工工期相对易于控制。本方案开挖工期50个月,且主洞、斜井均有施工工作面,利于施工现场根据施工情况灵活机动调整工作安排,总工期易于控制。

因此推荐方案3,即进口端斜井不辅助(正打+反打)+出口端斜井辅助。

2.1.2 实际施工情况

在实际施工过程中整个隧道采用进出口两个合同段施工,预计开挖施工时间为2014年1月15日—2018年3月14日,共计50个月,总工期为5年。原计划施工方式为进口端斜井(岩溶地层)不辅助+中部竖井不辅助+出口端斜井辅助施工(2.1km),其中进口端斜井预测涌水量较大,可能会滞后主洞施工,因而可考虑采用反打的预案,如图2-4所示。但是在实际施工中因为施工场地建设及其他客观条件的影响,进口端(LJ1)斜井较主洞先施工至预定里程,因而进口端斜井辅助主洞施工200m,而出口端(LJ2)斜井则滞后于主洞施工,所以采用正打方法,未辅助主洞施工。而中部竖井施工较主洞预先达到施工预定里程,并对出口端进行了辅助施工(300m)(图2-4)。

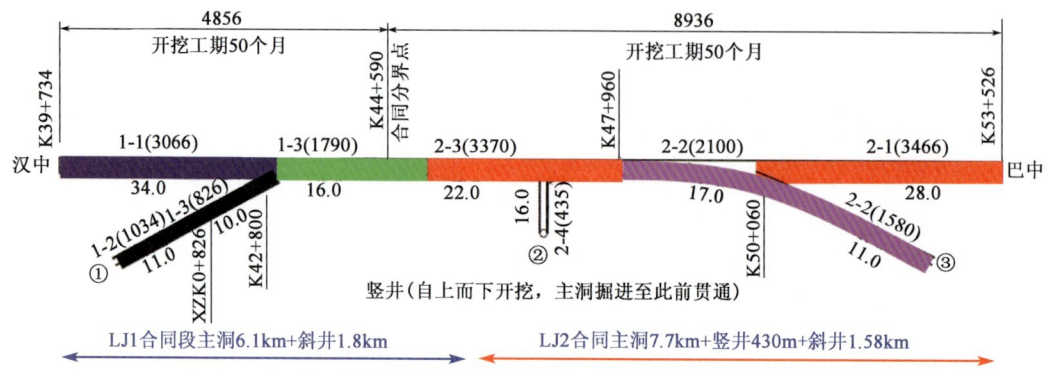

图2-4 初始施工安排(尺寸单位:m)

施工过程中各工区的预计月进尺与实际月进尺如图2-5所示。

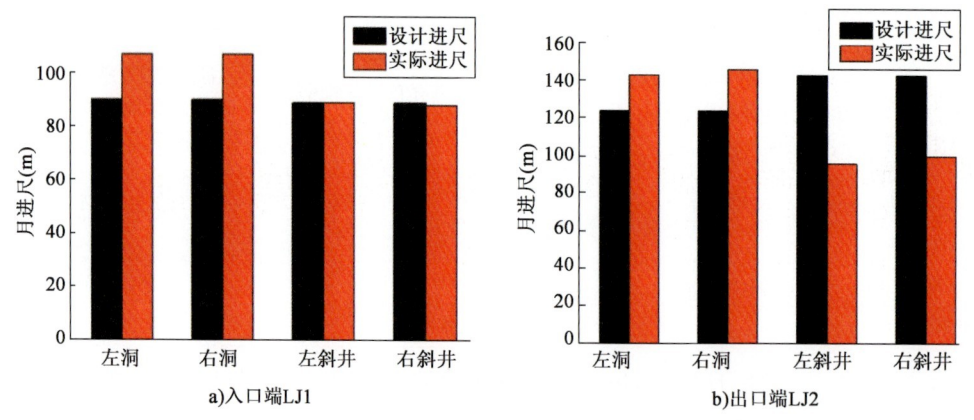

图2-5 设计进尺与实际进尺对比

从图2-5中可以看出,两个合同段主洞的实际月进尺均大于设计月进尺,其中入口端的实际月进尺较设计月进尺提高18.89%,出口端的实际月进尺较设计月进尺提高17.74%,同时统计结果表明进口端斜井的设计月进尺与实际月进尺非常接近,而出口端斜井的设计月进尺则大于实际月进尺,其中一个重要原因是入口端斜井设计月进尺充分考虑了围岩垂直渗流强烈、涌水严重的情况,如图2-6所示。而出口端斜井虽然没有强烈涌水的情况,设计月进尺为143m,但是实际过程中发现斜井工程因为坡度较大,所以施工钻孔、出渣、支护等过程中均存在较大困难,因而导致实际施工速度要小于设计值。综合上述情况,可以得出,在同类型的斜井施工过程中月进尺90m是较为合适的。

14

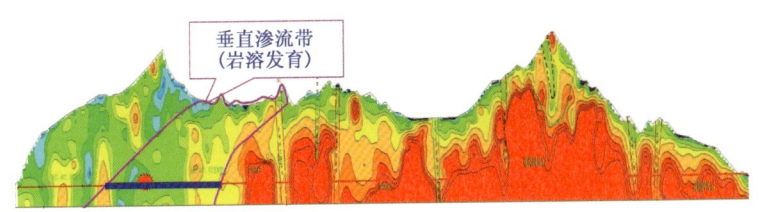

图 2-6　入口端岩溶发育

2.1.3　基于反坡排水成本的斜井辅助施工可行性分析

在隧道工程建设过程中,常利用斜井辅助主洞施工,但是在富水地层斜井施工过程中,如果涌水量较大则往往需要设置水泵进行抽水以保证掌子面施工环境。当斜井内涌水量较大时排水需要耗费大量的电力和时间成本,这在一定程度上降低了利用斜井辅助施工的可行性。本节从排水成本角度出发,对斜井辅助施工的可行性进行讨论。

斜竖井中抽水设备的配置可按如下步骤进行。

(1) 流量确定

假设单洞平均涌水量为 $Q_{max}(m^3/h)$。

(2) 水管管径确定

隧道内一般采用钢管进行排水,其流速一般为 $2.0 \sim 3.0 m/s$,一般认为排水钢管直径 d 的选取应满足一定的富裕系数,同时应结合技术和经济两方面考虑,计算方法如下:

$$d = \sqrt{\frac{4Q_{max}}{\pi v}} \tag{2-1}$$

式中:v——钢管中的流速(m/s)。

对于单管管径的选择,应考虑隧道内场地及施工情况,如果管径太小,则排数太多,不利于水泵配置;如果管径太大,则不利于施工。一般认为采用 $d = 200mm$ 或 $d = 150mm$ 的管径较为合理,则水泵数量可以按如下公式计算:

$$n \geq \frac{d}{0.2} = 5d \tag{2-2}$$

(3) 扬程

水泵的扬程可用如下方法计算:

$$H = Z + h_f + h_w \tag{2-3}$$

式中:Z——扬水高度,即入口处水面到出口处水面的高程差;

h_f——沿程水头损失,可采用达西公式或谢才公式 $h_f = (\lambda L v^2)/2dg$ 进行计算;

λ——沿程摩阻系数;

L——管路长度;

h_w——局部水头损失,主要发生在入口、弯折、阀门、接头、出口等位置,$h_w = (\& v^2)/2dg$;

$\&$——局部水头损失系数,需要查相关文献;

其余符号含义同前。

（4）水泵选型

$$N = Q \cdot H \cdot \rho / \eta \tag{2-4}$$

式中：Q——流量；

H——水泵流程；

ρ——介质密度；

η——水泵的工作效率。

上述公式可以对抽水功率进行计算，但是较为烦琐，因此可从能量角度进行分析，对于斜井辅助主洞施工，可以分为如下两个过程：斜井未贯通和斜井已贯通，如图2-7所示。

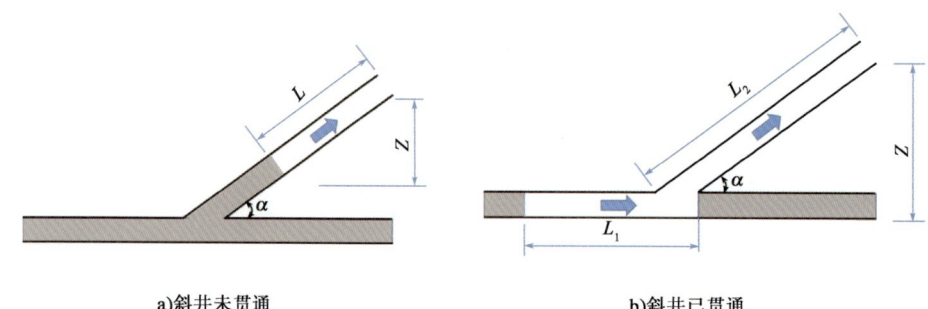

a）斜井未贯通　　　　　　　　　b）斜井已贯通

图2-7　斜井计算类型

L-斜井未贯通前的开挖长度；L_1-斜井贯通后主洞距交叉口的距离；L_2-斜井长度；α-斜井的坡度；Z-掌子面位置处的垂向深度

对于未贯通的情况，可按如下方法进行计算。

对于斜井内涌水，如果要抽出斜井外，则水泵需要对水体做功，这部分功需要为水体提供动能并克服重力势能做功，同时还需要克服沿程损失和局部损失做功，如下所示：

$$W_e = E_h + E_v + E_f + E_w \tag{2-5}$$

式中：W_e——外界对水体做的有效功；

E_h——水体增加的重力势能；

E_v——增加的动能；

E_f——克服沿程损失所需的能量；

E_w——克服局部损失所需的能量。

$E_h = \rho Q g L \sin\alpha$，$E_v = 0.5\rho Q v^2$，$E_f = \rho Q g \cdot (\lambda L v^2)/2dg$，$E_w = \rho Q g \cdot (\xi v^2)/2dg$，式中符号含义同前。其中需要注意的是上述计算是针对单一水泵的计算结果。

目前一般离心水泵的效率η_1可达到75%～90%，而电动机的效率η_2可达到90%左右，考虑到隧道内电压波动及其他因素的影响，水泵的综合效率取67.5%，根据《室外排水设计规范》（GB 50014—2006）❶，对于采用压力流的管道，压力管道的设计流速宜采用0.7～2.0m/s，此处按最不利工况考虑，可取流速$v = 2.0$m/s，同时根据隧道内常用水管参数取$d = 0.2$m，$\lambda = 0.02$，且在一般的管道系统中，局部水头损失只占沿程水头损失的10%以下，或管道长度大于

---

❶　现行标准版本为《室外排水设计标准》（GB 50014—2021）。

1000倍管径时,在水力计算中可略去局部水头损失和出口流速水头。对于斜井排水管道,考虑到漏水及其他影响,局部损失按沿程的10%考虑。则:

$$W_e = 9800QL\sin\alpha + 2000Q + 220QL(\mathrm{kW\cdot h}) \tag{2-6}$$

则单台水泵每小时输入能量为$1.48W_e$,根据输入能量与耗电量的关系可以转换成每小时耗电量:

$$E = \frac{1.48W_e}{3.6\times 10^6}(\mathrm{kW\cdot h}) \tag{2-7}$$

而对于总的涌水量$Q_{\max}$,则总的耗电量为:

$$E_{\max} = n\frac{1.48W_e}{3.6\times 10^6}(\mathrm{kW\cdot h}) \tag{2-8}$$

对于斜井已贯通的情况,在计算时需要考虑斜井和主洞的共同涌水量,同时应考虑主洞内的沿程损失,具体公式如下:

$$W_e = 9800QL_2\sin\alpha + 2000Q + 220Q(L_1 + L_2) \tag{2-9}$$

式中符号含义同前。

2.1.4 竖井辅助主洞施工的可行性分析

目前在公路行业竖井辅助主洞施工的案例较少,本节以西山隧道为例介绍竖井辅助主洞施工的相关经验。西山隧道2号竖井设计深度为156.8m。竖井设计为圆形断面,衬砌后直径为8.2m。竖井中部设计为0.3m厚的钢筋混凝土隔板,将竖井分隔为进、出风道,在井底设送风道和排风道分别与右洞连通。采用2号竖井辅助主洞施工的主要方案为:在2号竖井井底与左、右正洞之间设置横通道,通过横通道进入正洞,在正洞中间设置小导洞,利用竖井先进行小导洞的开挖,将来正洞施工时进行扩挖。竖井与正洞之间的横通道,在正洞施工完成后采用浆砌片石回填密实,其中2号竖井辅助正洞施工小导洞平面示意图和立面示意图如图2-8、图2-9所示。

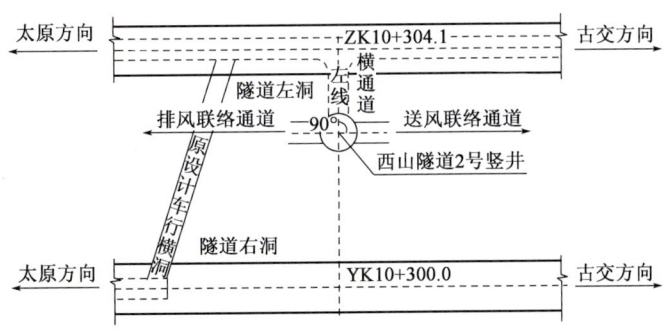

图2-8 2号竖井辅助正洞施工小导洞平面示意图

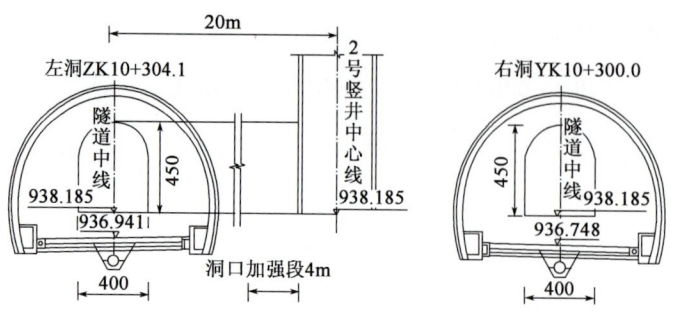

图2-9 2号竖井辅助正洞施工小导洞立面示意图(尺寸单位:cm;高程单位:m)

西山隧道的经验表明,采用竖井辅助施工能够加快正洞施工进度,同时能提前探明正洞的地质情况,有利于正洞施工,此外还能与主洞开挖面提前贯通,能有效改善洞内的空气质量。但是施工经验也表明,一般采用导洞形式辅助施工时由于空间有限,开挖不能采用大规模机械设备,只能采用小型扒渣机和小型挖掘机出渣,同时还需要利用竖井原有大型井架、多层吊盘、伞形钻机、大斗容抓岩机,配以大提升机、大吊桶、稳车集中控制装置及其他配套的通风、排水、通信等设备进行施工,出渣效率低,施工速度较慢,同时施工成本也会大大增加。

2.2 长距离独头快速施工机械配套

2.2.1 隧道机械配套技术概述

长大隧道的施工有机械开挖法和钻爆法两种。机械开挖法安全、环保、效率高,但设备投入大,动辄耗费上亿元,而且施工过程中的维护、配件消耗等费用高,施工成本大。另外掘进机等机械开挖法的地层变化适应能力差,对岩性比较单一的地层还比较适应,但对地质构造发育、岩性变化大的隧道,就比较难以适应,其综合施工效率比钻爆法低。钻爆法施工由于其较好的地质适应性,较小的设备投入,特别适合于我国装备制造业技术水平相对落后、人力资源成本较低的实际情况,因此具有很强的生命力,仍然是国内目前的主要施工方法,并将在相当长的时期内占主导地位。钻爆法施工山岭隧道技术已经趋向成熟,然而经过科技更新,目前国内外对特长隧道快速施工方法的研究并不全面,没有形成一套系统的快速施工技术。

我国的隧道机械化施工发展历程从小型设备钻爆法施工到大型无轨运输设备钻爆法施工,再到非钻爆法施工,经历了多个阶段,且部分机械化施工作业逐步发展为综合机械化配套施工作业。从人工作业到盾构的使用,我国隧道机械化施工的总体水平与19世纪相比已经发生了质的飞跃。特长隧道的施工方法主要有隧道掘进机法和钻爆法。隧道掘进机法在西康铁路秦岭隧道施工、西合铁路磨沟岭隧道施工以及兰渝铁路西秦岭隧道施工中均有采用。需要注意的是,兰渝铁路西秦岭隧道施工中采用了综合机械配套的策略,使用了配套施工技术和加钻爆法混合施工技术,在当时是相当先进的。对于隧道的施工方法而言,其根本保障在于施工机械设备的好坏。没有性能良好的施工机械,施工方案难以落地。同时,单个性能良好的施工机械必须进行综合选型、配套才能达到理想的施工效果。单线隧道施工机械设备分为开挖、装运、支护、衬砌四条主要生产线,然而,隧道的开挖设备和装运线的设备制约着施工进度。对于钻爆法施工来说,隧道施工机械化作业线的配套是指从开挖到隧道成洞完毕整个施工过程中各个主要作业工序方面所需要的,并且在施工中能相互配合而彼此不干扰的一系列施工机具的组合。影响隧道全断面施工法机械化作业线选择的因素很多。首先,涉及的客观因素主要有:隧道类型(单线、双线)、围岩类别、断面尺寸、隧道长度及最长独头施工长度、辅助坑道的设置及其数量与位置、装渣运输方式、局部地段是否要采用相应的应变措施、隧道位置的海拔高度、施工坡度的方向与大小、地下水涌水量的大小、通风方式、施工用的动力形式、施工工期等。其次,根据单、双线隧道的特点及采用装渣运输方式的不同,确定基本的配套方案。再次,由总工期而分解的月掘进速度、日掘进速度来确定循环进尺和施工循环时间(包括循环系数的确定)及对各施工工序作业时间的分配,这里包含了对爆破参数(炮眼深度、掏槽形式、炮眼数量、炮眼直径、中孔眼的数量与直径以及炮眼利用率等)的确定。

2.2.2 设备选型配套原则

合理的机械设备配置是实现隧道快速施工的基础。掘进作业线作为隧道施工中的龙头作业线,决定了施工进度,同时也为超前支护、仰拱施工、初期支护以及二次衬砌等后序施工提供了作业空间,因此隧道快速施工的关键在于掘进作业线的机械设备配套。

隧道施工机械配置原则如下所述:

(1)施工机械配套要结合现场施工实际情况,主要施工作业线的施工机械配套必须有机地结合起来,合理的施工机械配套是实现快速施工的根本保证。

(2)由于隧道施工空间狭窄,主要施工机械设备的配备选型,必须考虑现有的交通和空间条件能否使重型及大型机械运输安全顺利地通过。

(3)辅助施工作业线应与主要施工作业线相适应,必须为主要施工作业线的正常作业提供充足的后续保障。

(4)高效的装运模式是实现快速掘进的关键,隧道开挖机械的选型配套要与装运模式相适应,施工机械要与施工方法配套,以达到快速施工的目的。

(5)隧道施工机械配套时,单机的生产率应大于均衡生产能力的1.2~1.5倍,为保证机械的使用率,不致影响正常的施工进度,尤其关键设备必须选用国内外成熟的设备进行配套,更换容易。

(6)机械配置尽可能做到经济合理,既要避免机械配置不足,又要避免闲置浪费。

2.2.3 施工机械化作业线配套方案及设备选型

米仓山隧道施工技术选择钻孔—无轨装渣—无轨运输模式,利用凿岩机、台架、风镐等设备进行钻孔爆破,装载机、挖掘机等设备进行出渣,采用混凝土喷射方法进行支护,选择压入式通风,最后利用台车、搅拌机、搅拌站等设备进行衬砌施工。主要机械设备选型见表2-5。

米仓山隧道出口端主要机械设备选型　　　　表 2-5

设备用途	设备名称	型号规格	数 量
掘进设备	气腿式凿岩机	YT26	50
	台架	自制	—
	风镐	1347、G10	10
出渣设备	装载机	柳工 50CN5 台、厦工 2 台	7
	挖掘机	沃尔沃 210B	4
	自卸车	陕汽德龙、红岩	14 台
支护设备	混凝土喷射机	阿特拉斯 ME5	3
通风设备	空气压缩机(空压机)	80R	18
	轴流风机	2 台 160kW,1 台 55kW,1 台 75kW	4
	射流风机	22kW	12
衬砌设备	衬砌台车	金达	8
	搅拌站	三和建工 50	4
	搅拌机	耿力	3
	砂浆搅拌机	耿力	3
	混凝土输送车	豪沃	8
	混凝土输送泵	豪沃	5

2.3　米仓山隧道机械配套实施效果

2.3.1　施工用时分析

为了研究长大硬岩隧道施工过程中耗时情况,选取米仓山特长公路隧道右洞掘进中 82 个施工循环,对各施工工序消耗时间进行分析,该段围岩以Ⅲ级围岩为主。

1)施工循环总时间

米仓山隧道右洞施工循环内各施工工序所用的时间如图 2-10a)所示,可以看出在一个正常施工循环中,开挖时间相对其他工序来说时间最长,平均时间在 300min 左右;通风、出渣、找顶用时比较均衡,平均施工时间约为 40min;有部分施工循环中有补炮施工,施工时间不一,并且伴随补炮施工的还有立架、喷浆施工,虽然其他施工循环中也有喷浆施工,但是其施工时间比只有补炮施工的施工循环中喷浆时间要少很多。

米仓山隧道右洞各施工循环所用的时间如图 2-10b)所示,可以看出一个正常的施工循环用时应该在 550min 左右,实际用时比计划用时少 100min 左右,在 82 个施工循环中有 24.4% 的施工循环施工时间大于 1000min,这些施工循环集中在两个岩石坚硬的区段,该区段施工难度较大,需要进行补炮施工,导致这两个区段进行施工时每个施工循环所用时间超出正常施工循环所用时间。

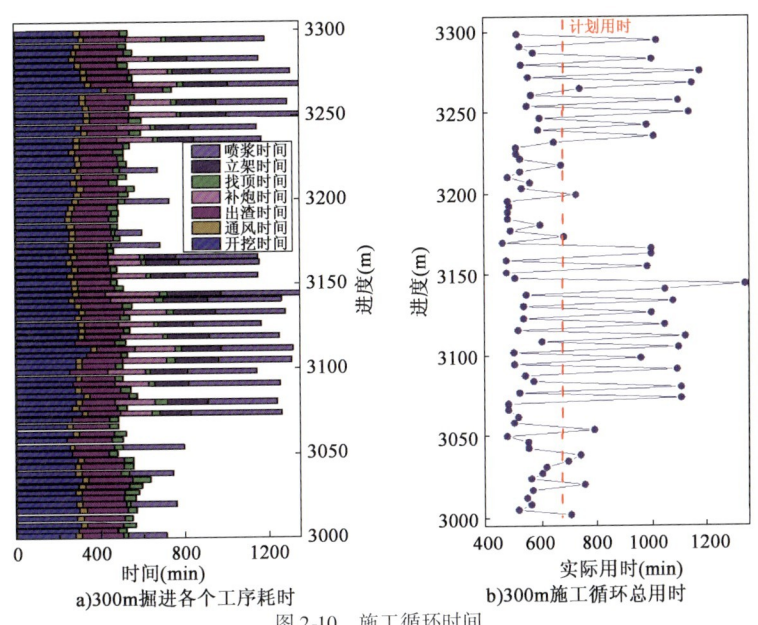

图 2-10 施工循环时间

2）各个工序用时分析

(1) 开挖用时

隧道开挖用时如图 2-11a) 所示，计划用时 330min，各个开挖工序用时也是波动的，无明显规律。在 3130~3200m 区段开挖用时比较集中，且用时较少；在全部开挖工序中有两个比较突出的位置，一个是在 3100m 附近，另一个是在 3275m 附近。在 3100m 附近的开挖施工时因为岩爆现象出现，隧道内需要挖机重新排险，因此耗时较多；在 3265m 附近因为打钻孔时，斜井交叉口压钻导致打钻时间延长，开挖工序时间增加。

(2) 通风用时

300m 隧道通风用时如图 2-11b) 所示，在 3000~3030m 区段的 30m 处通风用时稍高，通风时间达到 35min。在 300m 隧道掘进 82 个施工循环中，共有 10 个施工循环的通风时间达到 35min，与施工计划通风时间相同的只有 5 个循环，其余循环的通风时间都是 30min。由此可见，在米仓山隧道施工的一个施工循环中通风需要 30min，即在正常施工过程中通风时间应为 30min。

(3) 出渣用时

在隧道施工过程中出渣工序比较容易出现问题，比如出渣车的调配、损坏、工序接替失序等。各个施工循环中出渣用时如图 2-11c) 所示，出渣计划中出渣用时为 120min，但大部分区段出渣用时集中在 175~200min 之间，出现这个现象的主要原因是出渣车调配不合理，造成出渣时间有长有短，同时爆破后渣石的大小也会影响出渣车的出渣效率。

(4) 补炮用时

在施工计划中并没有补炮这一工序，米仓山隧道施工出现补炮这一工序的原因是部分区段岩石坚硬，初次爆破未达到爆破效果。补炮工序的频率和时间如图 2-11d) 所示，可以看出在 300m 隧道开挖中一共进行了 12 次补炮施工（一次工序两次补炮算作一次），并且部分补炮工序出现两次补炮。12 次补炮工序一共用时 592min，相当于在 300m 隧道开挖中补炮工序浪费了 592min。

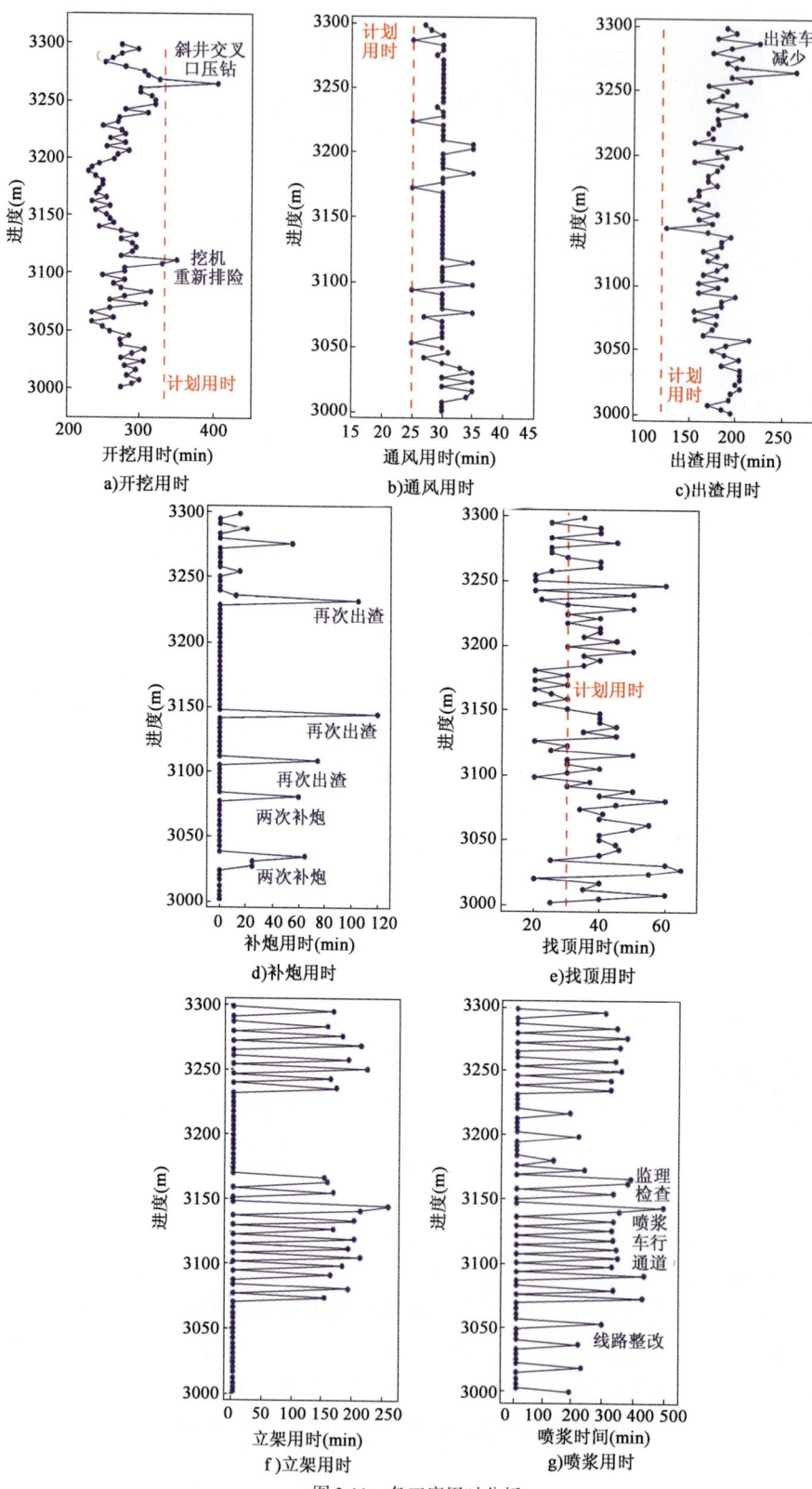

图 2-11　各工序用时分析

(5) 找顶用时

米仓山隧道找顶用时如图 2-11e) 所示,在正常施工循环中计划找顶时间为 25min,但在实际施工中只有 14 个施工循环中的找顶工序用时为 25min,有 48 个施工循环的找顶工序用时超过 25min,占比 25.5%,最高用时超过 60min,其他施工循环中的找顶用时多为 20min,少于计划时间 25min。出现这种情况的原因是爆破次数不尽相同,爆破影响范围及爆破产生的危石大小也不同。

(6) 立架喷浆用时

在施工计划中立架喷浆是一道工序,计划时间为 160min,但在实际施工过程中立架、喷浆用时如图 2-11f)、图 2-11g) 所示。可以看出进行立架和喷浆的施工循环基本是重合的,一次立架用时约为 200min,一次喷浆用时约为 300min;在有立架喷浆的施工循环中实际立架和喷浆用时要远大于计划用时。在施工计划中,82 个施工循环立架和喷浆总时间应为 13120min,而实际施工中 82 个施工循环立架和喷浆所用总时间为 13524min。尽管每次立架喷浆时间都要超过计划时间,但实际施工总时间与计划总时间相差并不大。这是因为在这 300m 隧道中围岩级别为Ⅲ级,并不是每个施工循环中都有立架和喷浆施工,多是每隔几个循环进行一次立架和喷浆。

2.3.2 施工耗时管理

图 2-12、图 2-13 显示了在不同掘进里程位置处的施工用时情况。从图中可以看出开挖时间占据大部分比例,其中 3km 处开挖时间占到 39.01%,4km 处开挖时间占到 51.14%。出渣时间也占很大比例,分别为 27.66% 和 36.36%。在 3km 处喷浆时间也占据较大比例,为 25.53%。从这两个图中可以看出通风时间和找顶时间占据较小的比例。

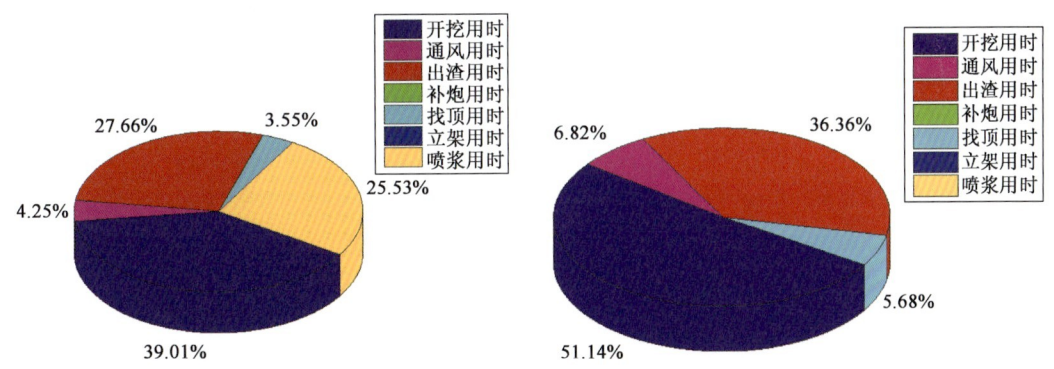

图 2-12　掘进 3km 处各工序时间分布　　　图 2-13　掘进 4km 处各工序时间分布

图 2-14 和图 2-15 反映了在各个工序期间所耽误的时间及其所占的比例,不难看出,开挖误时最长,接近 6000min,所占比例为 76.55%;喷浆误时所占比例为 10.52%,仅次于开挖误时,为 800 多分钟,出渣误时和立架误时较少,所占比例分别为 6.04% 和 5.72%,主要是设备故障所引起的误时。找顶误时也只占据了很小一部分比例,补炮误时和通风误时也都较小,这表明米仓山隧道通风条件很好,通风设施维护正常。

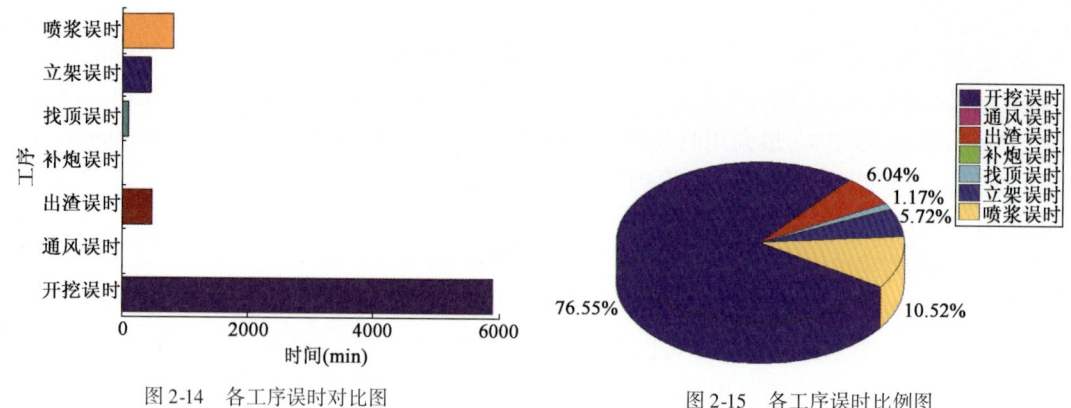

图 2-14 各工序误时对比图　　　　图 2-15 各工序误时比例图

图 2-16 和图 2-17 显示了导致误时的因素占比情况。从图中可以看出外界影响因素和设备管理因素是误时的主要原因,占了误时的主要部分。而自然因素、地质因素、施工因素、人员管理因素只占误时很小的比例。六项因素可分为人为因素和非人为因素两大类,其中人员管理因素、设备管理因素、施工因素为人为因素;地质因素、自然因素、外界因素为非人因素。在人为因素中,主要误时因素是设备管理不当,占据总误时的 29.42%;在非人为因素中主要是外界干扰等给隧道施工带来影响,如上级检查、风景区电缆处理等。

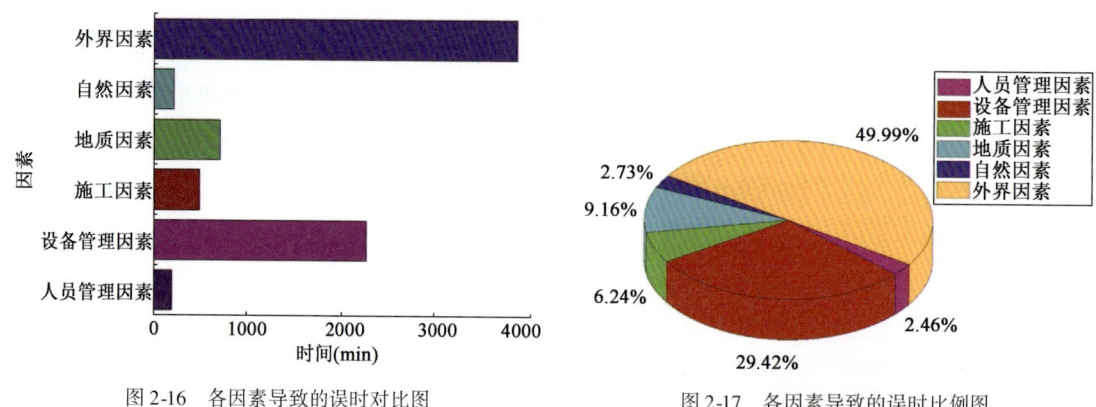

图 2-16 各因素导致的误时对比图　　　　图 2-17 各因素导致的误时比例图

通过上述分析可以看出,在一个具体的隧道项目中,应该加强对人员的管理和机械设备的维护,尤其是机械设备的维护,需要经常检查、维修,以减少施工过程中时间的浪费。

第3章

强岩爆段微震监测及处治技术

岩爆是地下工程施工过程中一种严重的地质灾害,会对隧道工程建设造成重要影响。米仓山隧道属深埋硬岩隧道,且受地质构造影响强烈,具备发生强岩爆的重要条件。在工程实践中,岩爆的预测、预警及处治是工程建设的重点。本章从米仓山隧道隧址区构造应力特征入手,介绍了米仓山隧道岩爆风险预测以及微震监测的结果,最后介绍了米仓山隧道强岩爆段施工应对处治措施及实施效果。

3.1 米仓山隧道区域构造应力特征

米仓山隧道所处区域构造背景为扬子准地台的北缘,跨及四川中坳陷区及地台北缘坳陷褶皱带两个二级构造单元,处在秦岭东西向复杂构造带与龙门山华夏系构造的接合部,应力场较复杂,南端位于弧形构造大巴山歪弧褶带内,区域上有古华夏系、东西向构造和新华夏系三种构造体系,场地主要受古华夏系构造控制。隧址区构造纲要如图 3-1 所示。

场地分布于元古界基底中,是一个反"S"形的联合弧。总体上来看,区域片理、构造线走向以北东向占优势,故暂称为古华夏系。褶皱紧密,轴面向南东(或南)倒转,倾向北西或北,多为复式褶皱,由于岩浆岩侵入和断裂破坏,褶皱多不完整。岩层倾角陡,为 50°~80°。断裂以压性占绝对优势,少数派生的分支断裂是压扭性的,未发现证据确凿的张性断裂。断裂带一般片理化发育,少数为片理不明显的糜棱岩化角砾

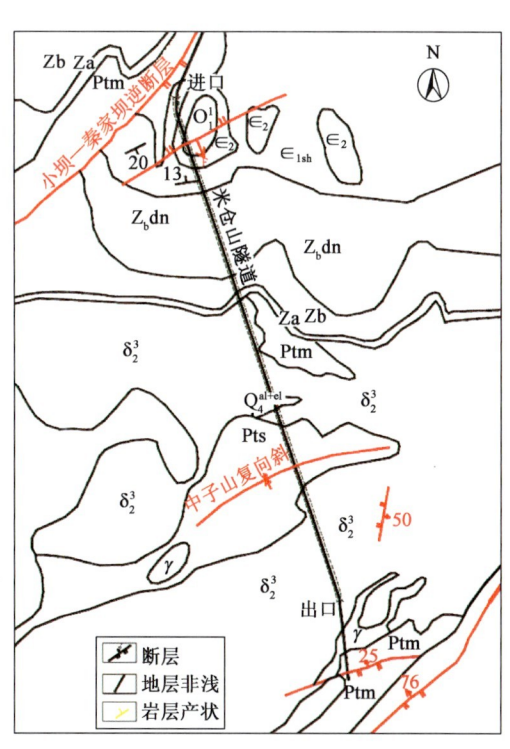

图 3-1 米仓山隧道隧址区构造纲要图

岩,擦痕少见,断裂带成岩程度较好,多已胶结成岩,宽度一般为10~30m,平面上和剖面上都明显呈舒缓波状,上盘较破碎。主要褶皱为上两复背斜、中山子复向斜,主要断裂为阴坝子逆断层、茶叶沟逆断层、亮垭子逆断层、水磨逆断层、周家沟逆断层、上两逆断层、滥柴坝逆断层、大河坝逆断层、庙垭断裂。

印支运动时全区遭受强烈的南北向挤压,在古、中生界盖层中造成了一系列东西向不对称褶皱,同时在基底古老地段的边缘产生了成群的东西向压性冲断层,截切了古华夏系的断裂和褶皱。褶皱以不对称的短轴褶曲为主,部分为复式褶皱,走向在N80°E左右,西北部由于龙门山作为边界条件,轴线走向转为N60°~70°E,褶曲轴面倾向北。越接近基底,褶皱越强烈,局部倒转,向外则褶皱逐渐疏、缓,特别是在北部,最为宽阔平缓。主要褶皱为曾家河似箱状复式背斜、福庆场复式向斜、吴家垭鼻状构造、汉王山复式向斜、大两会背斜、新立弧形褶皱。

米仓山隧道在勘察阶段采用水压致裂法对隧址区地应力特征进行了测试,具体测孔布置如图3-2所示。

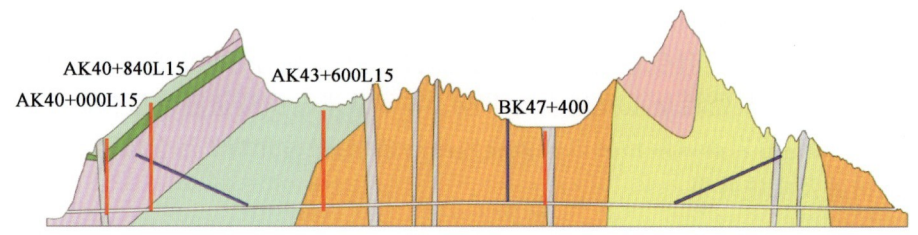

图3-2 水压致裂法测试位置图

利用水压致裂法测试出各个钻孔不同深度岩体的主应力值(最大水平主应力S_H、最小水平主应力S_h及垂直主应力S_v)及最大水平主应力方位(破裂方位),岩体实测地应力数据见表3-1。

米仓山隧道水压致裂法测试结果　　　　　表3-1

钻孔编号	测试深度 D (m)	主应力值(MPa)			破裂方位
		S_H	S_h	S_v	
AK40+000L15	264.51~265.31	7.36	4.60	6.88	—
	304.68~305.48	8.35	5.29	7.92	N26°W
	343.38~344.18	9.13	5.87	8.93	—
	371.82~372.62	11.41	6.85	9.67	N35°W
	390.94~391.74	13.40	8.04	10.16	—
	412.36~413.16	15.41	9.35	10.72	N29°W
AK40+840L15	222.90~223.70	4.52	3.63	5.80	—
	278.65~279.45	9.90	7.06	7.25	—
	342.62~343.42	10.85	7.48	8.91	N14°E
	380.43~381.23	12.93	8.28	9.89	—
	417.19~417.99	16.07	10.24	10.84	—
	444.24~445.04	12.97	8.34	11.55	—

续上表

钻孔编号	测试深度 D (m)	主应力值(MPa)			破裂方位
		S_H	S_h	S_v	
AK40+840L15	493.91~494.71	17.79	11.33	12.84	N5°W
	555.24~556.04	19.11	11.99	14.43	—
	592.15~592.95	20.35	12.49	15.39	—
	621.08~621.88	20.59	13.19	16.14	N17°W
AK43+600L15	251.54~252.34	8.60	6.47	6.54	—
	348.62~349.42	11.95	8.92	9.06	—
	411.33~412.13	16.06	11.03	10.69	N16°W
	451.59~452.39	23.46	14.43	11.74	—
	493.74~494.54	22.87	14.84	12.83	—
	529.13~529.93	24.22	15.69	13.75	N24°W
	551.21~552.01	26.44	16.41	14.33	N29°W
BK47+400	206.25~207.15	17.06	10.77	5.67	—
	243.60~244.50	15.34	9.47	6.70	N54°W
	287.76~288.66	20.36	13.65	7.91	—
	318.01~318.91	20.65	13.95	8.74	—
	345.91~346.81	20.72	13.18	9.50	—
	368.85~369.75	19.90	12.78	10.13	—
	382.29~383.19	17.12	10.83	10.50	N57°W
	391.26~392.16	15.95	10.08	10.75	—
	400.25~401.15	16.25	10.80	11.00	N62°W
	407.41~408.31	17.36	11.08	11.19	—

上述结果表明,隧道地应力与构造方向基本一致;均以最大水平主应力为主,均存在 $S_H > S_v > S_h$ 的关系,最大水平主应力方向为 N14°E~N58°W,优势方向为 N24°W~N35°W。洞轴带的最大水平主应力方向由北至南为 N17°W~N62°W,优势方向为 N29°W。

3.2 米仓山隧道岩爆风险预测

3.2.1 米仓山岩石岩爆倾向性预测

已有研究表明,在一定的地质环境下,岩石会不会发生岩爆与岩石本身的物理力学性质密切相关,即岩石发生岩爆与否取决于岩石自身的性质。因此对工程岩体进行岩爆地质灾害预测时,首先应从工程岩体的物理力学性质进行研究和分析。从岩性角度来评价岩石岩爆倾向性的方法主要有:岩石强度脆性系数 K、岩石弹性应变能指数 W_{et}、冲击能力指数 W_{cf}、损伤能量指标 W_{ed} 等。本节采用强度脆性系数及弹性应变能指数两个指标对米仓山隧道岩石岩爆倾向性进行分析。

根据地质勘察资料及现场调研,米仓山隧道轴线穿越岩性主要为泥质粉砂岩、白云岩及石英闪长岩,通过现场采样(图3-3),对这三类岩石进行了单轴压缩、巴西劈裂及岩石岩爆弹性应变能指数试验。

a)
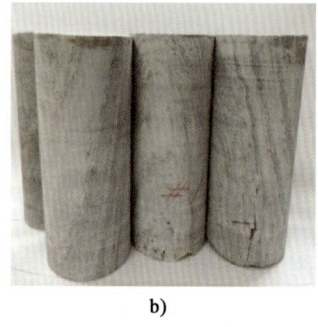
b)

c)

图 3-3　隧址区典型岩石样本

(1) 岩石单轴压缩试验

利用伺服控制压力机进行试验(图3-4),整理数据得到岩石单轴压缩应力—应变曲线,如图3-5所示。由结果分析可知,泥质粉砂岩单轴抗压强度平均值约为70MPa,局部区域岩体强度较高,可达100MPa,白云岩中由于矿物成分含量的差异,以及微裂隙的发育程度不同,导致单轴抗压强度离散型较大,强度范围为50～130MPa;不同里程段中石英闪长岩内矿物晶体含量的差异,单轴抗压强度范围为60～160MPa,平均强度约为95MPa。根据《工程岩体分级标准》,岩石饱和单轴抗压强度与岩石坚硬强度对应关系可知泥质粉砂岩属坚硬岩,白云岩、石英闪长岩也属坚硬岩。

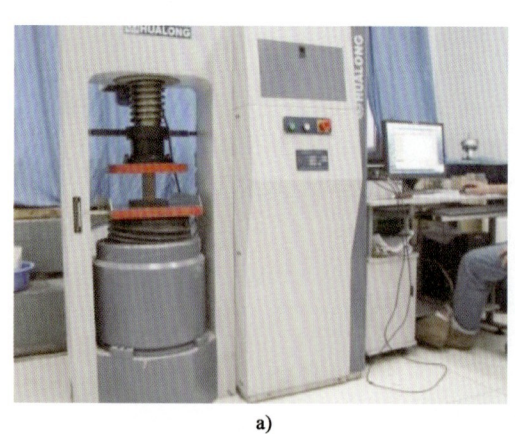
a)

b)

图 3-4　伺服控制压力机

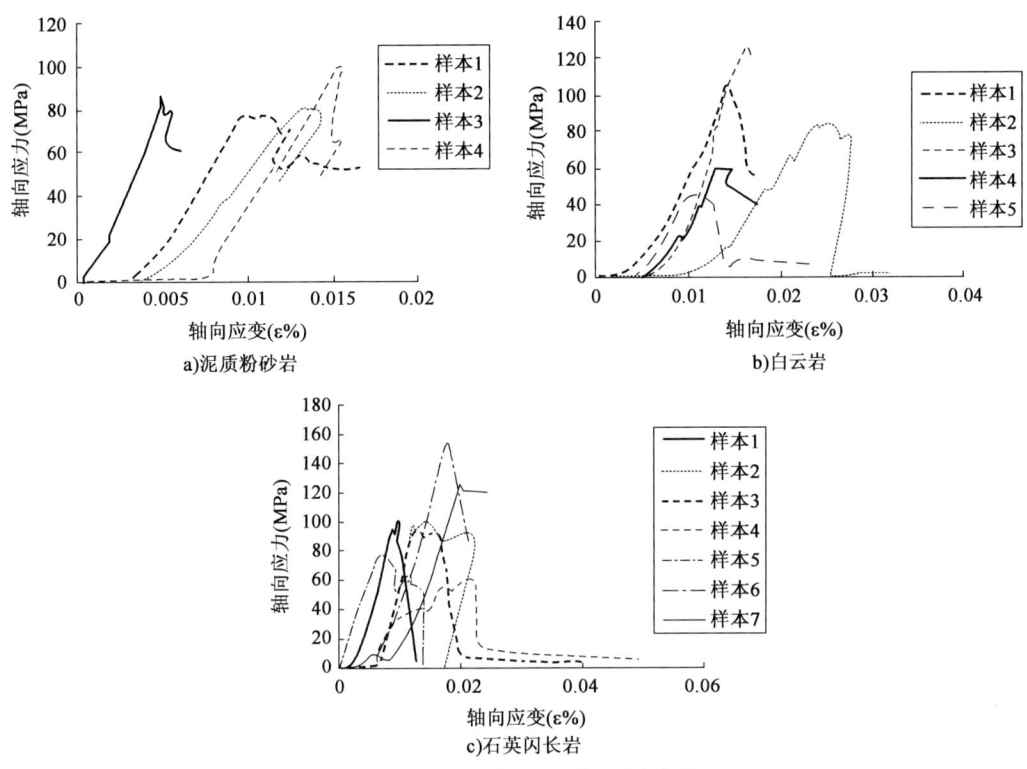

图 3-5 三类岩石典型的应力—应变曲线

（2）巴西劈裂试验

巴西劈裂试验是测定脆性岩石抗拉强度的主要方法，三类岩石劈裂试验的结果如图 3-6 所示。由试验结果可知，泥质粉砂岩层理面发育，受层理面密度及加载角度影响，泥质粉砂岩抗拉强度范围为 2~9.5MPa，平均值约为 4.52MPa，其中受力面与层理面重合时，抗拉强度最小，层理面垂直于受力面时，抗拉强度最大；白云岩受矿物成分含量差异影响，抗拉强度范围为 2.6~6MPa；石英闪长岩中由于角闪石、方解石、石英等矿物含量差异，抗拉强度取值为 4.8~15.8MPa，平均值约为 8.5MPa。

a) 泥质粉砂岩

b) 白云岩

c) 石英闪长岩

图 3-6 三类岩石劈裂试验结果

通过上述试验结果，依次开展脆性系数、弹性应变能指数的计算。

（3）脆性系数 K 分析

一般认为岩爆会发生在相对致密的、硬脆性岩体中，在硬脆性岩体中，一般将岩石单轴抗压强度与抗拉强度的比值称为岩石强度脆性系数 K。按脆性系数大小可以将岩石岩爆倾向性划分为三级：当 $K>18$ 时，有强岩爆倾向；当 $18 \geqslant K \geqslant 10$ 时，有中等岩爆倾向；当 $K<10$ 时，无岩爆倾向。根据上述分析对米仓山隧道各类围岩岩爆倾向性进行预测，结果见表 3-2。

岩石脆性系数与岩爆倾向性结果 　　　　　　表 3-2

岩性	泥质粉砂岩	白云岩	石英闪长岩
脆性指数	7.3～18.4	13.3～20.2	6～15.8
岩爆倾向	轻微～中等岩爆	中等～强烈岩爆	中等岩爆

(4) 弹性应变能指数 W_{et}

弹性应变能指数是岩爆预测中的一个重要指标，该方法是利用岩石单轴压缩试验，测得岩石单轴抗压强度，然后将标准岩样在压力机上加载到单轴抗压强度的 70%～80%，进行卸载，最后获得加—卸载应力—应变曲线，其中卸载曲线包围的多边形总面积为弹性应变能(φ_{sp})，加载曲线与卸载曲线所包围的多边形间的总面积表征岩石耗散的应变能(φ_{st})，则应变能指数可表示为：

$$W_{et} = \frac{\varphi_{sp}}{\varphi_{st}} \tag{3-1}$$

当 $W_{et}>5$ 时，会发生强烈岩爆；当 $W_{et}=2\sim5$ 时，发生中、低烈度岩爆；当 $W_{et}<2$ 时，无岩爆发生。三类岩石典型的加—卸应力—应变曲线如图 3-7 所示。

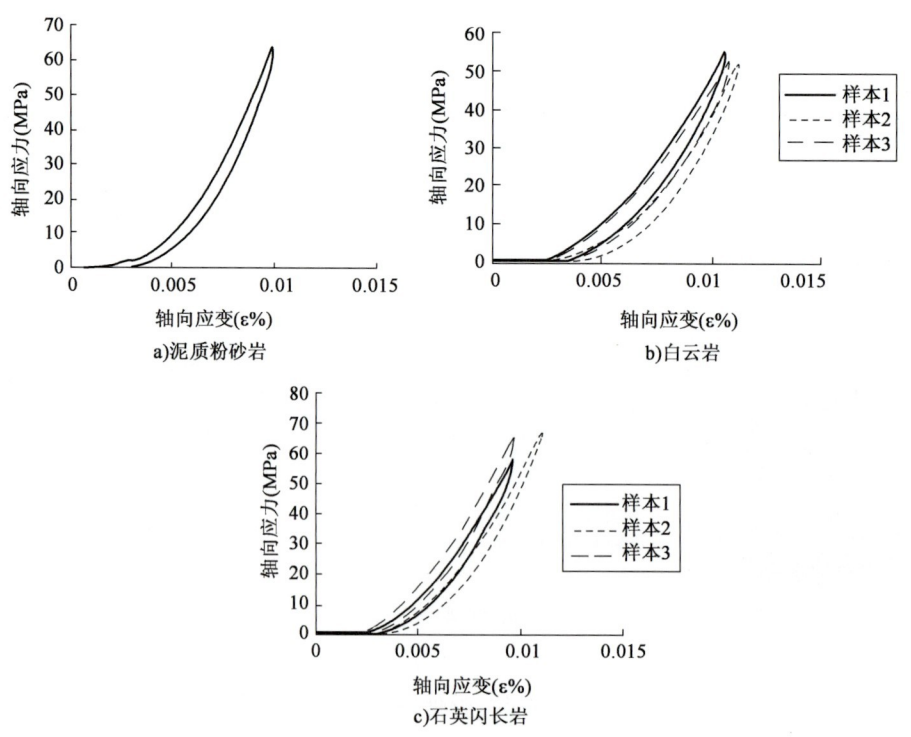

图 3-7　三类岩石典型的加—卸载应力—应变曲线

由试验结果可得,泥质粉砂岩弹性应变能指数 $W_{et}=2.115$,白云岩弹性应变能指数 $W_{et}=2.85\sim3.24$,石英闪长岩应变能指数 $W_{et}=3.76\sim4.38$,表明三类岩石都有发生中、低烈度岩爆的可能。

3.2.2 依据初始应力场判断岩爆

根据米仓山隧道地应力回归结果及相应岩石的力学参数,结合陶振宇判据(地应力判据),进而得出米仓山隧道岩爆发生条件。地应力判据为岩石单轴抗压强度 R_c 和初始地应力 σ_0 之比,计算公式如下所示。

$$R_c/\sigma_0 > 14.5 \quad (\text{无岩爆发生})$$
$$14.5 \geqslant R_c/\sigma_0 \geqslant 5.5 \quad (\text{低岩爆,轻微弹射现象})$$
$$5.5 > R_c/\sigma_0 \geqslant 2.5 \quad (\text{中等岩爆活动})$$
$$R_c/\sigma_0 < 2.5 \quad (\text{强烈岩爆活动})$$

式中:R_c——岩石单轴抗压强度;

σ_0——初始地应力。

米仓山隧道埋深超过 300m,$5.5 < R_c/\sigma_0 < 14.5$,有轻微岩爆发生倾向。超过 550m,$2.5 < R_c/\sigma_0 < 5.5$,有中等岩爆发生倾向,所以根据陶振宇判据预测米仓山隧道会有轻微~中等岩爆发生,具体结果见表3-3。

米仓山隧道地应力指标岩爆预测　　　　　表3-3

埋深(m)	最大主应力(MPa)	R_c(MPa)	R_c/σ_0	陶振宇判据岩爆等级
100	-2.47	40	16.19433	无岩爆
200	2.83	60	21.20141	无岩爆
300	8.13	80	9.840098	低岩爆
400	13.43	100	7.446016	低岩爆
500	18.73	120.83	6.451148	低岩爆
600	24.03	120.83	5.028298	中等岩爆
700	29.33	120.83	4.119673	中等岩爆
800	34.63	120.83	3.489171	中等岩爆
900	39.93	120.83	3.026046	中等岩爆
1000	45.23	120.83	2.671457	中等岩爆

3.2.3 依据隧道开挖二次应力状态判断岩爆

通过测试获取了米仓山隧道的地应力分布特征以及围岩基本力学参数,使用有限差分软件 FLAC3D 模拟隧道开挖过程,研究不同地应力水平下隧道开挖的二次应力状态,主要依据与岩爆发生密切相关的洞壁切向应力、径向应力的分布特征以及弹性应变能的累积情况,对米仓山隧道岩爆发生条件、等级做出预测,为防治岩爆灾害发生提供参考。工程中依据二次应力状态常用以下两种岩爆判据。

①Russenes 判据。1974年,挪威 Russenes 根据洞室最大切向应力 σ_θ 与岩石点荷载强度

I_s 建立岩爆烈度判定关系图,将 I_s 转换为岩石单轴抗压强度 σ_c,得出岩爆发生 Russenes 判据表示为:

$$\sigma_{\theta max}/\sigma_c < 0.2 \quad (\text{无岩爆})$$
$$0.2 \leq \sigma_{\theta max}/\sigma_c < 0.3 \quad (\text{弱岩爆})$$
$$0.3 \leq \sigma_{\theta max}/\sigma_c < 0.55 \quad (\text{中岩爆})$$
$$\sigma_{\theta max}/\sigma_c \geq 0.55 \quad (\text{强岩爆})$$

②Turchaninov 判据。苏联学者 Turchaninov 根据科拉半岛希宾地块的矿井经验,提出了岩爆活动与洞室法向应力 σ_r、切向应力 σ_θ 之和与岩石单轴抗压强度 σ_c 之比的经验公式:

$$(\sigma_\theta + \sigma_r)/\sigma_c \leq 0.3 \quad (\text{无岩爆})$$
$$0.3 < (\sigma_\theta + \sigma_r)/\sigma_c \leq 0.5 \quad (\text{有岩爆可能})$$
$$0.5 < (\sigma_\theta + \sigma_r)/\sigma_c \leq 0.8 \quad (\text{肯定发生岩爆})$$
$$(\sigma_\theta + \sigma_r)/\sigma_c \geq 0.8 \quad (\text{有严重岩爆})$$

依据隧道开挖二次应力状态判断岩爆流程如下:

(1)模型建立

本次计算采用 FLAC3D 软件,计算模型如图 3-8 所示。模型尺寸为 107.2m(竖向)×100m(横向)×60m(纵向),共计 1653254 个节点,1618560 个单元。采用矿山法施工的山岭隧道衬砌结构主要由初期支护、防水板、二次衬砌组成,而在岩爆防治过程中初期支护起到决定性作用,所以本次计算支护结构仅采用现场施工中的 10cm 喷射混凝土作为初期支护,初期支护施工实体单元模拟采用弹性模型。围岩采用莫尔—库仑(Mohr-Coulomb)模型,主要考虑由应力引起的应变型岩爆问题,故没有考虑岩体中的断层和节理等,将围岩视为连续介质处理,计算模型如图 3-8 所示。

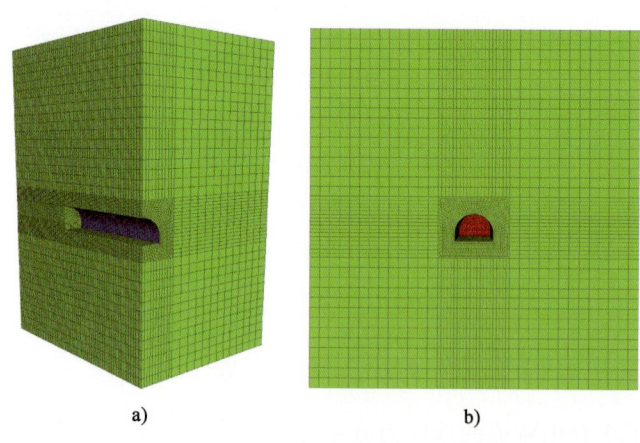

图 3-8 计算模型

(2)材料参数

根据米仓山隧道地质勘查资料,围岩材料模型采用莫尔—库仑屈服准则,各物理力学参数,即弹性模量 E(GPa)、泊松比 ν、黏聚力 c(MPa)、内摩擦角 φ(°)、抗拉强度 σ(MPa)、重度 γ(kN/m³)、初期支护厚度 D(cm)见表 3-4。

力学参数   表3-4

名称	E(GPa)	ν	c(MPa)	φ(°)	σ(MPa)	γ(kN/m³)	D(cm)
围岩(Ⅲ)	55	0.267	45	55	12	28.84	—
喷射混凝土	23	0.2	2.5	45	1.3	22	15

(3)计算工况与地应力的施加

米仓山隧道地应力测试与回归分析表明,隧址区地应力水平 S_H、S_h、S_v 均与埋深呈线性关系,所以在岩爆发生条件下以隧道的埋深作为变量是合理的,为了对比分析高地应力硬岩地区隧道开挖对围岩的扰动情况,本次共计算10组模型,埋深为300~1000m,编号为S1~S8。一般深埋隧道洞口段埋深较浅,围岩等级也主要以Ⅳ、Ⅴ级为主,遇到岩爆灾害的可能性较小,本次计算不予考虑。

FLAC3D中边界条件不是通常的位移边界和力边界,而采用速度边界条件,模型的内力只能通过自身的重力分布达到平衡。由于岩体自重是以体力作用在模型上,这使得模型的应力重分布成为地应力和自重应力相平衡的结果,得到的初始地应力场往往只是自重应力场,并不符合深埋工程地应力分布的情况,故采用快速应力边界法(S-B法)生成初始地应力场,步骤如下:

①不设置速度边界条件,根据地应力场施加应力边界条件。
②平衡计算,模型表面的应力分布向模型内部扩散,直至达到平衡。
③去除原有应力边界,施加速度边界条件,不用再次平衡计算。
④速度场、位移场清零。

模型初始应力状态见表3-5。

初始地应力状态   表3-5

编号	埋深(m)	竖向地应力 S_v(MPa)	水平地应力(MPa)	
			平行隧道 S_H	垂直隧道 S_h
S1	300	8.544	8.13	5.31
S2	400	11.392	13.43	8.41
S3	500	14.24	18.73	11.51
S4	600	17.088	24.03	14.61
S5	700	19.936	29.33	17.71
S6	800	22.784	34.63	20.81
S7	900	25.632	39.93	23.91
S8	1000	28.48	45.23	27.01

(4)计算结果分析

坑道开挖后的洞周任意一点二次应力状态可以按照洞室形态表示为切向应力、径向应力和剪应力,如图3-9所示,一般情况下洞周围岩的切向应力趋向于零。通过FLAC3D计算得到水平应力 σ_x 和竖向应力 σ_y,通过极坐标转换公式计算得到隧道开挖后的洞周切向应力和径向应力,直角坐标与极坐标的关系如图3-10所示。米仓山隧道主洞的断面形式较为简单,为单心半圆加直墙,在数值计算中使用FISH语言编程,得到洞周围岩与开挖轮廓线切向和径向应力分量,同样计算切向与径向应力分量之和与单轴抗压强度的比值得到 Turchaninow 判据分布情况,8 种工况的 Turchaninow 判据云图如图 3-11 所示。

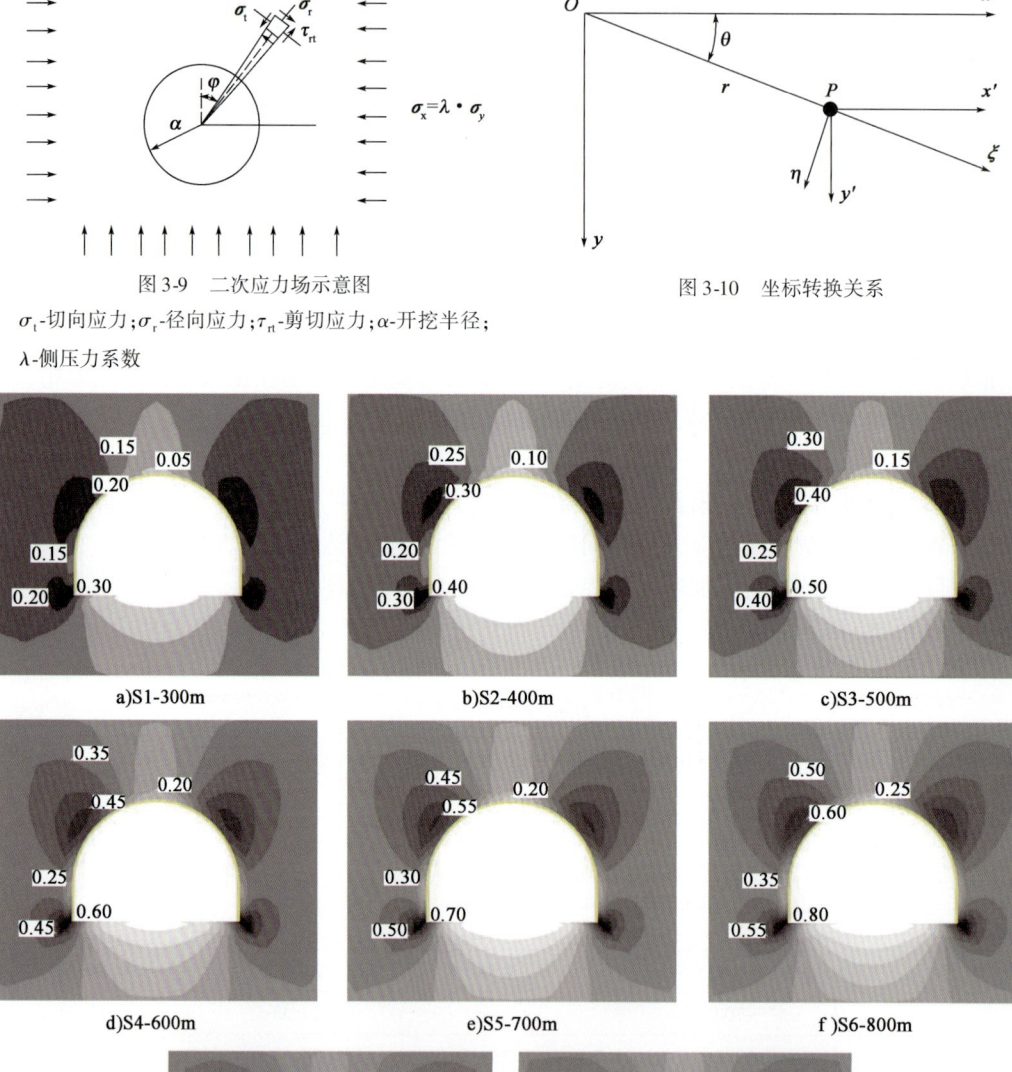

图 3-9　二次应力场示意图
σ_t-切向应力;σ_r-径向应力;τ_{rt}-剪切应力;α-开挖半径;
λ-侧压力系数

图 3-10　坐标转换关系

图 3-11　各工况 Turchaninow 判据

Turchaninow 判据(以下简称"TUR")考虑了径向应力与切向应力的综合影响,反映了围岩单元体应力集中程度,指标值越大表明单元所处的应力条件越恶劣,累积的能量也更容易集中释放。由图 3-11 可以看出,隧道开挖后墙脚区域的岩爆倾向性大于拱肩区域,又大于边墙和拱顶区域,而 4 个区域的 Turchaninow 指标随隧道埋深的关系如图 3-12 所示,根据 Turchaninow 岩爆倾向性的划分标准,米仓山隧道埋深小于 300m,TUR < 0.3,不会有岩爆发生;埋深 300~500m,0.3 < TUR < 0.5,有岩爆可能,以轻微岩爆为主,主要发生在墙脚与拱肩区域;埋深 500~800m,0.5 < TUR < 0.8,肯定会发生岩爆,以中级岩爆为主,墙脚与拱肩依然是危险区域;而埋深大于 800m,TUR > 0.8,将会有严重岩爆发生,断面内只有墙脚区域满足强岩爆产生的条件,拱肩区域岩爆等级以中级为主。

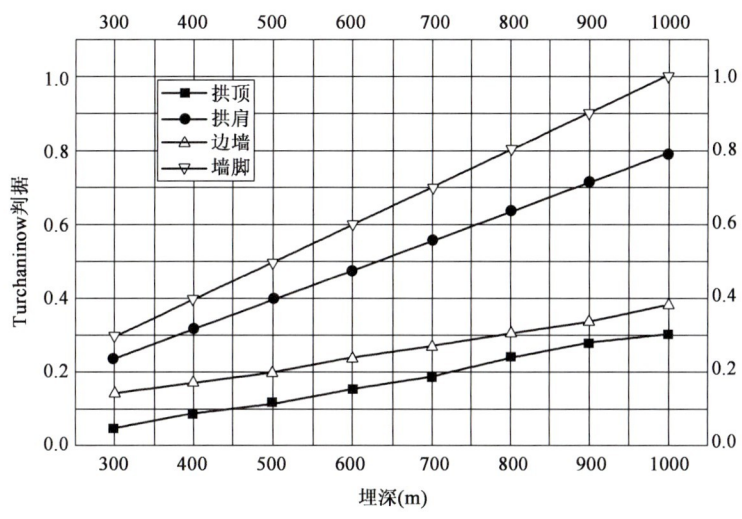

图 3-12 Turchaninow 岩爆倾向性与埋深的关系

综合以上分析,采用陶振宇判据、Russenes 判据、Turchaninow 判据对米仓山隧道岩爆可能性进行预测,三种判据结果分析见表 3-6。根据岩爆对工程建设的危害程度,将岩爆划分为轻微岩爆、中等岩爆、强烈岩爆三个等级。轻微岩爆主要以片帮为主,伴随微弱剥离现象,采取适当措施可以正常施工;中等岩爆爆裂松脱现象严重,伴随弹射,且岩爆持续时间长,有向深部发展特征,需采取一定措施进行防护,降低岩爆损害;强烈岩爆会发生剧烈的爆裂弹射,甚至抛掷,具有突发性,迅速向围岩深部发展,必须采取必要措施才能保证施工安全进行。

三种判据对米仓山隧道岩爆倾向性预测结果 表 3-6

编 号	埋深(m)	陶振宇判据	Russenes 判据	Turchaninow 判据	综合分析
S1	300	低岩爆	无岩爆	无岩爆	无岩爆
S2	400	低岩爆	弱岩爆	有岩爆可能	轻微岩爆
S3	500	低岩爆	弱岩爆	有岩爆可能	轻微岩爆
S4	600	中等岩爆	弱岩爆	有岩爆可能	轻微岩爆
S5	700	中等岩爆	中等岩爆	肯定岩爆	中等岩爆

续上表

编号	埋深(m)	陶振宇判据	Russenes 判据	Turchaninow 判据	综合分析
S6	800	中等岩爆	中等岩爆	肯定岩爆	中等岩爆
S7	900	中等岩爆	中等岩爆	肯定岩爆	中等岩爆
S8	1000	中等岩爆	强岩爆	严重岩爆	强烈岩爆

由此可以得出,米仓山隧道埋深小于400m时,基本不会发生岩爆灾害;埋深400~700m时,产生轻微岩爆现象;埋深700~1000m时,发生中等岩爆;埋深大于1000m时,有强烈岩爆的可能性。

米仓山隧道埋深小于400m基本不会发生岩爆灾害;埋深400~700m会产生轻微岩爆现象,对应里程大坝背斜段ZK46+813~ZK49+150与ZK50+600~ZK51+300,累计长度2867m;埋深700~1000m会发生中等岩爆,对应里程ZK49+150~ZK49+900与ZK50+150~ZK50+600,累计长度1200m;埋深大于1000m有强烈岩爆的可能性,位于中子山向斜处,对应里程ZK49+900~ZK50+150,累计长度250m。米仓山隧道陕西境内围岩破碎岩溶发育,遇到的岩爆灾害概率较小,本节岩爆等级划分主要针对米仓山隧道四川境内区段,长度约为7.7km,如图3-13所示。

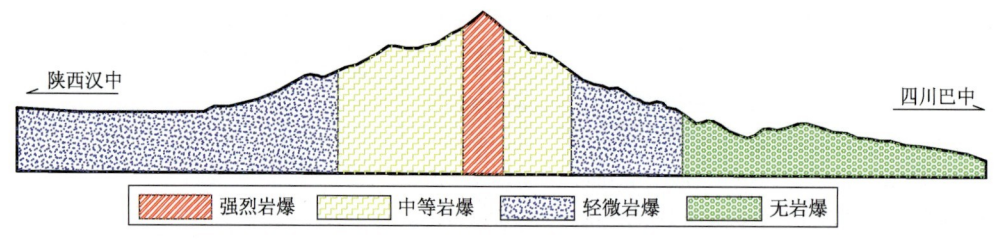

图 3-13　米仓山隧道岩爆等级区域划分

3.2.4　基于 TSP 超前地质预报的 AHP-FUZZY 岩爆综合预测

在地下工程施工过程中,采用隧道地震勘探(Tunnel Seismic Prediction,TSP)超前地质预报技术,将地下岩体的完整性系数和地下水发育情况两个因素引入岩爆预测中,并将围岩进行综合分级,分段预测岩爆;将TSP现场地质情况监测与模糊数学方法相结合,可以对隧道施工中岩爆情况进行跟进预测,是实现岩爆动态预测的新思路。

1) AHP-FUZZY 法介绍

层次分析法(Analytic Hierarchy Process,AHP)是将与事件有关的因子分为目标层、评价准则层以及方案措施层等,将定量评价与定性评价结合在一起来对多目标事物做出决策方案,该方法由美国运筹学家萨蒂于20世纪70年代提出。层次分析法会对多目标复杂事物本质进行研究,对层次间各评价因子的关系进行分析,将决策的分析过程数学化,为较为复杂的决策问题提供简捷的解决方案。模糊综合评判(FUZZY)是根据评价指标及评价因子的实测值,按照评价准则,将每个因子对应评价准则形成评判矩阵 C;根据各个评价指标对评价事物的重要程度建立权重矩阵 B;对评判矩阵 A 进行关于权重矩阵的模糊变换,可以得出针对目标事物的评

判集论域 U，其中，$U = \{U_1, U_2, \cdots, U_n\}$，在评判集论域中，各子集 U_n 表示评判等级的隶属度；最后取隶属度最大值表示的评判等级作为对目标事物的评判结论。进行 AHP-FUZZY 综合评价时，首先应建立关于评价目标层、评价准则层、评价指标层的层次结构模型；其次，为提高模型准确性，采用 1~9 标度法，对评价指标的重要性进行一致性检验；将评价指标量化并确定各层次评价指标对于目标事物的权重值；建立评价指标关于目标事物的权重矩阵及模糊关系矩阵；最后对目标事物进行综合评判。AHP-FUZZY 法综合评价过程如图 3-14 所示。

2）基于 TSP 超前地质预报建立 AHP-FUZZY 岩爆预测模型

（1）TSP 超前地质预报现场测试

在隧道施工过程中及时跟进 TSP 超前预报测试，以得出前方预报段围岩的纵波波速、横波波速、泊松比、动态杨氏模量等参数曲线。通过对参数曲线分析，可以预测前方围岩的岩体完整性及地下水发育情况等，根据预测结果对前方岩体进行围岩分级、地下水发育程度分级。根据预测段的围岩完整性、强度、地下水发育程度等地质情况，对围岩岩爆灾害进行分段定性评价。

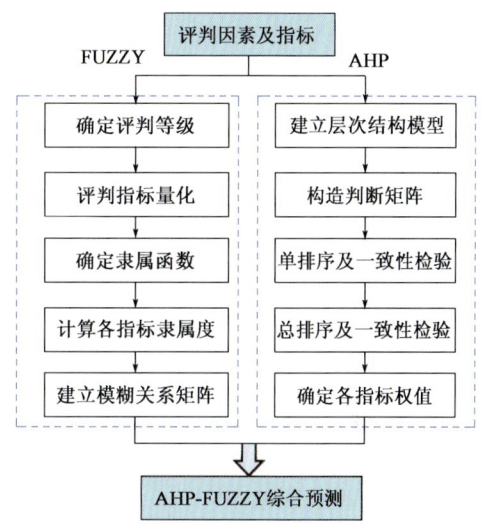

图 3-14　AHP-FUZZY 综合评价流程

（2）建立层次结构模型

岩爆的产生受很多因素影响，岩爆的几个重要的影响因素有：地应力水平、岩体完整性程度、岩石强度、地下水发育程度、开挖扰动等。根据国内外研究成果，可把岩爆影响因素归纳为应力条件、岩性条件、围岩条件三大类。根据米仓山隧道实际地质情况，选取 6 种岩爆影响因素（$C_1 \sim C_6$），评判因素集为 $\boldsymbol{C} = (C_1, C_2, C_3, C_4, C_5, C_6)$。其中，$C_1$ 为脆性系数 K，C_2 为 W_{et}，C_3 为二郎山公路隧道岩爆判据，该判据由我国学者王兰生和徐林生对二郎山公路隧道岩爆实际情况进行跟踪调查后提出，该判据分级标准由隧道开挖后洞壁最大切向应力 $\sigma_{\theta\max}$ 与岩石单轴抗压强度 R_c 的比值来确定，该判据将岩爆级别分为 4 级：

$$\sigma_{\theta\max}/R_c < 0.3 \quad （无岩爆）$$

$$0.3 \leq \sigma_{\theta\max}/R_c \leq 0.5 \quad （弱岩爆）$$

$$0.5 < \sigma_{\theta\max}/R_c \leq 0.7 \quad （中等岩爆）$$

$$0.7 < \sigma_{\theta\max}/R_c \quad （强烈岩爆）$$

C_4 为 Turchaninov 判据，具体介绍如 3.2.3 节所述。C_5 为岩体完整性指数 K_V，该指标主要用来表征岩体的完整或破碎程度，其中岩体纵波波速由现场 TSP 超前地质预报测试获得，岩石纵波波速由超声波测速仪测试。岩体完整性指数与定性划分岩体完整程度对应关系见表 3-7。

K_V 与定性划分岩体完整程度的对应关系　　　表3-7

K_V	>0.75	0.75~0.55	0.55~0.35	0.35~0.15	<0.15
完整程度	完整	较完整	较破碎	破碎	极破碎

C_6 为地下水发育程度，一般而言，水有降低岩石强度的作用，但是水也能抑制岩爆灾害的发生，地下水发育程度分级标准见表3-8。

地下水发育程度分级　　　表3-8

地下水发育程度	Ⅰ	Ⅱ	Ⅲ	Ⅳ
现场特征	淋雨状、线状、股状出水	渗、滴水	岩体潮湿	岩体干燥

将米仓山隧道岩爆分为三个级别：轻微岩爆（Ⅰ级）、中等岩爆（Ⅱ级）、强烈岩爆（Ⅲ级）。利用层次分析软件建立岩爆预测的层次结构模型，岩爆的6种影响因素与岩爆级别的对应关系见表3-9、图3-15。

米仓山隧道岩爆级别评判标准　　　表3-9

岩爆影响因素			无岩爆	轻微岩爆（Ⅰ）	中等岩爆（Ⅱ）	强烈岩爆（Ⅲ）
岩性条件	脆性系数 K	C_1	<10	10~14	14~18	>18
	弹性应变能指数 W_{et}	C_2	<2.0	2.0~3.5	3.5~5	>5
地应力条件	二郎山公路隧道岩爆判据	C_3	<0.3	0.3~0.5	0.5~0.7	>0.7
	Turchaninov 判据	C_4	<0.3	0.3~0.5	0.5~0.8	>0.8
围岩条件	岩体完整性系数 K_V	C_5	<0.4	0.4~0.55	0.55~0.75	>0.75
	地下水发育程度	C_6	Ⅰ、Ⅱ	Ⅲ	Ⅳ	Ⅳ

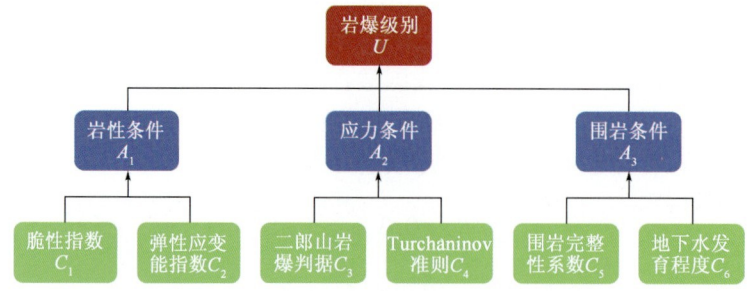

图3-15　岩爆级别层次结构模型

（3）矩阵一致性检验

将评价指标量化并确定各层次评价指标对于目标事物的权重值，对评价指标的相对重要性进行一致性检验，结合对米仓山部分案例进行分析，进一步计算 U-A 和 A-C 排序的单排序权重值及6个因素的总排序权重值，权重矩阵 $U=[0.1434,0.2150,0.1664,0.0923,0.2165]$。

（4）隶属函数和模糊矩阵

对表3-9中的6个影响因素进行统计分析，不同岩爆级别对应于不同的隶属函数，取各评价因子对3种岩爆级别的隶属函数为 k 次抛物线形模糊函数，阶次 $k=2$。标准方程为：

$$u_1(x_i) = \begin{cases} 1 & x_i \leq a_i \\ \left(\dfrac{b_i - x_i}{b_i - a_i}\right)^k & a_i < x_i < b_i \\ 0 & x_i \geq b_i \end{cases} \tag{3-2}$$

$$u_2(x_i) = \begin{cases} \left(\dfrac{b_i - a_i}{b_i - x_i}\right)^k & x_i < a_i \\ 1 & a_i \leq x_i \leq b_i \\ \left(\dfrac{b_i - a_i}{x_i - a_i}\right)^k & x_i > b_i \end{cases} \tag{3-3}$$

$$u_3(x_i) = \begin{cases} \left(\dfrac{c_i - b_i}{c_i - x_i}\right)^k & x_i < a_i \\ 1 & a_i \leq x_i \leq b_i \\ \left(\dfrac{c_i - b_i}{x_i - b_i}\right)^k & x_i > b_i \end{cases} \tag{3-4}$$

$$u_4(x_i) = \begin{cases} 0 & x_i \leq b_i \\ \left(\dfrac{x_i - b_i}{c_i - b_i}\right)^k & b_i < x_i < c_i \\ 1 & x_i \geq c_i \end{cases} \tag{3-5}$$

式中：x_i——第 i 个岩爆影响因子；

$u_n(x_i)$——第 i 个岩爆影响因子对第 n 级岩爆发生概率的隶属度；

a_i、b_i、c_i——第 i 个影响因子对应不同级别岩爆的分界值。

在计算中将岩爆评判因子取值依次代入上式中，可求得 6 个影响因子的模糊关系矩阵 C，将模糊关系矩阵 C 与权重矩阵加权平均计算合成，得到岩爆综合评价集。按照最大隶属度原则，完成对隧道轴线里程段的岩爆预测。

3）现场实例分析

根据基于 TSP 超前地质预报的 AHP-FUZZY 岩爆综合预测方法对米仓山隧道进行岩爆预测。下面以 K41+090~ZK41+238 预测段为例，介绍了岩爆预测流程及主要工作内容。

（1）TSP 现场测试及数据分析

在隧道掌子面附近边墙一定范围内布置 18~24 个激发孔，通过在激发孔中放置少量炸药来人工激发地震波，产生的地震波与球面波的形式在隧道围岩中传播，利用 TSP203 设备进行地震波数据记录，通过 TSPwin 软件进行数据处理，得出前方预报段围岩的纵波波速、横波波速等参数。以 K41+090~K41+238 段为例，进行 TSP 分析，预测参数曲线如图 3-16 所示。

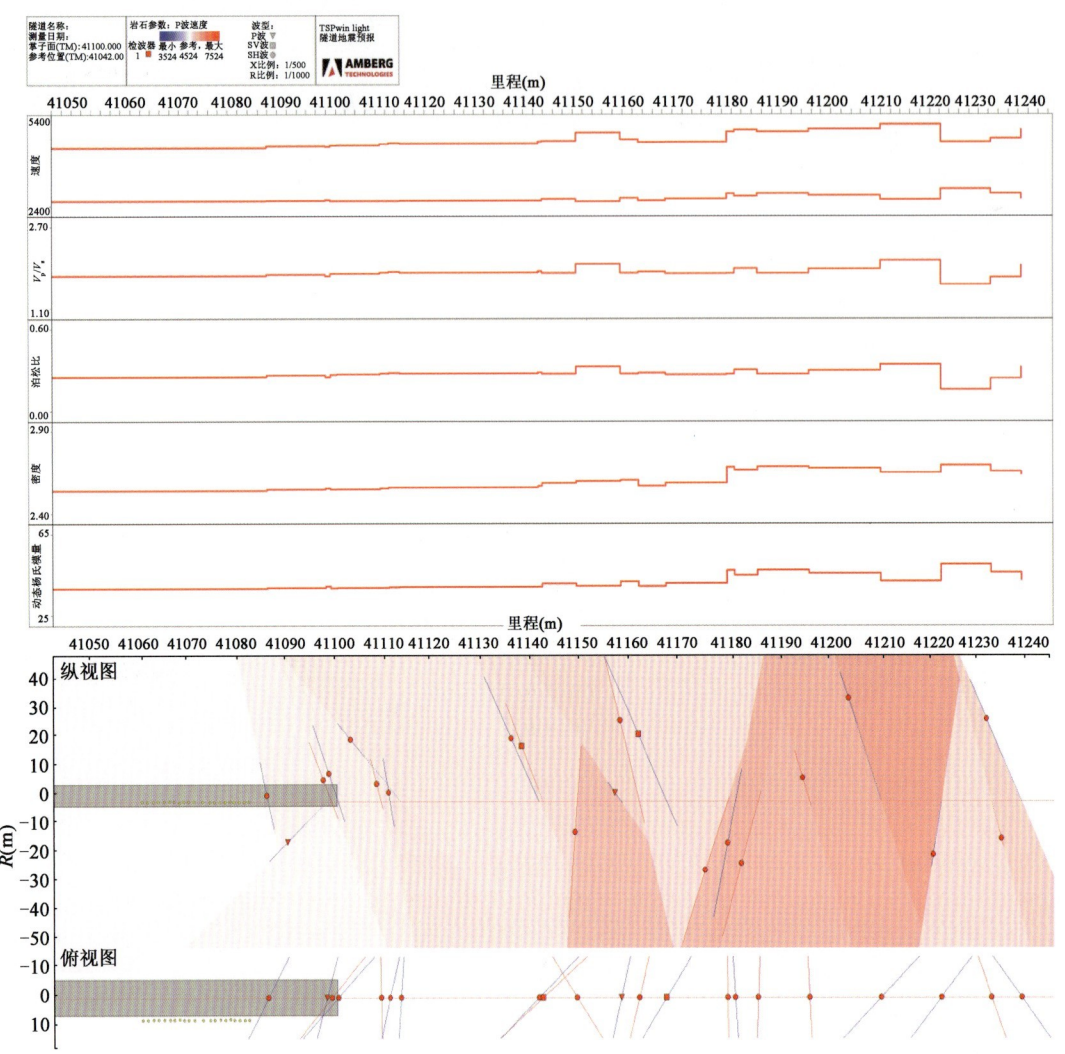

图 3-16 TSP 超前预报反射层位及围岩物理力学参数预测成果

根据现场实测数据处理结果及地质情况,分析如下:

①K41+090~K41+150 段。该段内围岩波速与掌子面相等,且整体平稳,预测该段围岩仍然以泥质粉砂岩为主,主要为中层状,少量为薄层状,层间结合紧密,节理裂隙发育较弱,地下水弱发育,掌子面围岩以干燥为主。

②K41+150~K41+180 段。本段内围岩纵波波速先上升后下降,预测该段内围岩层厚有一定变化,中层含量先增大后减小,节理裂隙一般发育,横波波速较前段变化不大,预测该段围岩仍以干燥为主,该段需注意 K41+150~K41+160 段,纵波波速明显上升,横波波速略有下降,围岩含水量可能上升,从干燥转为潮湿,以渗、滴水为主,开挖扰动后随着裂隙贯通,可能表现为现状出水。

③K41+180~K41+220 段。本段围岩纵波波速较前段有所上升,预测该段以中厚层为主,薄层含量较少,节理发育量有所下降,闭合较为紧密,纵波波速相对前段较高,预测仍以干

燥围岩为主。

④K41+220~K41+238段。该段内纵波波速整体较之前有明显下降,横波波速起伏,预测该段围岩中薄层含量居多,节理裂隙发育量较前段也有增加,地下水发育以裂隙水为主,表现为渗滴水~线状出水。

(2)岩石室内试验分析

在掌子面K41+090处取样,进行岩石力学室内试验及岩石弹性纵波波速测试。岩石弹性波波速采用超声波测试仪进行测试,如图3-17所示。

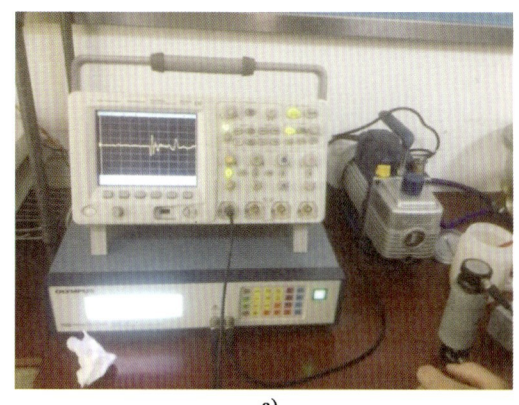
a)

b)

图3-17 超声波测速仪进行岩石波速测试

岩样参数测试结果见表3-10。

岩样参数测试结果　　　　　表3-10

取样里程	岩　性	单轴抗压强度(MPa)	单轴饱和抗压强度(MPa)	抗拉强度(MPa)	弹性纵波波速(m/s)
K41+090	泥质粉砂岩	84.7	53.4	6.12	5847

(3)AHP-FUZZY法岩爆预测

K41+090~K41+238预测段岩爆评判指标取值见表3-11。

K41+090~K41+238段岩爆评判指标取值　　　　　表3-11

预测段里程	脆性系数 K	弹性应变能指数 W_{et}	二郎山公路隧道岩爆判据	Turchaninov 判据	完整性系数 K_V	地下水发育程度
K41+090~K41+150	13.8	2.35	0.27	0.46	0.67	Ⅳ
K41+150~K41+180	8.7	2.35	0.272	0.487	0.68	Ⅱ
K41+180~K41+220	8.7	2.35	0.271	0.48	0.67	Ⅱ
K41+220~K41+238	8.7	2.35	0.271	0.48	0.67	Ⅱ

以K41+090~K41+150预测段围岩为例,将表中岩爆评判指标依次代入隶属函数分布方程中,经过计算得出6个评价因子的模糊评判子集分别为:$AC_1=[0.0025,1,1,0]$,$AC_2=[0.588,1,1,0]$,$AC_3=[1,0.76,0.216,0]$,$AC_4=[0.04,1,1,0]$,$AC_5=[0,0.308,0.36,0.36]$,$AC_6=[0,0.0625,0.25,1]$,则该断面6个岩爆影响因子的模糊关系矩阵为:

$$R = \begin{bmatrix} 0.025 & 1 & 1 & 0 \\ 0.588 & 1 & 1 & 0 \\ 1 & 0.76 & 0.216 & 0 \\ 0.04 & 1 & 1 & 0 \\ 0 & 0.308 & 0.36 & 0.36 \\ 0 & 0.0625 & 0.25 & 1 \end{bmatrix}$$

（4）综合评判

对模糊矩阵 R 进行关于权重矩阵 A 的模糊变换,得到 K41+090～K41+150 预测段岩爆最终评判集 B,即：

$$R = A \cdot R = \begin{bmatrix} 0.1434 \\ 0.2150 \\ 0.1664 \\ 0.1664 \\ 0.0923 \\ 0.2165 \end{bmatrix}^T \begin{bmatrix} 0.025 & 1 & 1 & 0 \\ 0.588 & 1 & 1 & 0 \\ 1 & 0.76 & 0.216 & 0 \\ 0.04 & 1 & 1 & 0 \\ 0 & 0.308 & 0.36 & 0.36 \\ 0 & 0.0625 & 0.25 & 1 \end{bmatrix} = [0.29, 0.69, 0.65, 0.25]$$

根据模糊数学贴近度原理,评判集 $B = [B_1, B_2, B_3, B_4] = $ [无,Ⅰ级岩爆,Ⅱ级岩爆,Ⅲ级岩爆],最大隶属度 B_i 所在位置即该断面岩爆预测级别。据此,K41+090～K41+150 预测段岩爆级别为轻微岩爆。同样,对 K41+150～K41+180、K41+180～K41+220、K41+220～K41+238 段分别进行模糊计算,分别得出各段岩爆最终评判集 B,结果显示在 K41+150～K41+238 段无岩爆发生。

在 K41+150～K41+238 段围岩施工过程中,在 K41+100 掌子面中部围岩出现了贝壳状剥落(图 3-18),经分析判定为轻微岩爆,预测结果与实际情况吻合。

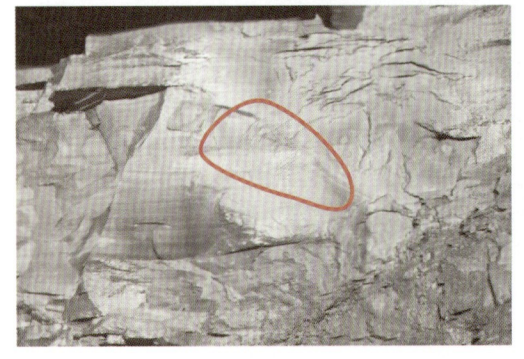

图 3-18　K41+100 处端面贝壳状剥落

3.3　米仓山隧道岩爆微震监测预警

3.3.1　微震监测原理及系统组成

岩体在外界扰动的影响下,内部会产生微裂隙并以弹性波的形式释放应变能,微裂隙不断发育伴随着弹性波在岩体内迅速传播与释放,这种弹性波被称为微震。微震监测(Microseismic Monitoring)技术就是基于弹性波的解译来分析岩体内部微裂纹扩展以及岩体稳定性的监测方法。微震监测系统所采集到的每一个微震信号都是含有岩体内部情况的大量弹性波信息,通过对这些信息进行反演可得出岩体发生微破裂的时间、位置和震级。然后根据大量微破裂事件的震级大小、密集程度等信息,则可能推断出岩石破裂的范围和趋势(图 3-19)。在实际工程项目中,岩体破坏所产生的震级一般在 3 级以下,因此可将工程岩石力学中遇到的地震称为微震。

微震监测技术具有如下特点:①实时监测;②立体全范围监测;③三维空间定位;④数据采集、存储和处理的全数字化;⑤监测和信息输送的远程操作;⑥多用户、可视化监控与分析。微震监测系统的构成包括硬件和软件两部分,其中硬件部分包括传感器、主机、数据采集系统(Paladin)、电缆线等硬件设施,软件部分包括 HNAS 软件、SeisVis 软件、WaveVis 软件等,具体如图 3-20 所示。

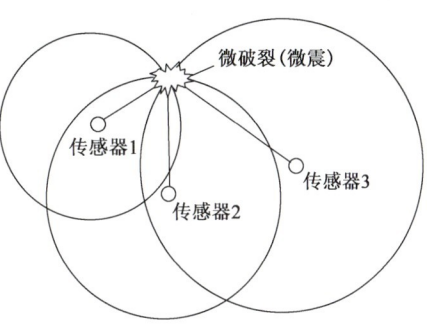

图 3-19　微震监测原理图

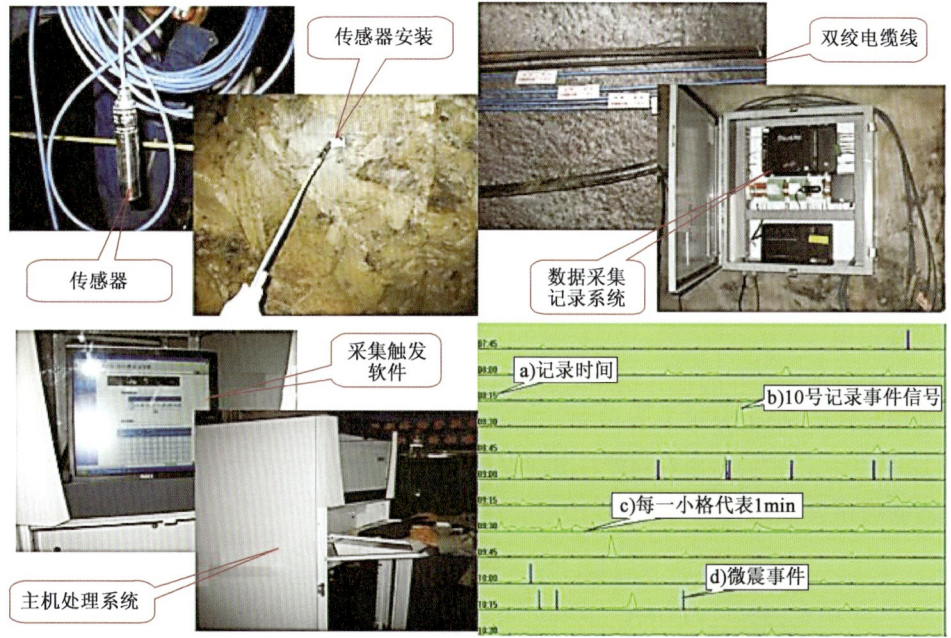

图 3-20　微震监测系统及构成

3.3.2　米仓山隧道岩爆特征分析

1) 双洞岩爆

在米仓山隧道微震监测段内,节理化硬岩发生了多次高地应力灾害。如 2017 年 12 月 17 日,在短时间内在隧道双线的开挖掌子面相继发生岩爆灾害,这在岩爆案例中十分罕见。对于这次岩爆的发生过程,首先右洞爆破导致了右侧边墙开裂并产生岩爆凹坑;随后左洞也出现持续的开裂,现场伴有持续性的噼啪声和间歇性炸响声(类似爆破声响),最终在右侧边墙也产生岩爆凹坑。左右线岩爆属于开挖爆破导致的即时型岩爆,在时间上先后出现且破裂位置基本一致。此外岩爆时的强烈能量释放还引起了约 30m 范围的初期衬砌开裂,包括拱顶的开裂与坍落、边墙的开裂与错位。现场岩爆凹坑呈由两结构面组合的穹窿状,最深处达 3m (图 3-21)。

a) b)

图 3-21 "12·17"岩爆灾害的现场情况

2) 拱顶/掌子面岩爆

此类灾害源于高地应力岩体在开挖卸荷后的强烈能量释放,常位于隧道拱顶或开挖掌子面上。岩爆发生时伴有打雷似的轰响和后续拼劈裂声,爆坑由单组主控结构面控制,或呈现双、多组结构面控制的楔形状或穹窿状,最大深度可达 3m。运动特征表现为弹射抛掷和重力塌落,因此堆积物主要以大块石和碎石为主。岩爆灾害影响范围较大,可造成 30m 范围内初期支护开裂和局部岩体坍落。如 2018 年 1 月 4 日和 1 月 14 日隧道左线的岩爆灾害(图 3-22)。

3) 拱顶坍塌

高地应力节理硬岩在隧道开挖卸荷后发生了破裂面的贯通和大范围的重力坍塌,一般位于隧道拱顶或拱肩,灾害发生时有短暂的轰响声。坍塌凹坑无明显主控结构面,塌坑深 1～3m。坍塌堆积物无分选性,块石和碎石混杂出现。坍塌灾害影响范围较小,如 2018 年 3 月 12 日隧道左线的坍塌灾害(图 3-23)。

图 3-22 "1·14"岩爆灾害的现场情况　　　　图 3-23 坍塌灾害的现场情况

4) 边墙鼓出及开裂

高地应力节理硬岩在隧道开挖卸荷后发生破裂的持续扩展和能量释放,在隧道边墙部位(无重力坍塌效应)可出现大范围的岩体鼓出,造成工字钢的屈曲、墙面的开裂和局部的坍塌。如

2017年12月14日和2017年12月29日发生在隧道左线的边墙鼓出、初期支护掉块(图3-24)。

图 3-24　边墙鼓出和开裂的现场情况

5)隧道底鼓及开裂

除发生在隧道边墙的岩体鼓出,底部可能发生底板隆起及开裂(图3-25)。如2018年3月2号隧道左线岩爆的强烈能量释放引起了隧道右线在相同段落发生底鼓及开裂现象,这表明米仓山隧道的高地应力灾害具有较大波及范围的特点,除引起岩爆位置初期支护大范围开裂外,还会引起另一条隧道在相同段落的围岩变形破坏。

 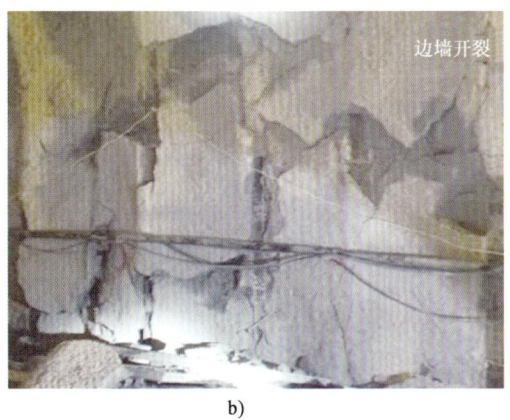

图 3-25　隧道底鼓的现场情况

3.3.3　米仓山隧道岩爆段微震监测结果分析

在米仓山隧道微震监测期间,隧道双线发生了多次高地应力灾害,并主要出现在隧道左线,如2017年发生的"12·17"双洞岩爆灾害、"12·29"边墙鼓出及开裂灾害,2018年发生的"1·4"拱顶坍塌灾害、"1·14"拱顶/掌子面岩爆灾害、"3·2"底鼓及开裂灾害和"3·12"拱顶坍塌灾害。高地应力灾害频繁出现。图3-26为高地应力灾害发育期间的完整微震事件分布,最大震级高达1.5,最大微震能量达到了百万焦,高地应力灾害发生对人员、设备的威胁极大。

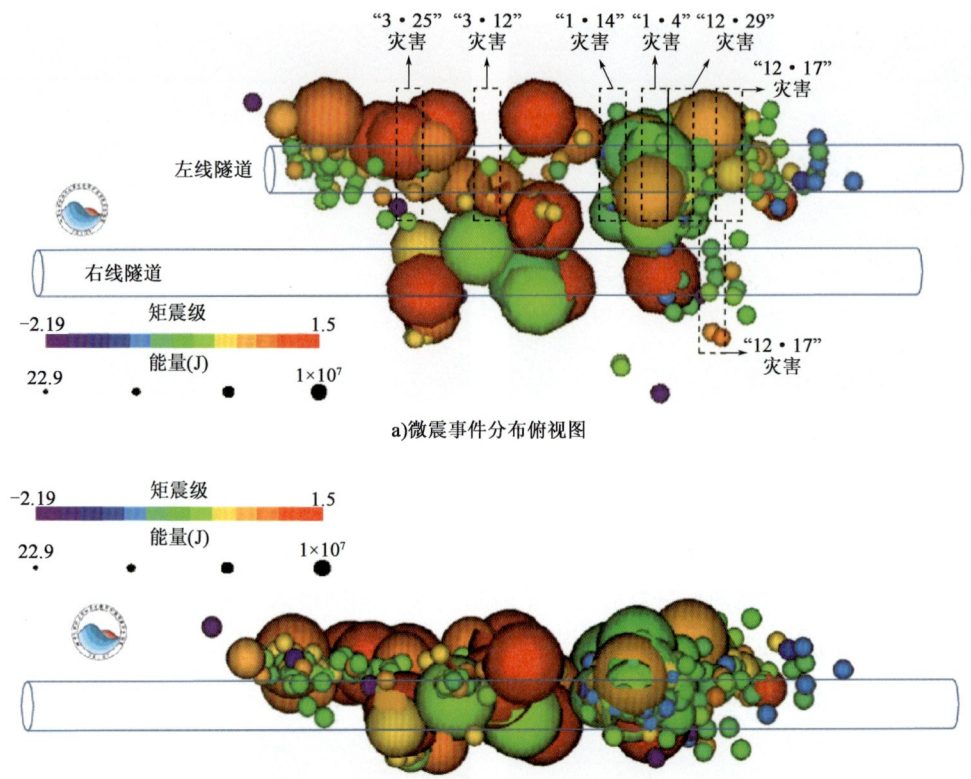

图 3-26 米仓山隧道高地应力灾害的微震事件分布图

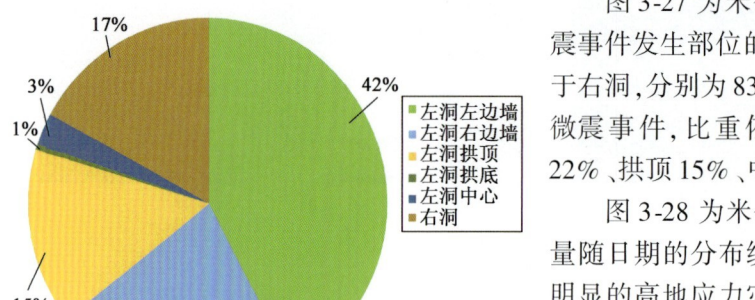

图 3-27 米仓山隧道微震事件发生部位统计

图 3-27 为米仓山隧道高地应力灾害及微震事件发生部位的统计,左洞微震事件数量多于右洞,分别为 83% 和 17%。对于左洞发生的微震事件,比重依次为左边墙 42%、右边墙 22%、拱顶 15%、中心 3% 和拱底 1%。

图 3-28 为米仓山隧道大能量微震事件数量随日期的分布统计,在监测期间共发育 6 次明显的高地应力灾害,微震监测工作均做出了有效反映,并在灾害发生前发出了预警报告。由图 3-28 和表 3-12 可以看出,在米仓山隧道产生的高地应力灾害中,其中 2017 年发生的"12·17"双洞岩爆灾害、"12·29"边墙鼓出及开裂灾害和 2018 年发生的"1·14"拱顶/掌子面岩爆灾害 4 次灾害发生前,微震活跃程度较高,每日大能量事件数均较大,且处于一个较大量值;而 2018 年发生的"1·4"拱顶坍塌灾害和"3·12"拱顶坍塌灾害发生前,微震活跃程度相对降低,大能量事件数较少。

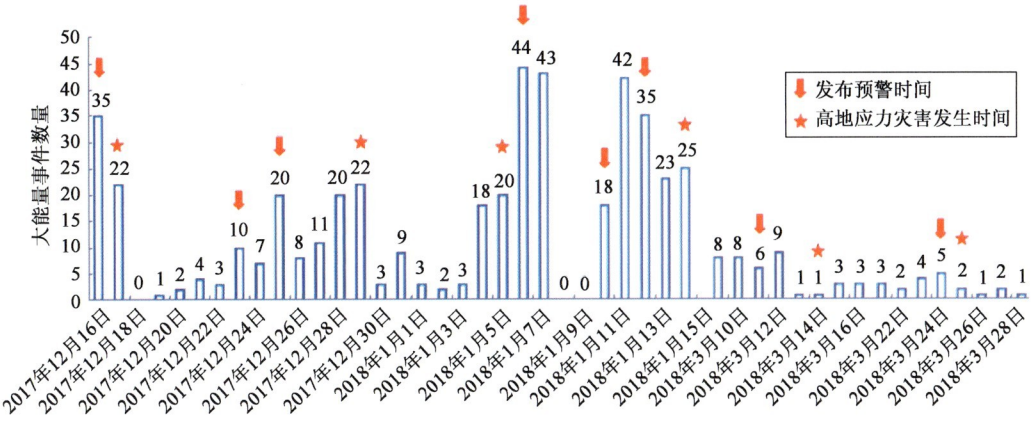

图 3-28 米仓山隧道大能量微震事件发育历史

高地应力灾害微震事件统计 表 3-12

高地应力灾害	每日大能量事件发育历史(个)					大能量事件数总计(个)
	灾害发生当天	发生前一天	发生前二天	发生前三天	发生前四天	
2017 年"12·17"双洞岩爆灾害	22	35	—	—	—	57
2017 年"12·29"边墙鼓出及开裂灾害	22	20	11	8	20	81
2018 年"1·4"拱顶坍塌灾害	18	3	—	—	—	21
2018 年"1·14"拱顶/掌子面岩爆灾害	25	23	35	42	18	143
2018 年"3·12"拱顶坍塌灾害	9	6	8	—	—	23

3.4 米仓山隧道岩爆处治

3.4.1 破坏机理分析

对比类似工程经验及现场记录总结,认为本次破坏可能是由于以下几方面原因导致的。

(1)围岩破碎

地质勘察资料显示在该范围内为 V 级围岩,受构造破碎带影响,岩体呈碎裂状结构或裂隙块状结构,围岩开挖无支护状态下可能发生中~大塌方;地表起伏不明显,埋深约为 620m,地下水主要以股状及线状产出;同时从施工揭露的围岩来看(图 3-29),掌子面围岩以石英闪长岩为主,部分围岩出现不同程度的变质,变质岩主要为云英岩化花岗质碎粒岩;掌子面存在两组较为明显的节理。

(2)卸荷扰动

工程实际表明,现场失稳破坏大部分发生在爆破过程中,这表明外界扰动是导致隧道失稳的重要原因。在该区域施工时为了避免爆破振动的影响采用了小药量光面爆破,但是在爆破后依然发生了严重的破坏,这表明卸荷是导致失稳的重要原因。为了进一步分析外界扰动对隧道失稳的影响,建立离散元模型对卸荷过程中的节理岩体响应进行了分析。计算模型如图 3-30 所示。

图 3-29 掌子面围岩情况

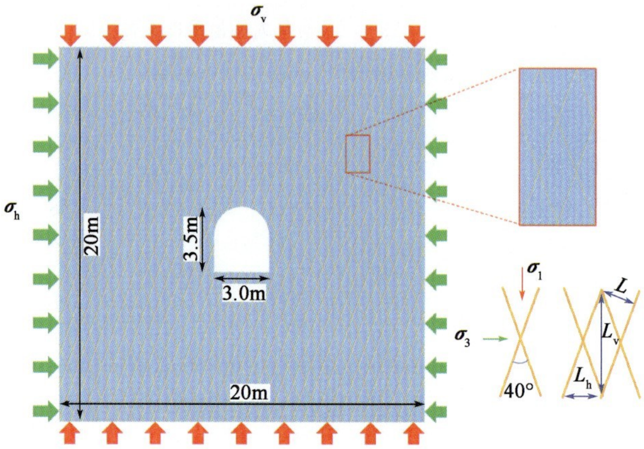

图 3-30 计算模型图

σ_1-最大主应力;σ_3-最小主应力;L-节理间距;L_v-节理沿竖向的距离;L_h-节理沿横向的距离

图 3-31 展示了开挖卸荷过程中振动速度的演化过程。从图中可以看出在快速卸荷后会激发振动波,对于完整岩体,卸荷诱发的振动波幅值较小,且向各方向均匀传播,波前近似为圆形,而在节理岩体中,振动波主要集中在隧道周边,向外传播速度较为缓慢且不均匀。

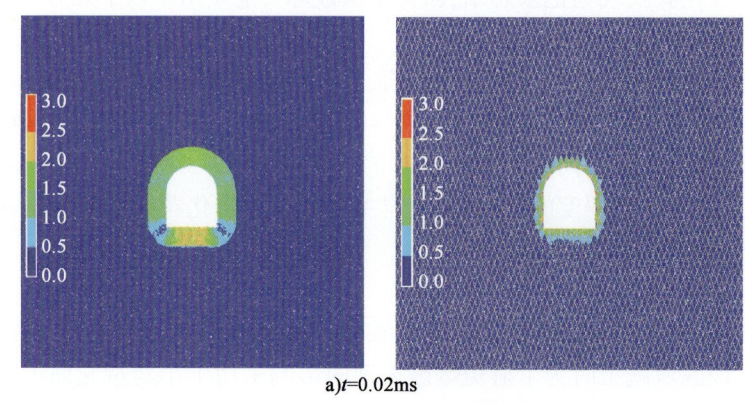

a) $t=0.02$ms

图 3-31

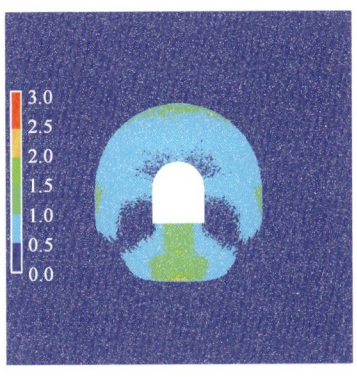
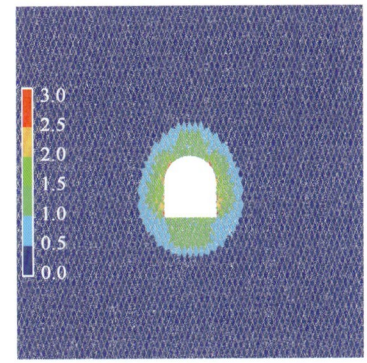

b)t=0.06ms

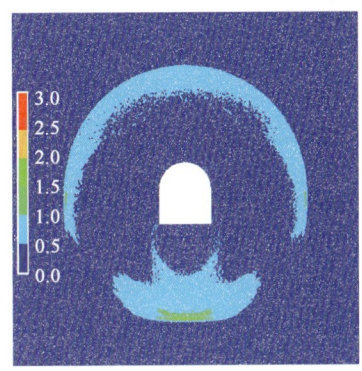
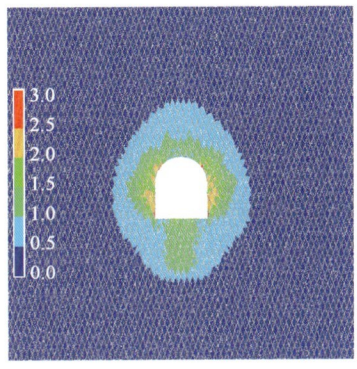

c)t=0.10ms

图 3-31　卸荷过程中振动速度演化过程（左侧为完整围岩，右侧为节理岩体）

图 3-32 展示了隧道在经历不同速率的卸荷后诱发的裂纹分布情况。从图中可以看出对于完整围岩，卸荷诱发的裂纹数量很少，而对于节理岩体则会在卸荷后产生大量的裂纹，特别是在拱肩、边墙及墙角位置，且卸荷越快，裂纹数量越多。

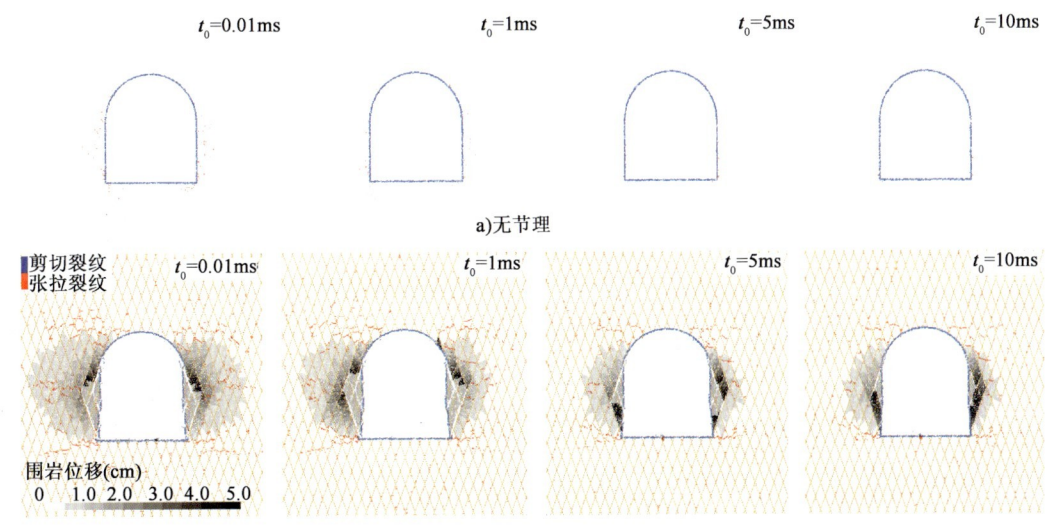

图 3-32　隧道周边裂纹分布

图 3-33 展示了卸荷后最大动能的分布情况,从图中可以看出,对于完整岩体洞周最大动能分布距隧道较远,主要集中在底板以下,对隧道稳定性影响较小,而考虑节理后动能主要集中在边墙两侧,这表明边墙两侧更容易发生失稳,这与现场情况较为符合。

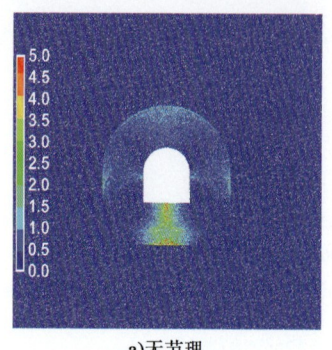

a) 无节理　　　　　　　　b) 节理间距30cm

图 3-33　隧道周边动能分布

3.4.2　防治措施

通过对施工现场破坏情况及其力学机理进行分析,认为引起米仓山隧道硬脆性裂隙围岩区段掌子面失稳塌落及结构性破坏的主要原因为高地应力引起的能量超过岩体的储能极限。因此,为了降低此类破坏的程度,需要从降低隧道围岩体内的能量等方面采取措施。

采用"掌子面深孔爆破卸压+侧壁应力释放孔卸压"的联合卸压方式,降低掌子面前方0~2m范围内的弹性应变能,同时将转移至掌子面轮廓的弹性应变能通过卸压孔释放,使得掌子面开挖后的弹性余能小于岩体的最大承受能力。

(1) 卸压方法选择

目前针对国内外深部高地应力出现的问题,国际上已广泛采用主动卸压方法。研究表明,主动卸压能够有效降低隧洞周边的应力,避免出现弹性应变能过度集中的情况。目前卸压方法主要有卸压爆破、钻孔卸压和诱发爆破等。

卸压爆破是对掌子面前方或者侧部围岩用爆破方法减缓其应力集中程度的一种解危措施。煤矿领域因为其独特的开挖方式认为实施卸压爆破应采取深孔爆破方法,孔深应达到支承压力峰值区,装药位置越靠近峰值区,炸药威力越大,爆破解除围岩应力的效果越好。而在隧道施工领域采用超前应力解除时应严格控制装药量,避免对围岩造成较大扰动。

钻孔卸压是利用钻孔方法消除或减缓冲击地压危险的解危措施。钻孔卸压的实质是利用高应力条件下围岩中积聚的弹性能来破坏钻孔周围的岩体,使岩体卸压、释放能量,消除冲击危险。

诱发爆破是在检测到有冲击危险的情况下,利用较多药量进行爆破,人为地诱发冲击地压或岩爆,使能量释放发生在一定的时间和地点,从而避免更大损害的一种解危措施。实行诱发爆破必须慎重行事,作为辅助手段,只有在存在严重冲击危险的情况下,其他方法无效或无法实施时应用,隧道领域使用较少。

考虑到隧道在耐久性、稳定性等方面的特殊要求,在隧道工程中进行应力解除时要尽量保护周边围岩,避免对周边围岩造成较大的扰动,引起施工事故,因此在本工程卸压时选择掌子面超前预卸压和掌子面后径向卸压相结合的方法。

(2)卸压参数及方法

①卸压的原则

在采用掌子面前方预卸压时经常采用爆破卸压的方法,在采用该方法时要遵循以下原则:

a. 卸压孔的深度要达到或超过应力集中区。

b. 装药孔的药量要合理适中,控制爆破中产生的振动,把对围岩的损伤降到最小,保证隧洞的整体稳定。

c. 卸压爆破后的周边围岩必须有足够的承载能力,保证隧道的长期稳定。

d. 爆破卸压后的破碎带和裂隙带的分布要尽量均匀,避免爆破后卸压带及隧洞周边形成新的应力集中带。

②掌子面卸压的参数

为了尽量提前释放积蓄在围岩体内部的能量,米仓山隧道采用 XC 60 钻机在隧道掌子面及掌子面后方隧道侧壁已支护段进行径向钻孔,掌子面卸压孔共 12 个,分两层布置,钻孔时先施作内层 6 个卸压孔,孔圈间距 60cm,内层卸压孔爆破后,再施作外层 6 个卸压孔并进行爆破,孔圈间距 75cm;钻孔孔径为 110mm,孔深 10m,外插角为 10°。

3.4.3 处治效果评价

在处治后采用松动圈测试的方法对卸压效果进行分析。围岩松动圈测试共选取 3 个钻孔,1 号孔位于掌子面中部;2 号、3 号钻孔位于隧道侧壁边墙,分别距掌子面 7.5m、8.5m,在卸压爆破前后对钻孔进行松动圈测试,以得到爆破前后围岩损伤范围,进而对卸压爆破的效果进行分析。测试时将声波测井仪插入深度为 10m 的钻孔中,在水的耦合作用下每次将声波测井仪拔出 20cm,待数据稳定时进行记录。三个钻孔测试结果如图 3-34 所示,图中竖向虚线代表损伤围岩区与完整围岩区的交界深度,竖向虚线之前部分代表围岩损伤范围;横向虚线代表卸压爆破前后损伤围岩和完整围岩内的平均波速。另外,在突变点之后仍然存在个别突降点,这是由于围岩深部小范围破裂面造成的。

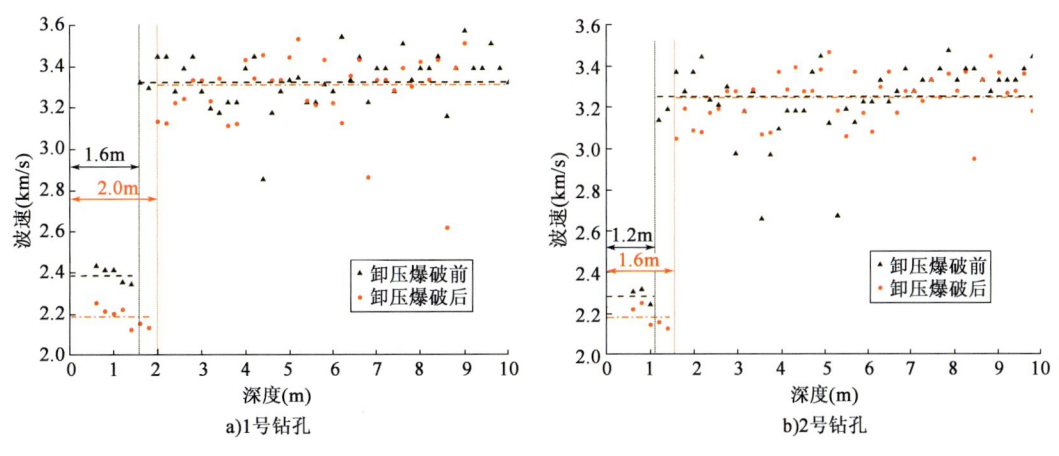

图 3-34

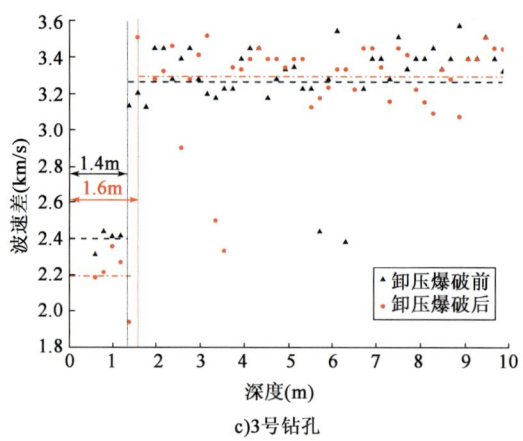

c) 3号钻孔

图 3-34　卸压孔爆破前后松动圈测试结果比较图

岩体发生弹性变形和能量积聚是一个稳态过程,而发生破坏和能量释放,特别是发生动力破坏,通常情况下是一个失稳过程,其能量转化始终遵循岩体动力破坏的最小能量原理,即破坏真正需要的能量为最小破坏能量 $E_{\min}$。假设隧道围岩系统中积蓄的总能量为 E_Z,在隧道开挖爆破过程中,会产生各种不可逆的能量耗散过程,如岩体的塑性变形损耗的塑性能 E_P、黏性流动变形损耗的黏性能 E_N、节理面相对滑移和原生裂隙尖端产生的次生裂隙并发生扩展所损耗或吸收的能量 E_L 和其他能量消耗 E_T。那么,在隧道围岩系统中弹性余能 E_r 按下式计算:

$$E_r = E_Z - E_P - E_N - E_L - E_T \qquad (3-6)$$

从而得到隧道冲击震动破坏能量判据为:

$$E_Z - E_P - E_N - E_L - E_T > E_{\min} \qquad (3-7)$$

当围岩内部存在一定范围破碎损伤区时,这部分破碎介质能够吸收部分冲击能量 $E_{\eta S}$,则可以大大减少弹性余能,此时式(3-7)变为式(3-8),即隧道冲击破坏的能量准则为:

$$E_Z - E_P - E_N - E_L - E_T - E_{\eta S} > E_{\min} \qquad (3-8)$$

因此,围岩松动圈范围越大,围岩内部损伤区就越大,进而吸收更多弹性能,从而减轻高地应力对隧道施工的影响。

根据松动圈测试结果对卸压爆破前后围岩损伤深度进行比较,由图 3-34 可知,隧道掌子面和边墙部位波速的突变点在卸压爆破后都有一定的滞后现象,这说明卸压爆破后围岩内部破碎损伤范围在增大。进一步分析,1号钻孔围岩损伤深度在爆破前后分别为 1.6m、2.0m,损伤区深度增加约 0.4m;2号钻孔围岩损伤深度在爆破前后分别为 1.2m、1.6m,损伤区深度增加约 0.4m;3号钻孔围岩损伤深度在爆破前后分别为 1.4m、1.6m,损伤区深度增加约 0.2m。总体而言,由于爆破振动影响更大,掌子面的损伤范围深于边墙部位 0.4~0.6m,而在卸压爆破之后,掌子面和边墙部位损伤区深度均增大 0.2~0.4m,损伤区范围增大使得围岩对能量的吸收能力得到增强,从而减轻围岩应力集中现象。

卸压爆破后,在围岩破碎损伤深度增加的同时,损伤区的平均波速也发生了较明显的变化,爆破前平均波速约为 2.36m/s,爆破后平均波速约为 2.19m/s。具体而言,1号钻孔损伤区在卸压爆破前后平均波速分别为 2.39m/s、2.19m/s,波速减小 0.2m/s,降幅 8.4%;2号钻孔损伤区在卸压爆破前后平均波速分别为 2.29m/s、2.18m/s,波速减小 0.11m/s,降幅 5%;3号钻孔损伤区在卸压爆破前后平均波速分别为 2.40m/s、2.19m/s,波速减小 0.21m/s,降幅 8.8%。钻孔内波速的降低说明围岩内部破碎损伤程度进一步增强,这样,在受到外部爆破能量影响下,损伤区围岩能够吸收更多的能量,使得围岩系统中的弹性余能进一步减小。

在未扰动围岩区内,3 个钻孔卸压爆破前后围岩内平均波速均维持在 3.30m/s 上下,几乎不发生改变,这说明卸压爆破对未扰动围岩区的影响微乎其微。但是,部分测点的波速在卸压爆破前后发生了明显的变化,如 1 号钻孔的部分测点的波速在卸压爆破后有了明显的下降,这主要是因为爆破后掌子面内部围岩原有裂隙扩展、新裂缝产生导致的;而 3 号钻孔的部分测点波速在卸压爆破后有了明显的变化,对于波速增大的测点,这是由于卸压爆破后应力重分布导致洞周应力向深部转移,导致原有裂隙闭合,而另外个别测点的波速在爆破后有了明显的降低,这可能是由于掌子面卸压爆破导致的应力变化使未扰动区的围岩产生了新的裂隙导致的。

第4章 中—弱岩爆段柔性防护网快速施工技术

以片帮、弹射等为主要特征的中—弱岩爆是高地应力硬岩隧道施工过程中的一种常见灾害,不仅会对施工人员、设备的安全造成威胁,还会影响施工进度。本章针对中—弱岩爆段现有被动式支护方法的不足,采用室内试验、数值模拟等方法对柔性防护网在中—弱岩爆段的适用性进行了研究,在此基础上提出了中—弱岩爆段柔性防护网快速施工技术。

4.1 柔性防护网静载力学行为

柔性防护网快速施工工法中,喷锚网支护属于主动防护范畴,该方法可以降低岩爆概率,而岩爆的突发性和强破坏性则要求支护体系可以实现被动防护,以降低致灾等级。岩爆按照块体初速度大小可以分为剥离和弹射,剥离时围岩有向洞内临空面挤出变形的趋势,会造成喷射混凝土鼓板开裂,此时作用在柔性网上的荷载可以看作静载;弹射现象则有所不同,弹性应变能的突然释放使岩板破碎并抛出,喷射混凝土无法发挥阻挡作用,柔性防护网必须承受飞石的冲击荷载。

柔性防护网顶破试验中,测试钢丝绳直径为6mm,网孔规格为10cm×10cm,试验过程中约束柔性网四周,将接触面简化为圆形,逐级提高顶破荷载,如图4-1所示。

试验得到的柔性网顶推力与加载时间的关系曲线如图4-2所示,在抵抗顶推荷载的过程中柔性网的韧性发挥了巨大作用,能够产生较大的弹性形变,最大顶推力为70kN,柔性网部分破损后仍具有一定的强度。

图 4-1 柔性网顶破力测试

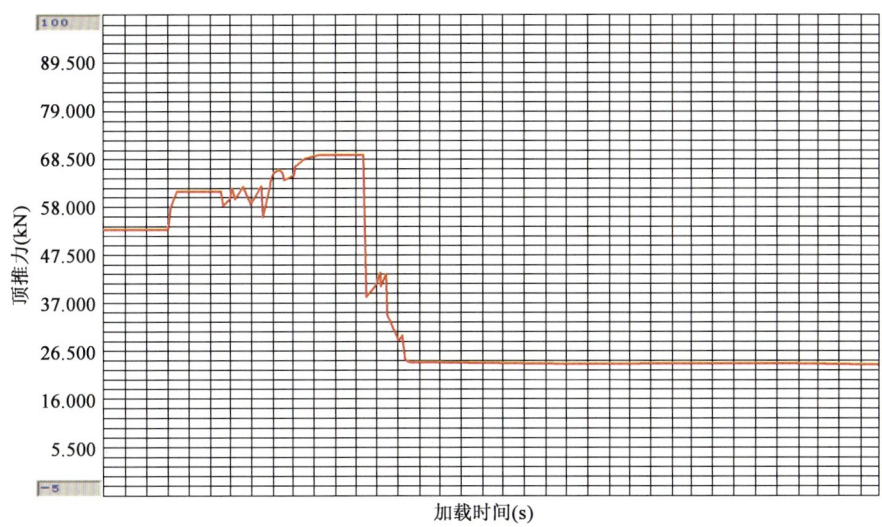

图 4-2 柔性防护网顶破力测试曲线

测试结果见表 4-1,由此可知柔性防护网对于局部垮塌和碎块剥落具有可靠的网兜作用。

柔性防护网规格参数　　　　　　　　　　　　　　　　　表 4-1

指标	钢丝强度（MPa）	极限顶破力（kN）	极限顶破距离（cm）	抗错动拉力（kN）	抗脱落拉力（kN）	缝合绳强度（kN）
参数	1770	70	60	5	10	43

按照柔性防护网施工质量控制标准,需按锚杆数不少于 1%,且不少于 3 根做拔力试验。依据米仓山隧道 J2 标提供的涨壳式锚杆测试结果(表 4-2),涨壳式锚杆的拉拔力大于 75kN,锚杆作为柔性网的承托构件,网面承受的荷载也最终分散为由端部锚杆承担,这就要求在荷载(静载、动载)作用下,锚杆的作用力不能超过 75kN,否则锚杆将被拔出失效。

锚杆拉拔力测试结果　　　　　　　　　　　　　　　　　表 4-2

桩　　号	龄期(d)	各根锚杆实测拉拔力(kN)			均值(kN)
		1	2	3	
K50+50 ~ K50+60	1	78.2	73.9	78.2	76.8
K49+950 ~ K49+960	1	75.6	80.3	76.3	77.4
K49+900 ~ K49+910	1	71.1	73.2	79.5	74.6

4.2　柔性防护网动载力学行为

4.2.1　模型建立

微震监测数据显示,某些岩爆的爆坑形成过程长达 2min 之久,说明岩爆的破坏区域(爆坑)并不是在瞬间形成的,而是一个发展过程。具有一定柔性的支护系统能够吸收部分冲击破坏释放的能量,可能延缓或阻碍进一步的围岩破坏,从而达到减轻岩爆灾害的目的。

岩爆落石冲击防护网的过程是一个复杂的非线性问题,其中包含瞬时的冲击、能量的吸收与耗散、落石与钢丝绳网面的接触与脱离、金属材料的屈服等过程。ANSYS LS-DYNA 软件在求解显式动力学方面具有明显的优势,非常适合分析冲击碰撞问题。本节计算采用 ANSYS-LS-DYNA 通用软件对隧道主动柔性防护网模型进行动力学计算、求解,研究落石—防护网作用过程中防护系统的动力学响应规律,为研究柔性防护网被动防护的性能影响因素提供科学依据。

(1)有限元模型建立

本节在建立数值模型时选用了 LINK160、SOLD164 两种单元。柔性被动网实体模型中,网、绳构件均是细长杆件结构。在 LS-DYNA 中提供了 LINK160 和 LINK167 两种可以模拟杆件的单元类型,两种单元均支持显式动力分析。LINK167 能够真实地模拟弹性索的力学行为,通常用于缆绳建模。该单元是一种三节点仅能拉伸的单元,其中仅用 K 点来确定单元的初始方向,且不必和节点 I、J 在同一平面上,如图 4-3 所示。

LINK160 单元是一个三维圆杆单元,在每个节点上都具有 3 个自由度,但只能承受轴向荷载。该单元也具有三个节点,初始方向由第三个节点 K 确定,如图 4-4 所示。

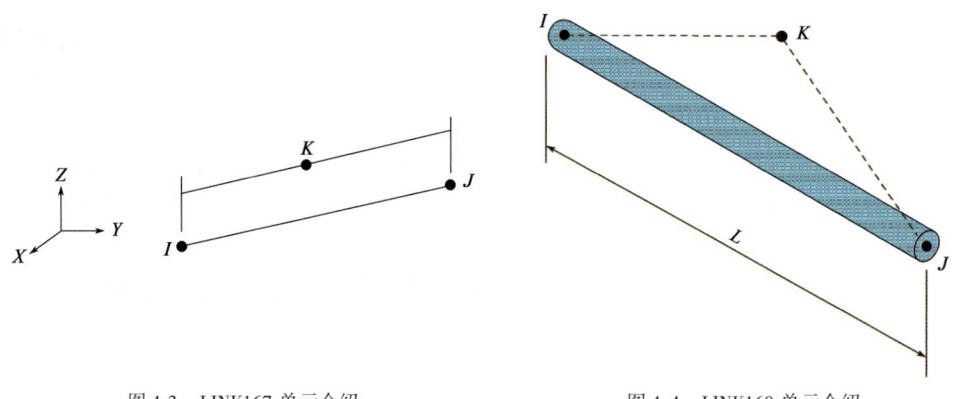

图 4-3 LINK167 单元介绍 图 4-4 LINK160 单元介绍

LINK167 专门模拟实际问题中的弹性索,用来模拟弹性绳有着很大的优势。但由于滚石撞击柔性防护网时,网绳的变形不仅有弹性变形,还会伴随着塑性变形,同时,由于 LINK167 材料模型自身的原因,在模拟网绳模型计算中可能会导致数值发散,导致仿真效果失真。LINK160 单元可以选择三种材料模型:经典的双线性随动强化模型(Bilinear Kinematic Plasticity Model)、双线性各向同性模型(Bilinear Isotropic Plasticity Model)与塑性强化模型(Plastic Kinematic Model)。采用 LINK160 单元可方便地考虑到构件材料的失效和塑性行为。综上所述,本模拟中的支撑绳、钢丝绳网、拉锚绳用 LINK160 单元来模拟。SOLID164 单元作为一种三维实体单元,由 8 个节点构成。缺省情况下它运用单点的积分与黏性沙漏的控制可达到较快的单元算法。单点积分可以大大节省计算的时间,且较适用于大变形的情况。因此,本节用 SOLID164 单元对落石进行模拟。

本模拟中防护网悬挂在四周的锚杆上,拉描绳系统在锚杆顶端与之连接,另外一端与固定在岩层中的锚杆相连。本书数值仿真建模过程中,对原结构进行了适当的简化。钢丝绳网的四周用支撑绳连接,拉锚绳通过支撑绳顶的公共交点实现连接。但本书的研究重点不在于两者的连接,因此也没有必要详细地按照原型进行建模。考虑到锚杆破坏滞后于其他构件的破坏,且锚杆对柔性防护系统能量耗散的贡献不大,所以在建立模型时用铰接约束代替锚杆的作用,约束了 X、Y、Z 三个方向的平动自由度,保持着转动自由度的自由,从而实现此处的铰接模拟。高速落石冲击被动网实质上是一个动力学过程,所以把落石速度作为动力分析的动荷载。即初始条件仅考虑落石上的速度,通过改变落石的质量与初始速度,实现调整冲击动能的目的。建模时忽略了空气阻力影响。

对于接触问题的处理方面 LS-DYNA 有很大的优势,为了充分表征各动态情况下物体与物体表面间复杂的相互作用,LS-DYNA 分为单面接触、点面接触与面面接触三种基本类型。在这三种基本类型中,包括了普通、自动、侵蚀、固连接、固连失效、刚体、边、压延筋、成型 9 种接触类型的集合。接触类型的多样化选择,使其能够灵活地模拟各种真实的物理现象。

单面接触适用于物体表面本身的接触或它与另一个物体的表面接触。单面接触不需要定义接触面或者目标表面,ANSYS LS-DYNA 程序将会对模拟进行自动判定。因此,单面接触为最简单的接触类型,它允许一个模型的所有外表面都进行接触,在接触条件不易预测的大变形问题中通常作为首选。节点—面接触是指,当两个表面之间存在接触,接触节点穿透目标表面时,需定义接触表面与目标表面。当一个物体表面被另一个物体的表面穿透时,需要使用面—面接触,其中表面与表面接触为普遍的类型,并且常被用于任意形状、有相对较大接触面积的物体接触中。采用这类接触的物体之间有较大的相对滑动,如块在平板上滑动、球在槽内滑动。由以上可知,单面接触是一种自动接触,可用于事前接触情况不易判断的大变形问题。点—面接触与面—面接触均需要在可能产生的接触地方,对其定义接触表面与目标表面,并用节点号或组分部分来表示。但是,接触问题通常发生在显式动态分析中,确定一个模型组件之间的接触所发生的复杂大变形是非常困难的。因此在事前接触情况不易判断的情形下,采用单面接触这种自动接触方式对处理材料的大变形有着独特的优势。对于在碰撞时发生复杂变形的被动网来说,主要会产生两种接触方式,即网体自身的接触、网体与落石的接触。但在此过程中,可能发生的接触部位、接触方向等在事先都不易判断。因此本节采用 ANSYS 自带的单面自动接触(Automatic Single Surface Contact)作为本模型中的接触类型,用以完成碰撞接触问题的定义。

LS-DYNA 在求解过程中当采用缩减积分的方法对体、壳单元进行计算时,可能出现沙漏现象。这是因为有限元方法一般采用节点位移作为基本变量,节点间点的位移以及应变通过对形函数进行插值而得到,然而在采用单点积分的方法进行计算时,单元内可能出现位移或应变值相等而符号相反的节点,从而导致该单元的插值结果为零,使得单元的应力、能量为零。在这种情况下,一对单元出现了齿状的沙漏形态,所以这种问题称为沙漏问题。在 LS-DYNA 中有多种方法可以用来解决沙漏问题。全积分或缩减积分可以完全消除沙漏问题,然而这种方法可能导致计算成本增加、大变形下不稳定等一系列问题。细化网格的划分可减少沙漏,但是这种方法在显式积分中不容易实现。本节采用 LS-DYNA 所提供的默认方法,虽然默认的方法不是最有效的方法,但是却是最实用的方法。当然人为控制沙漏的方法对模型的求解有一定的影响,人为干扰的越多,计算的模型越不准确,因此,研究人员提出了沙漏能与总内能的比值不超过 10% 的指标来判断沙漏是否过分影响模型的求解。本模拟采用默认的方法求解计算,没有出现畸变现象,并且得到沙漏能为0,满足指标的要求。

落石撞击柔性被动防护网是一个瞬时发生冲击、变形的过程,所以终止时间的设置不宜过长。对于碰撞问题,一般的时间设置都是以毫秒为单位,一般用"TIME"命令来定义显式动力分析的计算时间,时间步骤累计达到这一时间计算便会终止。在本次建模中,设置求解时间为0.25s,文件的输出间隔为500个时间子步。

(2)统计岩爆特征

为了确定岩爆的特征,通过查找文献对岩爆特征进行了统计,结果见表4-3。

岩爆情况统计　　　　　　　　　　　　　　　　　　　　　　　　　　　表4-3

实例编号	隧洞名称	围岩岩性	抗压强度(MPa)	最大埋深(m)	岩爆特征描述
1	秦岭隧洞Ⅱ线(平导施工)	混合片麻岩、条带状混合片麻岩、眼球状混合花岗岩、花岗伟晶岩岩脉	—	1600	剥落、轻微弹射及强烈抛射,片体大小为5cm×6cm×0.15cm～280cm×160cm×35cm,块体直径为10～92cm
2	南盘江天生桥二级水电站引水隧洞	厚层块状灰岩、白云岩	60～100	800	劈裂、对称、零星岩爆、大面积岩爆、连续岩爆三种规模
3	四川岷江渔子溪一级水电站引水隧洞	中粒、中细粒花岗闪长岩及闪长岩	170	—	片状弹射,崩落或呈笋皮状的薄片剥落
4	成昆铁路	—	—	1650	连续发出"噼啪"响声,弹射或剥离。弹射距离一般为2～3m,弹射最大体积为0.5m×0.4m×0.007m,剥离的岩块体积可达2m×1.3m×0.2m
5	霍扬阁—兰峡湾隧道	前寒武系片麻岩	60～200	—	剥落和偶然岩爆
6	赫古拉公路隧道	片麻岩	67～210	—	发生1～2级岩爆(拉森斯分级),围岩剥落,片落
7	Sewage隧道	花岗岩	75.4	—	围岩发生劈裂。在岩爆最强烈处,连续劈裂发出噼噼啪啪的爆裂声
8	Ritsem厂房交通洞	糜棱岩	—	—	洞顶突然连续松脱。洞壁产生垂直的平行岩板
9	阿尔帕—塞凡隧洞	—	—	—	岩爆和气喷,个别容积近2500m³
10	新清水隧洞	—	—	—	岩爆发生在边墙及掌子面,岩片飞散。岩片尺寸为0.2m×0.2m～1.2m×2.5m,厚0.05～1.0m
12	格兰萨索公路隧道	泥灰岩、石英岩	—	—	爆裂,破坏沿节理发生,塌落体积达几百立方米

续上表

实例编号	隧洞名称	围岩岩性	抗压强度（MPa）	最大埋深（m）	岩爆特征描述
13	甘姆齐克隧道	石英斑岩、花岗斑岩及花岗正长岩	120~180	1275	轻微岩爆掌子面厚0~4m，以5~10cm的岩块居多，岩块厚度小于10cm，中等岩爆岩块厚度为15cm，大块岩块单边长度小于1m
14	秦岭7号洞主洞	砂岩、花岗岩、闪长岩	—	1600	一般薄片中间厚、四周薄，厚度一般5~10cm。块体厚度一般在50cm范围内，最厚可达1~2m
15	二郎山隧道	石英砂岩	—	760	岩爆块体呈不规则的棱块状，也有呈中厚边薄的椭圆状
16	苍岭隧道	熔结凝灰岩	—	120~600	弹射、剥落，岩块体积为35cm×45cm×15cm，薄片状或贝壳状

从根据统计情况来看，一般中等偏弱岩爆块体主要以块体、薄片状和贝壳状为主，岩爆抛射具有一定的初速度，弱岩爆岩块弹射的平均速度一般小于2m/s，中等岩爆为2~5m/s，强烈岩爆为5~10m/s，严重岩爆大于10m/s。

（3）计算参数选择

目前尚无关于隧道柔性防护技术的规范，参考《公路边坡柔性防护系统构件》（JT/T 528—2004）❶及《铁路沿线斜坡柔性安全防护网》（JT/T 3089—2004）❷对柔性防护网进行计算。部分材料参数取自《机械工程材料手册 金属材料》，具体见表4-4。

材料力学性能指标　　　　　　　　　　　　　　　　　　　　表4-4

材料类型	弹性模量（GPa）	密度（kg/m³）	屈服强度（GPa）	泊松比
落石	30	2884	—	0.2
钢丝绳	205	7850	1.77×10^9	0.3
支撑绳	205	7850	1.77×10^9	0.3

根据米仓山隧道岩爆实际情况，确定块体的体积为15cm×15cm×15cm，抛射初速度取5m/s。

4.2.2 结果分析

（1）能量分析

在网绳防护系统中考虑的能量主要包括落石和网的内能及动能，就整个计算系统而言能量主要由防护系统的能量、计算中出现的沙漏能、阻尼能、滑移能以及重力做功产生的部分能量组成。整个计算系统的能量变化情况如图4-5所示。从图中可以看出计算过程中沙漏能和

---

❶ 现行版本为《边坡柔性防护网系统》（JT/T 1328—2020）。
❷ 该规范现已作废。

滑移能很小,基本为0,说明在计算过程中没有出现明显的沙漏现象,满足沙漏能不能超过10%的要求,可以满足计算的稳定性和精度要求。网绳与落石的总能量(以下简称"防护系统能量")在计算过程中逐渐减小,重力做功产生的能量逐渐增大,同时阻尼能逐渐增大,其中能量的耗散主要体现在阻尼能。

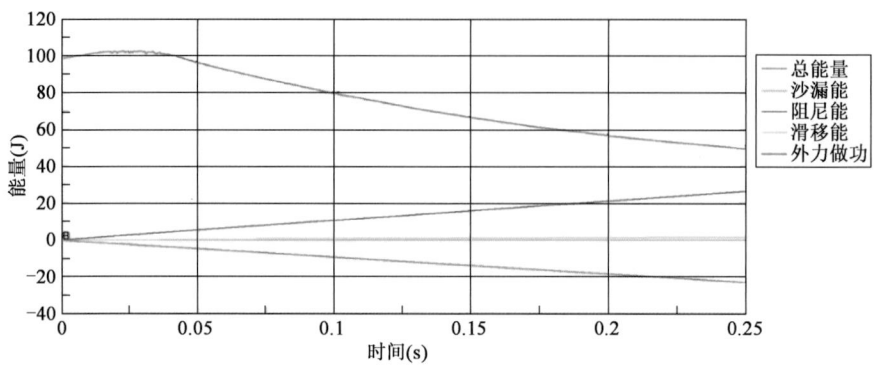

图 4-5 计算系统能量

防护系统能量主要包括网绳的内能、动能以及落石的动能及势能。在研究中网绳的内能主要是受到冲击作用产生弹塑性变形而形成的,落石的动能直接反映了网对落石的拦截效果。因而在计算中主要监测了落石动能及网绳内能的变化情况,如图4-6所示。可以看出当落石撞击网绳时(0.009s),网绳的内能急剧增大,同时落石的动能急剧减小,这两部分能量为总能量的主要部分。

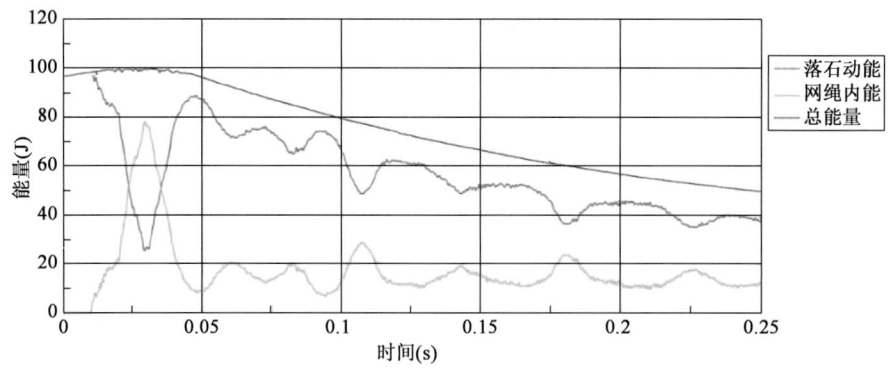

图 4-6 网绳系统能量

撞击过程中落石及网的能量变化如图 4-7 所示。在落石撞击网后,其本身的动能逐渐转移到网上,主要表现在网具有一定的速度和变形。在 0.025s 时,网的动能达到最大,此时网速度和落石速度基本一致,随着撞击过程的持续,网绳和落石的速度逐渐减小,0.027s 时落石动能减小为 0,网的内能达到最大值,为 62J,此时网的动能减小至 20J。此后网的变形开始恢复,落石具有一定的回弹速度,网动能开始波动。

网绳主要是由网和支撑绳两部分组成的,落石冲击过程中网和支撑绳的内能变化情况如图 4-8 所示。在该冲击作用下,初次撞击的能量主要由网来承受,而支撑绳的内能较小,约为网内能的 23.08%。随着计算继续,网的内能基本趋于稳定,而支撑绳的能量出现了持续的波动。

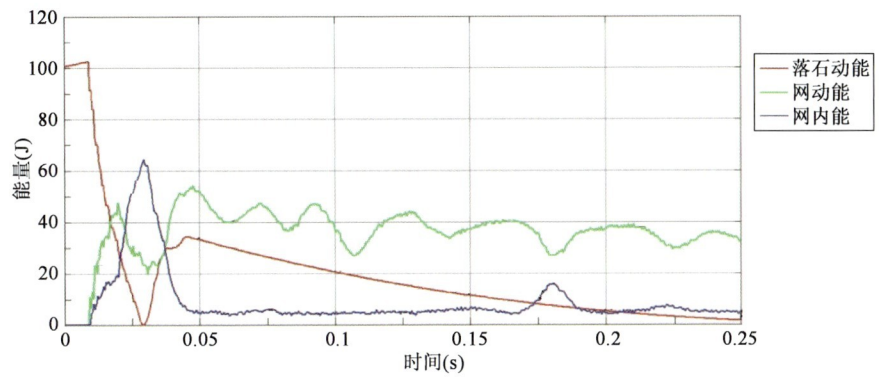

图 4-7　落石—网绳能量

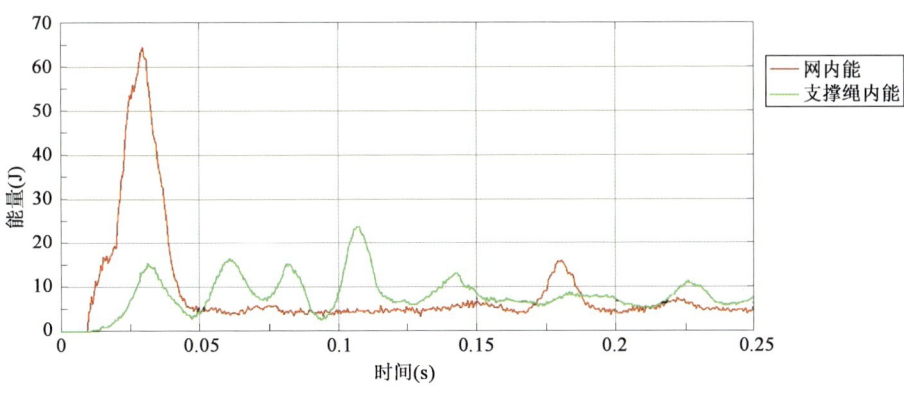

图 4-8　网绳构件能量

(2)变形分析

冲击过程中网的变形情况如图 4-9 所示。从变形过程可以看出,落石冲击刚发生时,网格变形主要发生在接触面上,随着冲击的持续,网对角线的变形逐渐增大,并带动周围单元发生变形,最大变形主要发生在接触面中点位置,为 10.172cm。而网周围单元没有发生明显变形,支撑绳整体变形较小。

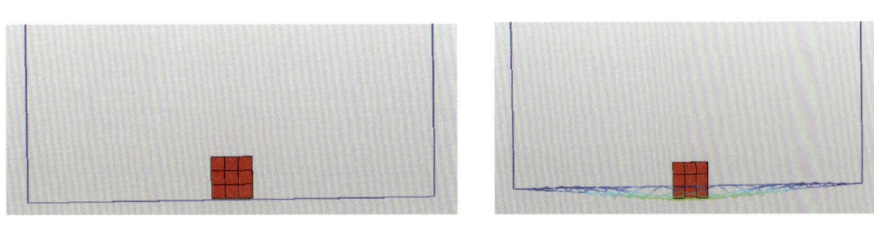

a)冲击发生前　　　　　　　　b)冲击发生时

图 4-9　网绳冲击侧视图

网绳变形和防护网最大变形量如图 4-10、图 4-11 所示。

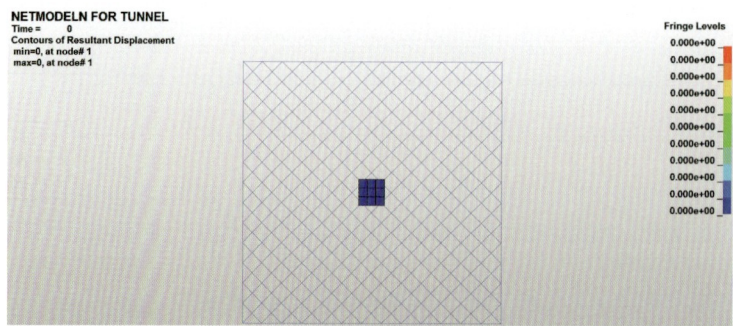

a)t=0s时变形图

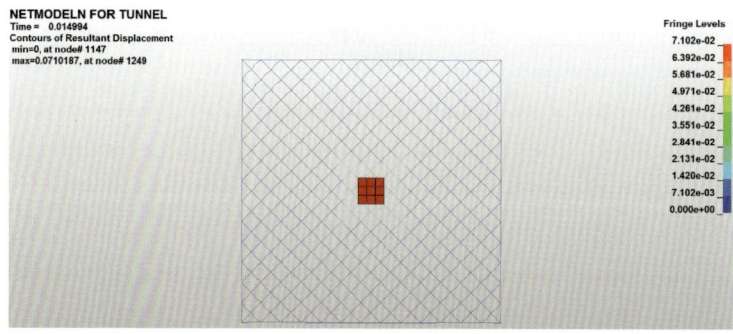

b)t=0.015s时变形图

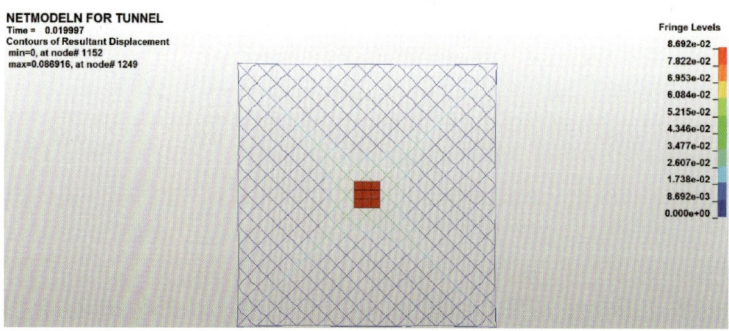

c)t=0.020s时变形图

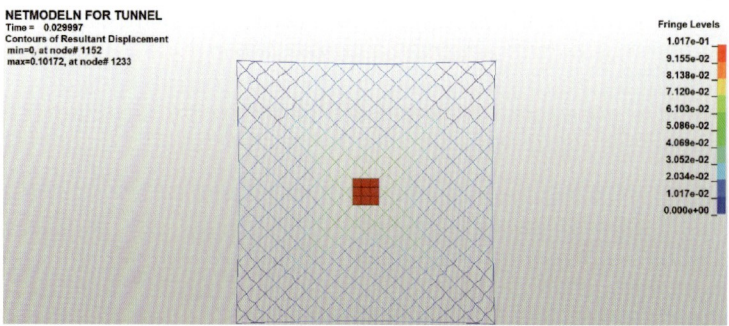

d)t=0.030s时变形图

图 4-10

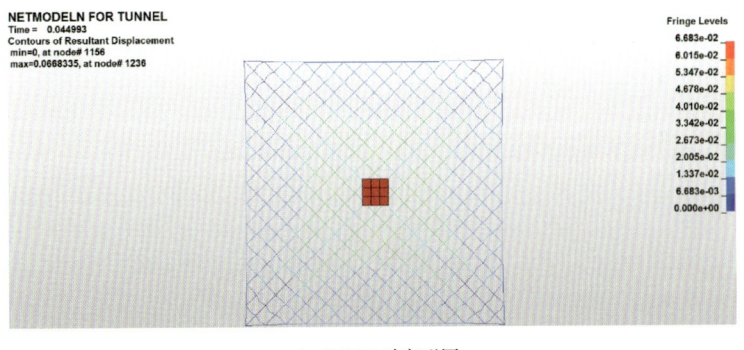

e) $t=0.045$s 时变形图

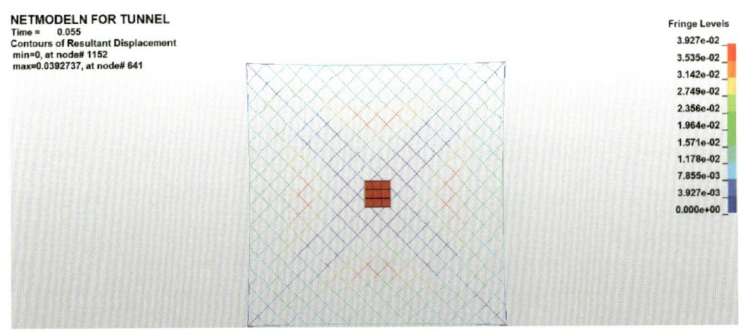

f) $t=0.055$s 时变形图

图 4-10　网绳变形图

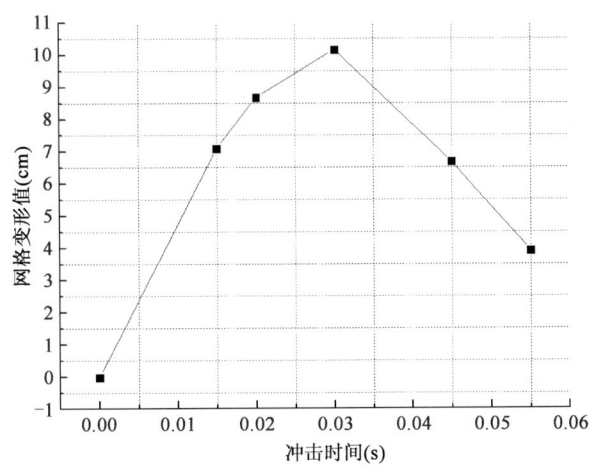

图 4-11　防护网最大变形量

(3) 节点速度及位移分析

在计算过程中监测了落石的速度情况 (图 4-12)。落石的初始速度为 5m/s,0.027s 时落石速度降为 0。可以近似认为拦截时间为 0.018s。

计算过程中监测了部分点的位移情况,如图 4-13 所示。从图 4-13b) 可以看出测点的位移并不是同时产生的,落石首先产生竖向位移,当落石位移达到 –0.05m 时,测点 1 开始产生竖向位移,接着其余测点依次产生竖向位移,说明位移的传递过程具有一定的滞后性,此外,位移的变化过程呈现出波动特性,波形相互叠加扰动。

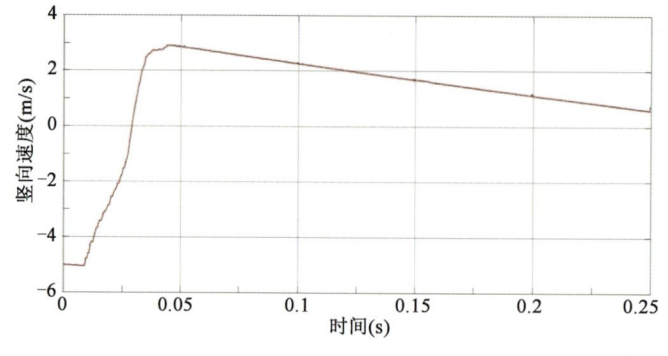

图 4-12　落石速度变化

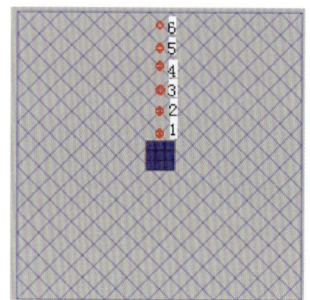

a)测点布置示意图

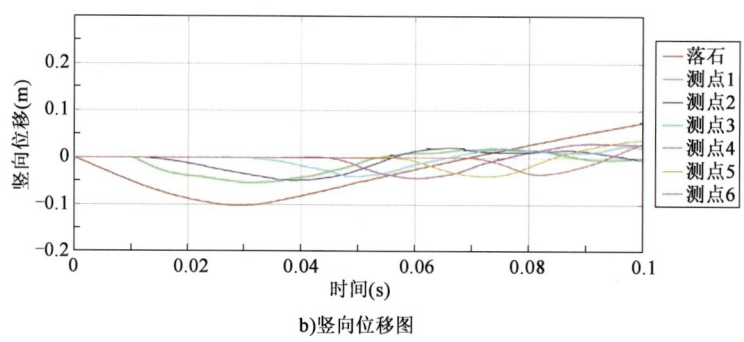

b)竖向位移图

图 4-13　竖向位移变化情况

(4)网绳轴力变化情况

计算中网绳的轴力变化情况如图 4-14 所示。从图中可以看出网绳轴力的变化趋势与变形变化规律一致。在撞击初期接触面位置网的轴力最大,为 1.14kN,当 $t=0.01s$ 时对角线轴力达到 3.45kN,同时与支撑绳交点处轴力也比较大。当 $t=0.0285s$ 时,网绳轴力达到最大,为 22.8kN,之后随着网绳的回弹,轴力逐渐减小。

(5)锚杆轴力变化分析

柔性网四个顶点处与锚杆固结,锚杆轴力变化情况如图 4-15 所示,锚杆轴力在 0.03s 左右达到峰值,此时块体的速度和加速度均为零,随后弹射块体在网兜反力作用下开始回弹,整个冲击过程锚杆的最大轴力为 13.6kN,远小于锚杆的抗拔力,即 5m/s 撞击速度不会对涨壳式锚杆造成损坏。

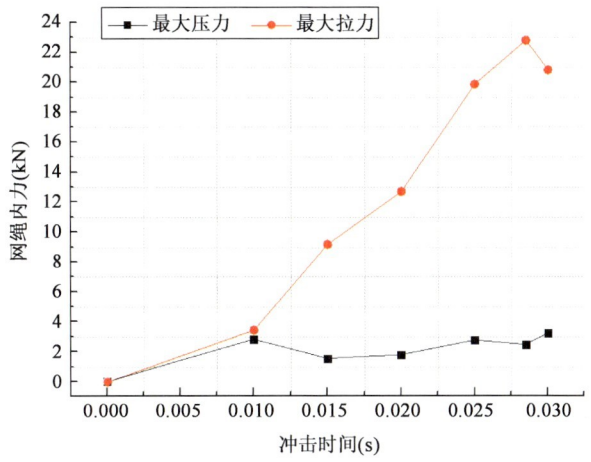

图 4-14　网绳轴力变化情况

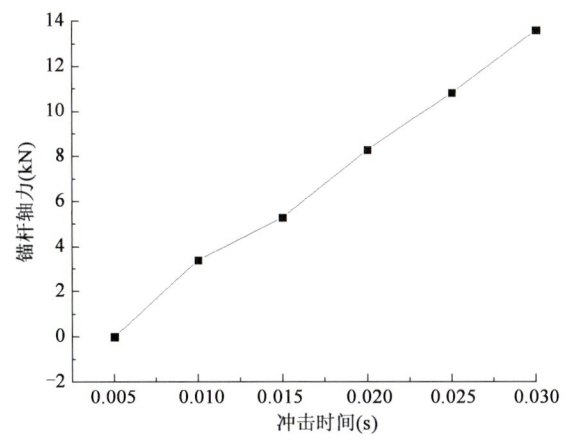

图 4-15　锚杆轴力变化情况

4.2.3　影响因素分析

(1) 速度对拦截效果的影响

计算中为了分析落石速度对网拦截效果的影响,将落石的初始速度分别设置为 5m/s、10m/s、15m/s 和 20m/s 进行计算分析。当落石以不同速度冲击时,网的能量变化和拦截效果见表 4-5 和图 4-16。

不同初速度下拦截效果　　　　　表 4-5

落石初速度 (m/s)	网吸能时间 (s)	最大变形 (cm)	最大轴力 (kN)	动能损失 (J)	动能损失占总能量的 比例(%)
5	0.0205	5.19	22.80	69	69.00
10	0.0155	7.39	44.94	297	74.25
15	0.0125	8.87	72.93	702	78.00
20	0.0115	10.01	97.21	1258	78.63
30	0.0085	11.92	140.30	2965	82.36
60	0.0065	16.73	313.00	12150	84.38

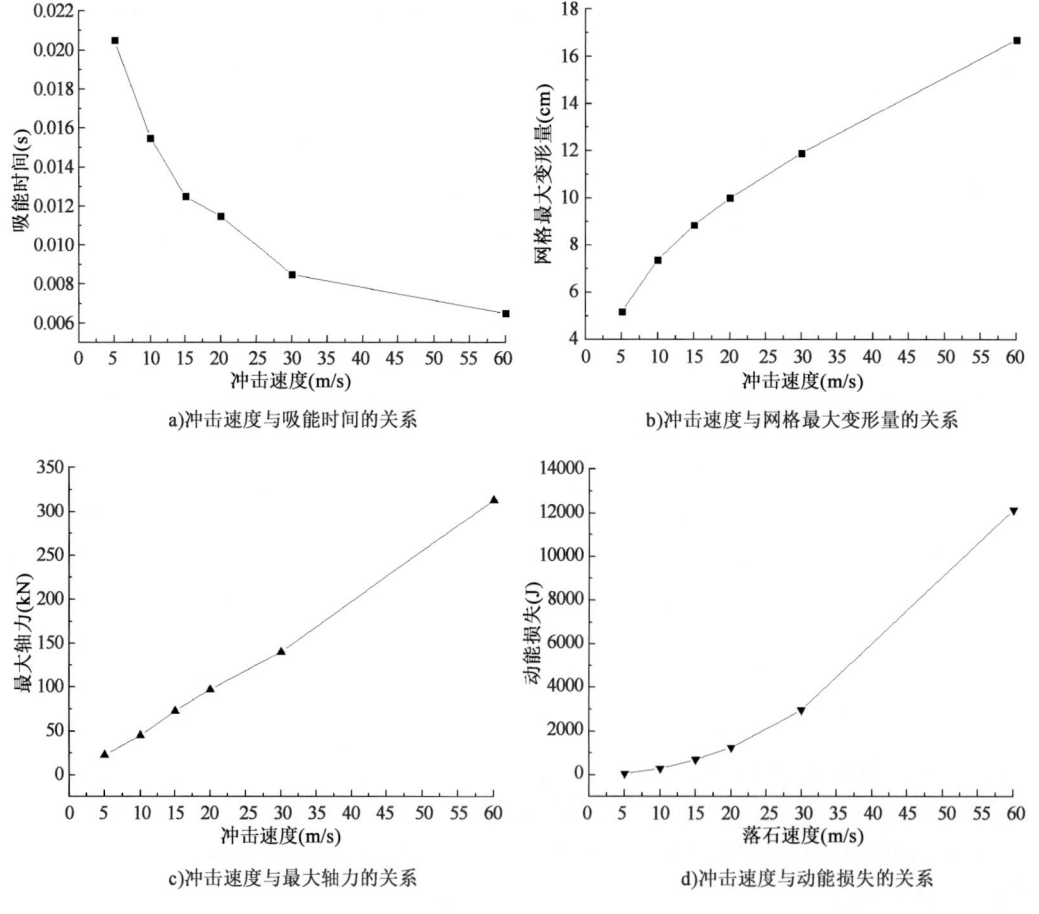

a) 冲击速度与吸能时间的关系
b) 冲击速度与网格最大变形量的关系
c) 冲击速度与最大轴力的关系
d) 冲击速度与动能损失的关系

图 4-16

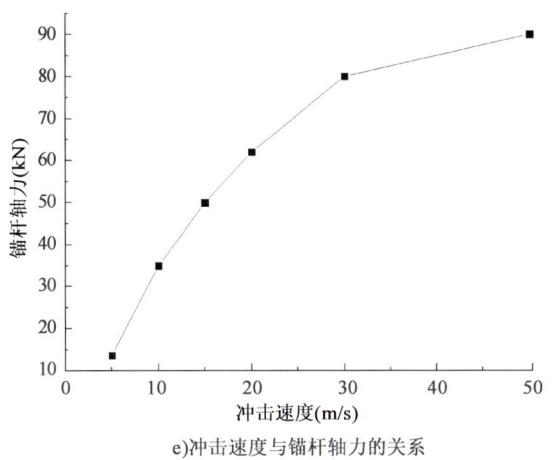

e) 冲击速度与锚杆轴力的关系

图 4-16 石块速度与拦截参数关系图

从图 4-16 中可以看出,冲击速度与网的拦截反应具有明显关系。从图 4-16a)中可以看出随着冲击速度的增大,吸能时间迅速减小。吸能时间即石块下落过程中与网的最大接触时间,该时间与冲击速度大致呈反比,其曲线符合二次曲线特征,当速度较小时,吸能时间对速度的增大反应较灵敏。当速度从 5m/s 增至 10m/s 时,其平均接触时间减小了 4.88%,当速度从 30m/s 增至 60m/s 时,其平均接触时间减小了 0.78%。从图 4-16b)可以看出网格最大变形量与冲击速度的关系可以分成两部分,当速度不大于 15m/s 时,最大变形量与冲击速度近似呈二次曲线,当速度大于 15m/s 后,最大变形量与速度呈线性变化关系,其斜率约为 0.168。从图 4-16c)可以看出,冲击速度与最大轴力也呈近似正比关系,从另一角度而言,冲击速度大小代表了冲击能量的大小,即冲击能量越大,最大瞬时轴力越大。由 $K_v = \frac{1}{2}mv^2$ 可以求出石块所具有的初始动能,可以进一步求出冲击能量与最大轴力的增量关系为 0.05kN/J。从石块的动能耗散方面来看,石块在与网发生撞击后会产生一定的回弹,这个过程会有一部分能量又转化为石块的动能。在撞击过程中初速度越大,石块耗散的能量占初始动能的比例越大。

对于柔性防护网系统而言,锚杆为网面提供支持力,块体冲击网面的荷载也最终由 4 个顶点的锚杆承担,图 4-16e)表示的是锚杆轴力与冲击速度的关系,根据拟合规律可知,尺寸为 15cm × 15cm × 15cm 的块体以小于 25m/s 的初速度冲击网面不会造成锚杆失效,超过此速度,锚杆将被拔起,而实际上应变型岩爆弹射的初速度不会超过 20m/s,所以锚杆作为柔性网的承托构件是可靠的。

(2)撞击位置对拦截效果的影响

在可能发生的岩爆过程中石块与网发生撞击的位置是不确定的,为了研究撞击位置对拦截效果的影响,在计算中选取了三个不同的撞击位置进行分析,如图 4-17 所示。当 y 坐标增大时,撞

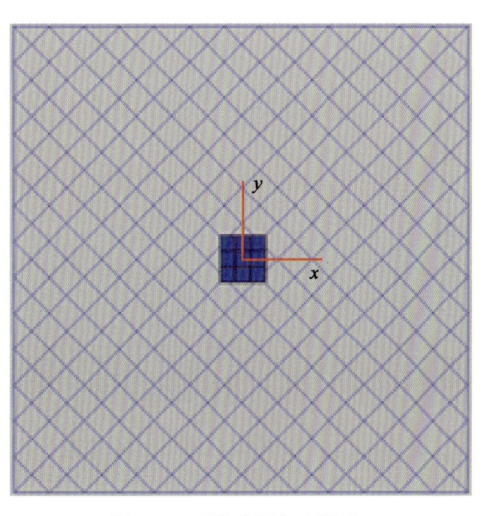

图 4-17 石块位置与坐标系

击位置越靠近支撑绳。

计算结果表明，不同的撞击位置对于能量的变化情况有一定影响。y 坐标越大，网内能越小，而支撑绳内能越大，同时 $y=0$ 时，支撑绳会持续发生较剧烈的抖动现象，而当撞击位置靠近支撑绳时支撑绳不会发生明显的抖动现象。具体拦截效果见表 4-6 及图 4-18。

不同撞击位置时拦截效果　　　　　　　　　　　　　　表 4-6

落石中心位置	网吸能时间（s）	最大变形（cm）	最大轴力（kN）	动能损失（J）
$y=0$	0.0205	5.19	22.80	68.6
$y=0.25$	0.0285	10.10	34.15	65.7
$y=0.50$	0.0315	11.10	39.68	67.6

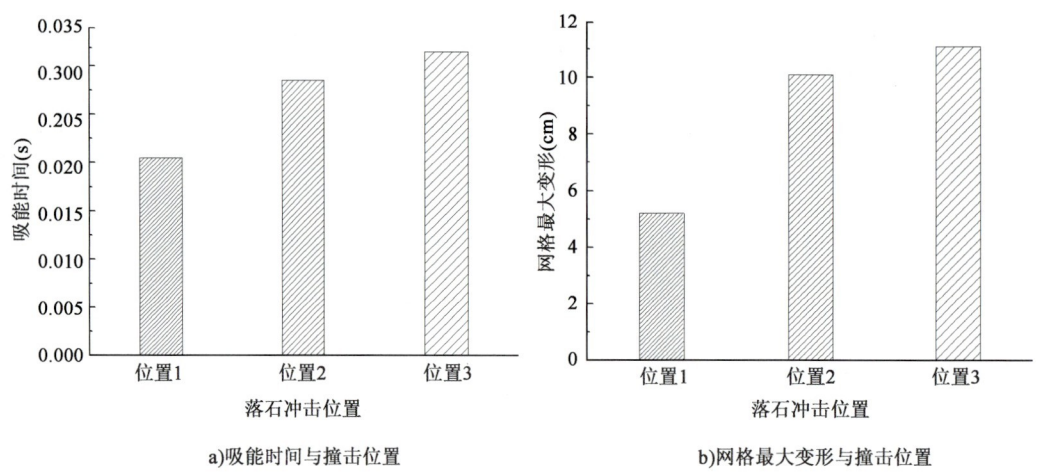

a) 吸能时间与撞击位置　　　　　　b) 网格最大变形与撞击位置

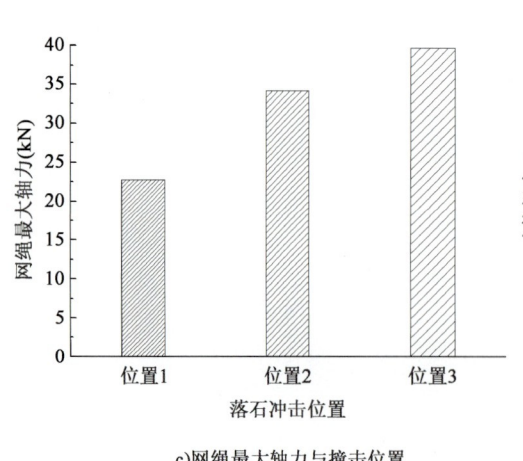

c) 网绳最大轴力与撞击位置　　　　d) 石块动能损失与撞击位置

图 4-18

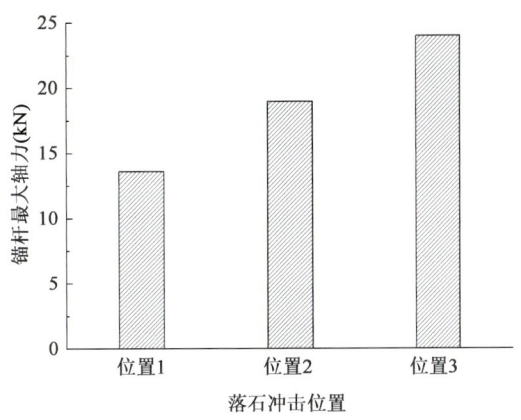

e) 锚杆最大轴力与撞击位置

图 4-18 石块位置与拦截参数的关系

可以看出当撞击位置靠近支撑绳时,吸能时间会增大,同时最大变形和最大轴力均会随之增大,而动能损失差别不明显。网绳的最大轴力也会增大,主要原因是撞击点靠近边缘时,石块的冲击能量主要由支撑绳承担,未能充分调动整张网的防护性能,因而在设计中支撑绳的直径应大于网绳的直径。

对于锚杆单元而言,撞击位置在中心点附近锚杆受力越小,构件也越安全,在偏载作用下,偏载一侧的锚杆轴力偏大,位置 1 至位置 3 锚杆轴力依次为 13.6kN、19kN、24kN,所以柔性防护网在安装时要注意邻近网片之间的衔接。

(3) 不同形状对拦截效果的影响

计算中选取不同接触形状分析网对不同形状石块的拦截情况,如图 4-19 所示。

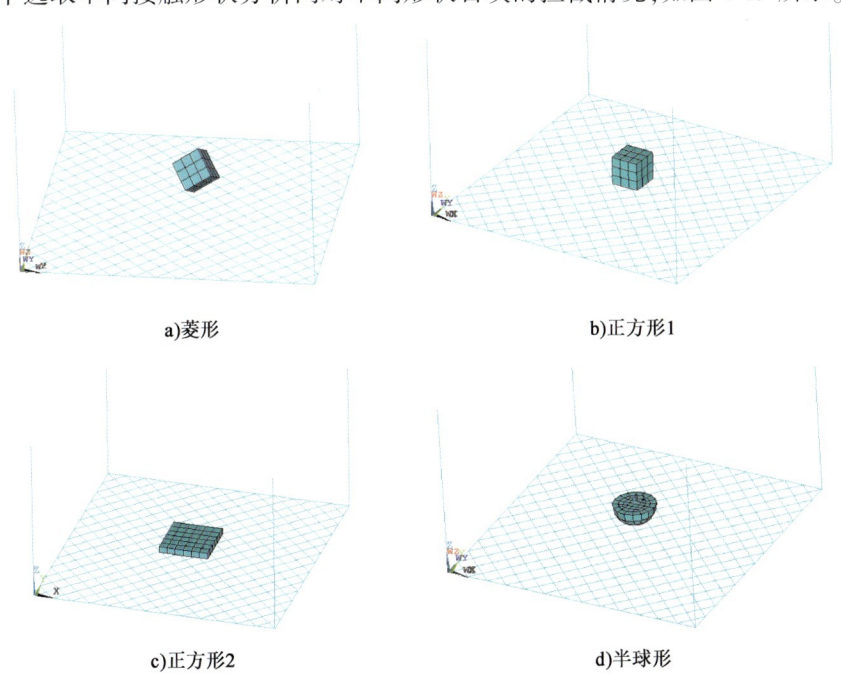

a) 菱形　　　　　　　　　　　b) 正方形 1

c) 正方形 2　　　　　　　　　d) 半球形

图 4-19 不同石块形状

几种不同形状石块撞击网时各部件的能量变化情况如图 4-20 所示。从图中可以看出,不同的落石形状对其本身的动能造成的影响较小,但是会对网受撞击的响应造成较大的影响。如图 4-20b)所示,当菱形石块撞击网时,网的内能最大,其最大值为 90J,而其他三种形状石块撞击时内能最大值为 60J。在初次撞击发生后 4 种工况的网内能均有所减小,但是菱形石块撞击时最大,而半球形石块撞击导致网产生的内能最小。但是支撑绳的受荷响应规律与网的响应规律相反,菱形撞击导致的支撑绳内能增加较小,而半球形撞击则使支撑绳的内能有明显的增加。

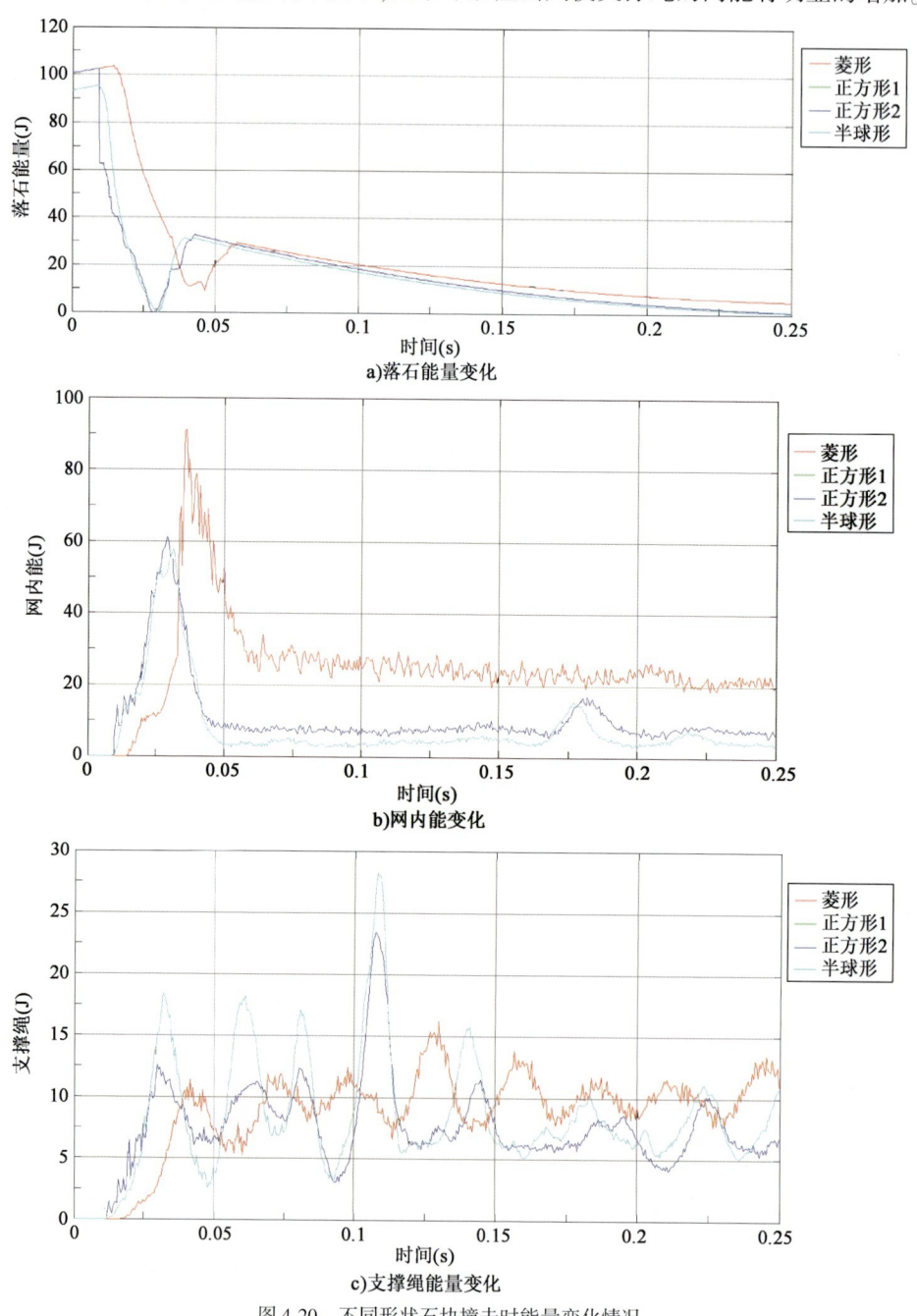

图 4-20 不同形状石块撞击时能量变化情况

不同形状石块撞击时的具体拦截效果见表 4-7 及图 4-21。

不同形状石块撞击时拦截效果　　　　表 4-7

石块形状	网吸能时间(s)	最大变形(cm)	最大轴力(kN)	动能损失(J)
菱形	0.0205	5.34	36.28	74.4
正方形 1	0.0205	5.19	22.80	68.6
正方形 2	0.0205	4.70	20.441	70.3
半球形	0.0225	5.70	20.23	64.3

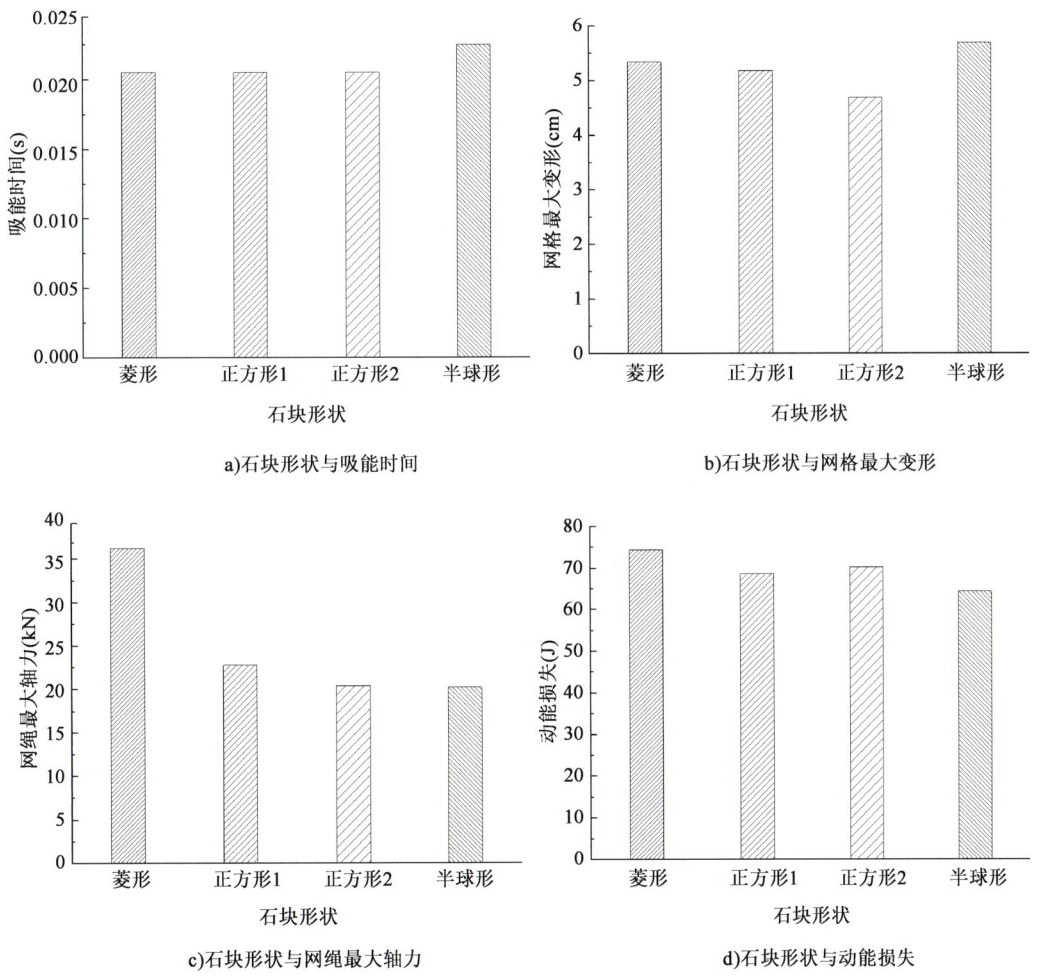

a) 石块形状与吸能时间　　　　b) 石块形状与网格最大变形

c) 石块形状与网绳最大轴力　　　　d) 石块形状与动能损失

图 4-21　石块形状与拦截参数关系

从计算结果可以看出,撞击石块形状对整个撞击过程及撞击中网的力学响应都有较明显的影响,从吸能时间来看,菱形、正文形 1、正方形 2 石块撞击过程中吸能时间基本一致,而半球形石块撞击时间则有所增大,增大幅度为 9.76%。从变形来看,正方形 2 石块撞击时网格的变形最小,而半球形石块撞击时的变形最大,半球形石块撞击的时间较长因而导致变形量较大,正方形2石块撞击面积较大,导致整体变形较小。就轴力而言,菱形石块撞击为尖点撞击,在撞击初期接触面积较小,导致局部轴力增大,随着接触面积的增加,轴力有不同程度的减小。与半球形石块撞击相比,其他三种形状石块因为存在一定的尖角在撞击过程中会产生较大的滑移能,导致石块能量损失较大。

4.3 岩爆段柔性防护网快速施工工法

4.3.1 工法的提出

岩爆是高地应力硬性完整岩体中隧道开挖施工面临的主要威胁,根据既有研究,在岩爆防治中喷锚支护占据主导地位,这种柔性支护可以对洞壁形成及时有效的覆盖,防止围岩进一步劣化,允许岩体发生较大位移,累积在硬脆性岩体中的弹性应变能可以得到一定释放,降低岩爆发生的风险,同时锚喷网组成的支护体能及时提供一定的抗力,改善围岩的受力状态,从而达到以柔克刚的效果。

对于长距离独头掘进的隧道,控制进度的关键工序为开挖及初期支护。按照传统的岩爆防治设计方案,金属网片依靠系统锚杆固定,施工工艺复杂,按需增设钢支撑,将锚杆端头、钢筋网片、钢支撑的连接处点焊接,形成统一的受力整体。挂双层钢筋网时,第二层钢筋网要在第一层钢筋网被混凝土覆盖终凝后铺设,隧道开挖单循环需要经历开挖、初喷混凝土、施作锚杆、立架、挂网、复喷混凝土等工序,一般需要花费15h,对于单工作面的隧道施工而言施工进度会受到严重制约。并且在传统支护体系中,钢筋网片+素喷混凝土的组合也存在着一些不足之处,尤其在深埋隧道中对初期支护的及时性和支护刚度有着较高的要求,传统支护手段很难达到理想的作用,具体概括为以下两点:

(1)施工工艺:依据铁路隧道和公路隧道规范,隧道设计时钢筋网一般采用$\phi 8 \sim 10mm$的钢筋焊接而成,网片尺寸为$1.5m \times 1.5m$,而隧道爆破面不平整导致钢筋网悬挂后初喷不密贴围岩,形成脱空区,此外钢筋网使喷射混凝土的回弹较大,配合比下降,喷射混凝土支护效果大大减弱。

(2)支护受力:岩爆属于典型的脆性破坏,伴随着能量的突然释放,这要求初期支护必须具有一定的延性以抵抗冲击荷载。而混凝土材料也属于准脆性材料,抗拉强度低,破坏形式主要以弯折开裂为主,一旦发生岩爆灾害抵御效果将十分不理想,在高岩爆区经常产生喷射混凝土块状崩落的现象。几次强岩爆过程中暴露了现有工法挂网滞后、焊接钢筋网难以保证搭接质量、钢筋网抵抗动荷载能力较弱等问题,还需要采取施工人员穿防弹背心、机械覆盖防护网等被动防护措施。

岩爆区支护措施及支护系统需具有以下作用:

(1)降低致灾概率:通过喷混凝土、预应力锚杆改善围岩应力状态,发挥洞周一定深度内三轴围压状态下岩体的自承能力,提高围岩自稳性,这要求支护单元具有较高的初始刚度。

(2) 降低岩爆等级：利用喷射混凝土、钢筋网等支护系统的延展性对岩爆剥离和弹射的岩体起到"提兜"作用，防止发生大规模垮塌，这需要锚杆和钢筋网之间搭接稳固，保证承托构件可以有效发挥作用。

(3) 良好的耐久性：深埋隧道支护体系要承担高地应力长期荷载作用，对初期支护有较高的耐久性要求，以保障复合衬砌体系受力安全。

在岩爆多发地段应以"利用自然因素为主，调整人工因素为辅，以防为主，防治结合，综合治理"作为主要指导思想，以避免和减少隧道岩爆的发生。针对岩爆问题的防治，目前国内外主要采用以下三种技术手段：改善围岩应力，改变围岩性质，加固围岩。其中对岩爆的控制作用最为有效和直接的方法是加固围岩，前两种方法只是防治的辅助方法。

基于此，结合米仓山隧道的工程实践提出了柔性防护网快速施工工法，该工法引入了柔性防护网支护手段，配合喷锚支护，显现了互补优势，对中—弱等级的岩爆灾害能起到有效的抵御作用，在米仓山隧道建设中发挥了重要的作用。

柔性防护网快速施工工法主要是将柔性防护网引入隧道支护系统中，发挥其承载能力高、施工便捷、工厂预制质量可控的技术优势，改善传统岩爆支护手段施作滞后、抗冲击能力差、作业工人缺乏主动防护的缺点，并可以省去部分支护工序，缩短单循环时间，可以将隧道掘进速度提高30%~40%，大大提高了隧道施工的安全性。

柔性防护网施工工艺支护体系主要由初喷混凝土、系统锚杆、柔性防护网以及复喷混凝土4部分组成。在隧道开挖后，初喷混凝土，施作预应力锚杆，通过锚杆端部垫板固定柔性防护网，由于柔性防护网柔性好，容易卷折，在施工过程可以大面积集中布设，对隧道危险部位进行及时有效地覆盖，保障作业区内生命财产安全。同时由初喷混凝土、锚杆、柔性网组成的第一道支护体系能够有效降低岩爆概率和抵御岩爆产生的冲击荷载，复喷混凝土可以适当延后，脱离单循环。柔性防护网快速施工工法和工艺流程如图4-22所示。

(1) 采用光面爆破，找顶，排除危石、悬石，并观测防护区域围岩情况，根据围岩情况确定是否采用高压喷水、周边打设应力释放孔等辅助措施降低岩爆风险。

(2) 确定安全后，喷射混凝土及时闭合岩面；在强烈岩爆段可以选择使用喷射钢纤维混凝土，增强初期支护的延性。

(3) 放线测量确定锚杆孔位，按要求的深度钻孔并清孔，孔深应比锚杆长度长50mm以上，孔径为45mm，插入锚杆并预紧锚杆，测试拉拔力。

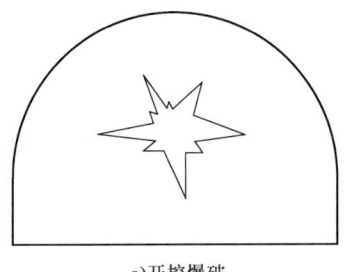
a) 开挖爆破

b) 初喷混凝土

图 4-22

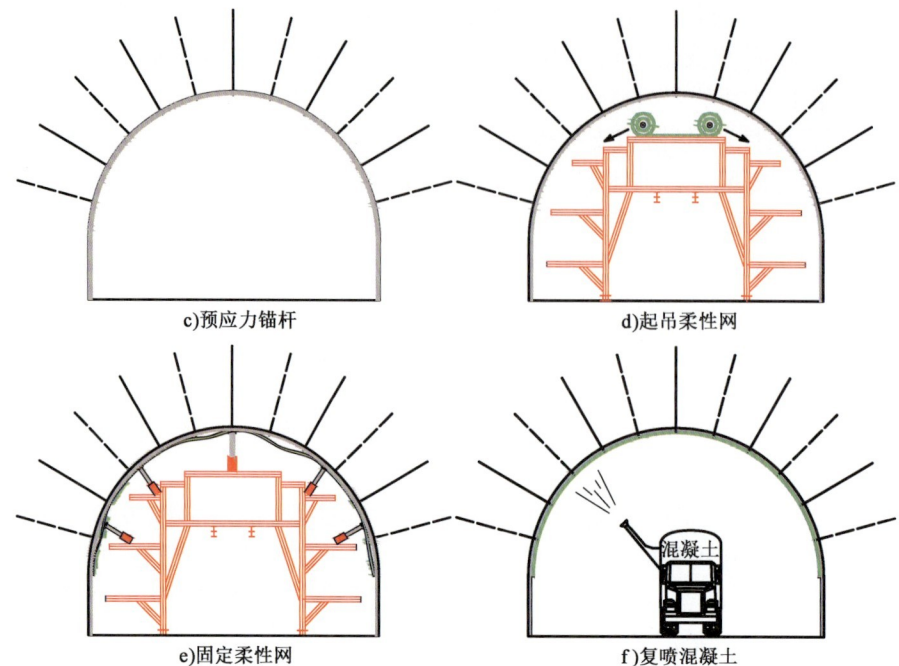

图 4-22 柔性防护网施工流程

(4)将工厂预制柔性防护网在洞外搭接并捆扎,规格为 $1.5\text{m} \times L$,L 为拱部防护区范围(单位:m);运抵掌子面,由卷扬机将柔性防护网抬升至挂网台车顶部,沿台车将柔性防护网向两侧展开。

(5)挂网专门台车设有5组抬升装置,分布于隧道拱顶、两侧拱肩和拱腰5个位置,每组抬升装置沿台车纵向布置两个千斤顶,千斤顶端部之间采用钢筋搭接;柔性防护网沿台车铺展开,首先启动拱顶位置千斤顶,抬升过程中需注意防止柔性防护网卡扣拉扯导致防护网或者设备损坏;柔性网被抬升至拱顶后,将两侧柔性网密贴洞壁并与锚杆外露环套固定连接;然后依次抬升两侧拱肩、两侧拱腰位置千斤顶,将柔性防护网固定搭接,以便起到主动防护的作用;柔性防护网抬升和固定需严格按照由上至下、由拱顶至两侧的顺序,如出现鼓包、垂吊现象,立即收回千斤顶,重新布置;沿隧道纵向,两排柔性防护网之间采用 $\phi 8\text{mm}$ 钢绳缝合联结,并用紧绳器进行预紧。

(6)复喷混凝土可以根据需要平行于单循环外,在保证掌子面工作空间的前提下,采用湿喷工艺复喷至设计厚度;若复喷延后,则需在复喷时使用高压喷水清洗初喷表面。

柔性防护网施工效果与现场实施图如图 4-23 所示。

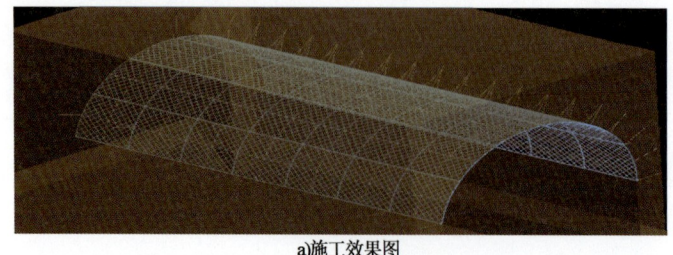

a)施工效果图

图 4-23

b)现场实施图

图 4-23　柔性防护网施工效果与现场实施图

4.3.2　工法优势

1）技术优势

（1）实践发现柔性网具有操作简单、与锚杆配合容易安装、快速起效的优点，有效防治了岩爆带来的灾害，在保障隧道结构的耐久性要求的同时，大大提高了施工效率。

（2）柔性网能降低骨料回弹，增大混凝土喷射厚度，可以有效地密贴围岩，减缓和控制岩爆的发生。

（3）柔性网系统能将局部集中荷载向四周均匀传递以充分发挥整个系统的防护能力，即局部受载、整体作用，从而使系统能承受更大的荷载。

（4）柔性网采用工厂预制，质量可控，材料的特殊制造工艺和防腐、防锈特点大大延长了防护系统的寿命。

2）时间效益

柔性防护网快速施工工法将岩爆段原设计的钢拱架、锚杆、钢筋网、喷射混凝土 4 道工序变更为喷射混凝土、锚杆、柔性防护网 3 道工序，在一定条件下复喷混凝土可以相应滞后，脱离开挖循环。

岩爆段按传统立架支护工序横道图如图 4-24 所示，每循环耗时如下：开挖准备及测量（0.5h）+钻孔（2h）+连线爆破（1h）+通风排烟（0.5h）+出渣（3h）+机械找顶（0.5h）+台车就位及人工找顶（1h）+初喷混凝土（1h）+锚杆（2h）+立架（2h）+挂钢筋网（1h）+复喷混凝土（1.5h），总计 15h。

柔性防护网支护工序横道图如图 4-25 所示，每循环耗时如下：开挖准备及测量（1h）+钻孔（2h）+连线爆破（1h）+通风排烟（0.5h）+出渣（3h）+机械找顶（0.5h）+台车就位及人工找顶（1h）+初喷混凝土（1h）+锚杆（1h）+挂柔性网（0.5h），总计 11.5h。

米仓山隧道柔性防护网试验段实践表明，调整后的施工速度可以提高 30%～40%，米仓山隧道独头掘进岩爆段最大月进尺理论可达 210m。

3）经济效益

（1）米仓山隧道岩爆段增设了柔性防护网，取消了钢拱架和焊接钢筋网，工厂预制化、机械化程度高，减少了人工投入，工程造价相对降低。

（2）米仓山隧道巴中端预测强烈岩爆区域 250m，中岩爆区域 1200m，总计 1450m，按照新工法可节省 3 个月工期，作为巴陕高速公路的控制性工程，可为企业带来巨大经济效益及社会效益。

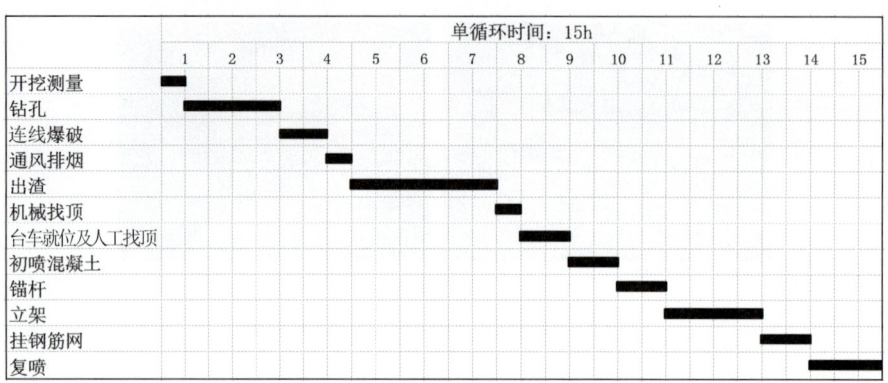

图 4-24　传统支护工序横道图

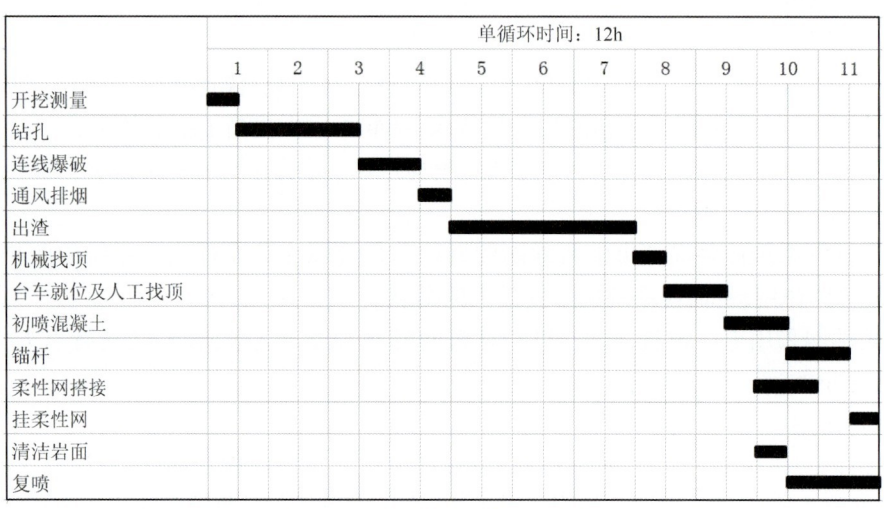

图 4-25　柔性防护网支护工法横道图

4）安全效益

柔性防护网快速施工工法作为一种主动防护措施,可以及时有效闭合围岩,增强围岩自持能力,降低岩爆风险,同时柔性网支护系统具有较强的抗冲击能力,能做到防患于未然,充分保证施工安全。

第5章

长距离独头掘进施工通风及硫化氢处治

隧道通风是保障施工作业安全的重要措施,而隧道长度的增加会显著增加隧道施工通风的难度,在长距离独头掘进隧道施工过程中如何保障通风效果一直是一个重要的课题。米仓山隧道独头掘进距离超过8km,且在施工中遭遇了硫化氢,进一步增加了施工通风的难度。本章针对长距离独头掘进通风特点、方案以及现场优化进行了研究,并介绍了米仓山隧道硫化氢分级防护措施。

5.1 特长公路隧道施工通风特点

根据公路隧道长度分级,大于3000m即为特长隧道,近年来,许多隧道的长度超过了8000m,被认为是超特长公路隧道,这些隧道施工通风与一般隧道通风相比,有更加突出的特点,主要表现为通风方式动态变化、通风设备要求高、空间布局复杂、现场施工及管理要求高。

5.1.1 通风方式动态变化

特长隧道通风方式随着隧道开挖掘进而不断变化,以米仓山隧道为例,在隧道不断掘进的过程中,通风方式有以下四种变化:

(1)风管压入式通风

在第一个车行横通道贯通之前,采用风管压入式通风,如图5-1所示。

(2)射流巷道式通风

在第一个车行横通道贯通之后,为保证通风效率,采用射流巷道式通风,如图5-2所示。

(3)射流巷道式通风(斜井辅助通风)

如图5-3所示,当斜井贯通之后,自然风能够通过斜井进入隧道主洞,因此采取斜井辅助通风的射流巷道式通风方式。

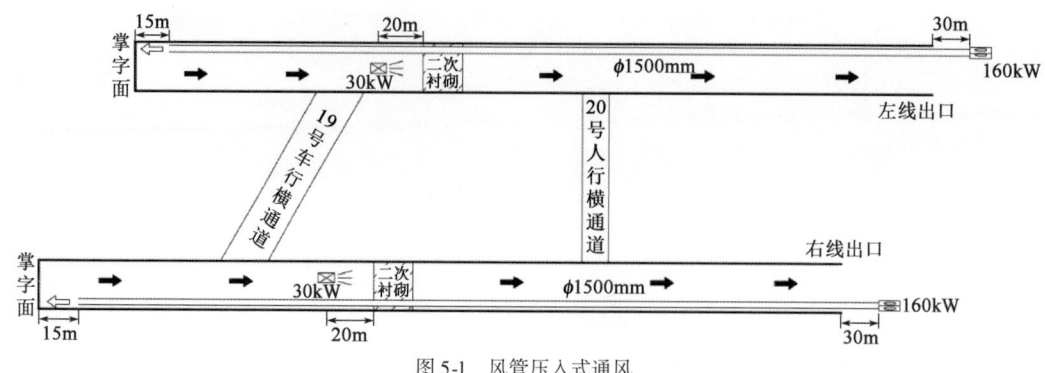

图 5-1 风管压入式通风

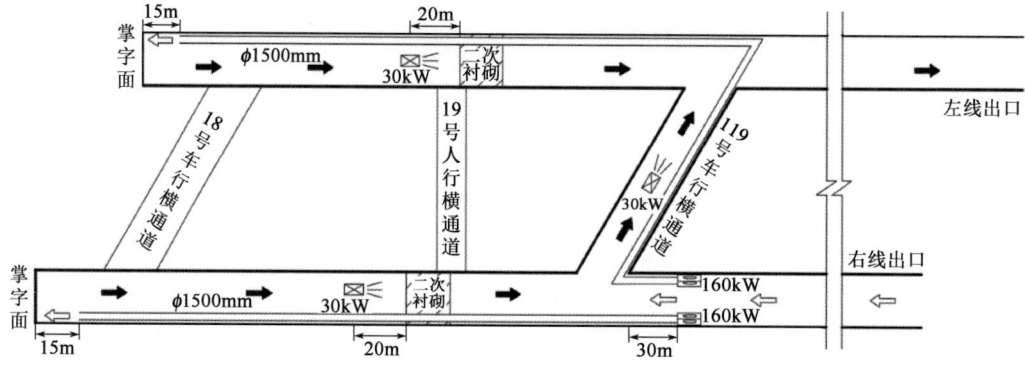

图 5-2 射流巷道式通风

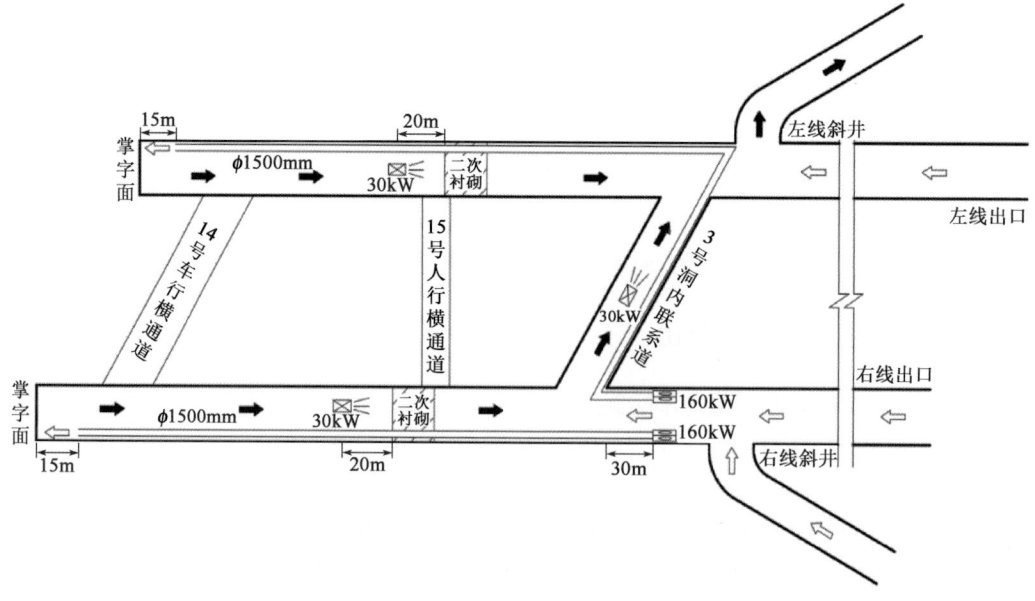

图 5-3 射流巷道式通风(斜井辅助通风)

(4)射流巷道式通风(斜井+竖井辅助通风)

当隧道继续向前掘进,通风竖井贯通之后,能够利用斜井和竖井共同辅助通风,使通风效率大大提高,如图 5-4 所示。

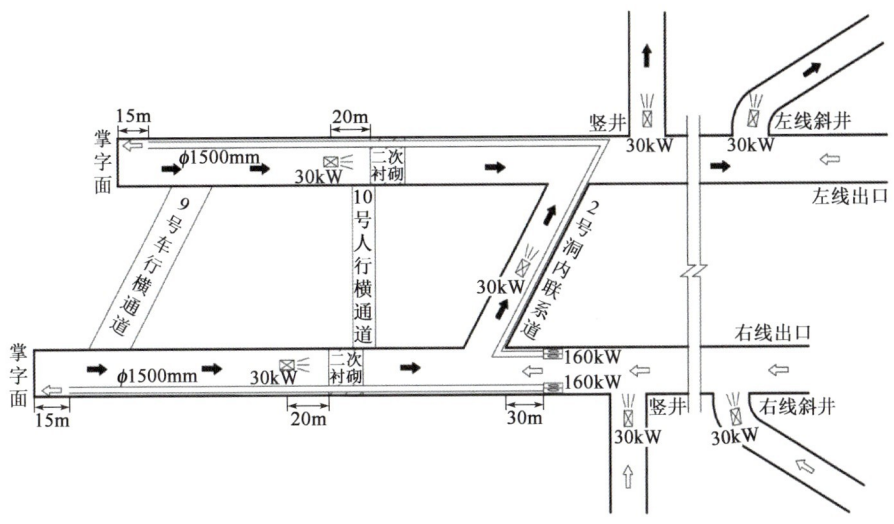

图 5-4 射流巷道式通风(斜井+竖井辅助通风)

5.1.2 通风设备要求高

特长隧道施工通风的一个重要特点是对通风设备的要求比较高,主要体现在对风机功率和风管要求高两个方面。

在超特长公路隧道不断向前掘进的过程中,隧道通风长度也不断增大,这就要求轴流风机、射流风机有更大的功率,这样不仅能提高单位时间进风量,还能避免多个风管带来的能量损失。

在隧道断面净空允许的情况下,为减少由于管道的摩擦所带来的能耗损失,风管应满足以下条件:①直径相对较大;②风管材料较光滑;③单段风管长度更长;④易于修补。

5.1.3 空间布局合理

在特长公路隧道施工通风期间,通风方案的设计需要充分考虑到空间布局的合理性,主要包括以下四个方面:

(1)为了方便施工过程对通风系统进行维护,同时不影响其他工序并行展开,施工通风过程中所用的通风管道要悬挂在隧道拱腰处,如图 5-5 所示。

图 5-5 通风管道悬挂在隧道拱腰处

（2）采用水幕降尘（图5-6）、洒水、机械车辆安装尾气净化设备等多种措施,减少污浊空气含量或再次形成污染,降低施工通风系统的通风压力。

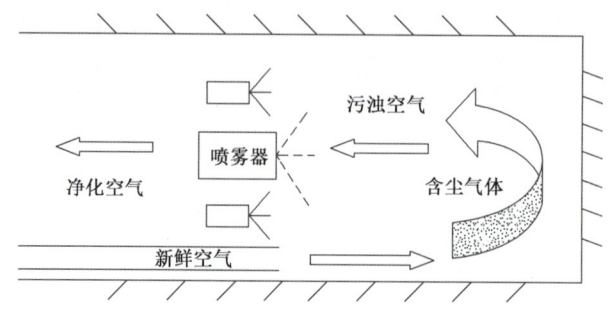

图5-6　水幕降尘隧道内设置位置示意图

（3）在隧道内的最小风速满足要求的前提下,通风管道出口处与掌子面距离要保持在合理的范围内,防止爆破对管道造成损毁,如图5-7所示风管出口距隧道掌子面约40m。

（4）在左右线连接的横通道及主洞和斜井连接处等拐角处,或有台车阻隔空气流动的部位,污浊空气容易集聚形成涡流,要加强这些部位的局部通风,如在空压机附近设置射流风机（图5-8）。

图5-7　风管出口与隧道掌子面存在一定距离

图5-8　隧道局部区域设置射流风机

5.1.4　现场施工及管理要求

1）新鲜空气与污浊空气尽量分离

在车行、人行横通道不断贯通,隧道继续向前掘进的过程中,应及时封闭已经贯通的横通道,使新鲜空气与污浊空气分离,保证整个通风系统的效率。

2）优化设备匹配

在通风效果满足要求的前提下,尽量采用大直径风管,降低通风阻力。施工中轴流风机应采用无级变速大功率风机来加大通风力度。

3）管道防漏及降阻

长距离独头掘进施工通风的关键技术是降低通风管道的风阻及防止通风过程中风管漏风。为使通风阻力系数百米漏风率达到系统设计要求,可以采取以下三种技术措施:

（1）增大每节风管的长度

随着每节风管长度的增加，风管接头的数量会相应地减少，从而减少接头处的漏风量，减轻风机功率的压力。

（2）选择材料阻尼系数小的风管

隧道施工通风风管宜采用聚氯乙烯(Polyvinyl Chloride, PVC)塑料及其他复合材料组成的增强塑胶布风管。

（3）提高风管的安装质量

风管在安装过程中尽量做到顺直，以减小管道内的局部阻力，在斜井及横通道等转弯处，转弯半径应大于风管直径的3倍。

4）通风管理

要使通风系统始终处于良好的状况，必须增强对整个通风系统的管理及维护工作，隧道施工开挖过程中要特别注意对于风管的保护，要尽量减少施工爆破及出渣等过程中对风管的破坏，要重视隧道施工通风在隧道快速掘进中的作用，定期对通风管道进行巡查，及时发现风管破损等问题，尽快更换。

长大隧道内工作人员和施工机械增多，不同区域进行不同的工序，如二次衬砌浇筑与掌子面支护在不同区域共同进行，这就对现场通风管理提出了更高的要求，又如对轴流风机功率进行调整时，需在某些区域增设射流风机等，因而在施工过程中应加强现场管理。

5.2 超长距离独头掘进施工通风

5.2.1 米仓山施工通风方案

1）第一工区施工通风方案

（1）第一区段

隧道左、右线均配置1台轴流风机、1台射流风机，采用压入式通风，如图5-1所示。轴流风机距洞口30m，风管出口距掌子面15m，局扇位于二次衬砌台车前方20m处，以防止粉尘、有害气体的聚集。

（2）第二~四区段

隧道左、右线配置2台轴流风机、3台射流风机，采用巷道式通风，第二区段如图5-2所示。轴流风机距19号车行横通道30m，风管出口距掌子面15m；在左、右线二次衬砌模筑台车前方20m处各布置1台局扇，19号车行横通道布置1台射流风机。其他贯通的横通道均应封闭，以防止风流短路。

第三、四区段连接左右线的横通道分别为18号、17号车行横通道，风机配置、通风方式与第二区段完全相同。

（3）第五区段

隧道左、右线配置2台轴流风机、5台射流风机，采用巷道式通风。轴流风机距16号车行横通道30m，风管出口距掌子面15m；在左、右线二次衬砌模筑台车前方20m处各布置1台局扇，16号车行横通道布置1台射流风机，距洞口100m处左、右线各布置1台射流风机。其他贯通的横通道均应封闭,以防止风流短路。

2)第二工区施工通风方案

(1)第一区段

隧道左、右线配置2台压入式轴流风机、3台射流风机,采取巷道式通风,如图5-3所示。轴流风机距3号洞内联系道30m,风管出口距掌子面15m,左、右线二次衬砌模筑台车前方20m处各布置1台局扇。其他贯通的横通道均应封闭,以防止风流窜流。

(2)第二～三区段

14号车行横通道贯通后,进入第二区段,隧道左、右线配置2台压入式轴流风机、5台射流风机。轴流风机距14号车行横通道30m,风管出口距掌子面15m;在左、右线二次衬砌模筑台车前方20m处各布置1台局扇,隧道内左、右线斜井口处各布置1台射流风机。其他贯通的横通道均应封闭,以防止风流短路。

第三区段连接左、右线的横通道为13号车行横通道,风机配置、通风方式与第二区段完全相同。

(3)第四～六区段

12号车行横通道贯通后,进入第四区段,隧道左、右线配置2台压入式轴流风机、7台射流风机。轴流风机距12号车行横通道30m,风管出口距掌子面15m;在左、右线二次衬砌模筑台车前方20m处各布置1台局扇,12号车行横通道布置1台射流风机,隧道内左、右线斜井口处各布置1台射流风机,距斜井洞口100m处各布置1台射流风机。其他贯通的横通道均应封闭,以防止风流短路。

第五区段连接左、右线的横通道为11号车行横通道,风机配置、通风方式与第四区段完全相同。

9号车行横通道及竖井贯通后,进入第六区段。隧道左、右线配置2台压入式轴流风机、7台射流风机,采用巷道式通风,如图5-4所示。轴流风机距2号洞内联系道30m,风管出口距掌子面15m;在左、右线二次衬砌模筑台车前方20m处各布置1台局扇,2号洞内联系道布置1台射流风机,隧道内左、右线斜井口及竖井口处各布置1台射流风机。其他贯通的横通道均应封闭,以防止风流短路。

3)斜井区段施工通风方案

为保证隧道施工及运营时的良好通风,米仓山隧道共设4座斜井,斜井为独头掘进施工,未设辅助坑道施工。因此,斜井施工时均采用风管压入式通风。现以出口段左线斜井来说明斜井施工通风方案。

斜井的通风计算与主洞的通风计算相同,最大需风量仍以允许最低风速来计算,为2700m^3/min,斜井最长通风距离为1582m,风机供风量应为3207m^3/min,经过风筒阻力及隧道阻力的计算,得到斜井施工需要1台轴流风机,型号为SDFNO.14,风量为2113～4116m^3/min,风压为1078～6860Pa,功率为160kW;选用ϕ1500mm软风管,百米漏风率要求小于1%;1台ϕ1000mm射流风机,型号为SDS-112T-4PD5,功率为30kW。

隧道斜井开挖,采用压入式通风,如图5-9所示。斜井内配置1台压入式轴流风机、1台射流风机。轴流风机距斜井洞口30m,风管出口距掌子面15m,局扇位于二次衬砌模筑台车前方20m处,以防止粉尘、有害气体的聚集。

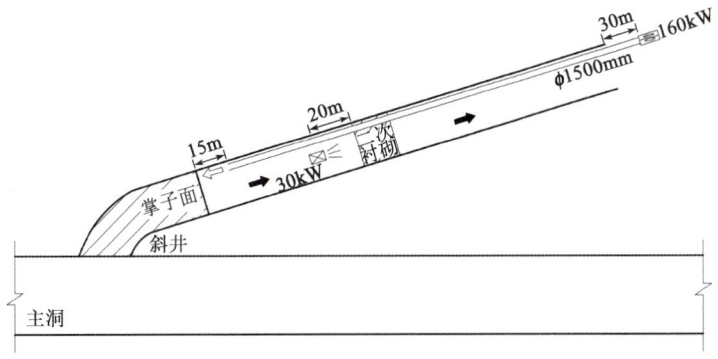

图 5-9 斜井区段通风方案

4) 竖井区段施工通风方案

米仓山隧道中部竖井深 435m,开挖直径 10.2m,采用自上而下钻爆法正井开挖,轻型机械化设备配套,洞口搭设提升井架,使用提升机垂直提升运输洞渣及其他材料;竖井井筒掘砌作业方式采用短段掘砌混合作业法单洞独头掘进,因此,施工通风采用风管压入式通风。

竖井的通风计算:最大需风量仍以允许最低风速来计算,为 2700m³/min,竖井最长通风距离为 431.39m,风机供风量应为 2822m³/min,根据通风阻力计算可得竖井施工需要 1 台轴流风机,型号为 SDFNO.14,风量为 2113~4116m³/min,风压为 1078~6860Pa,功率为 160kW;选用 φ1500mm 软风管,百米漏风率要求小于 1%。

隧道竖井开挖,采用压入式通风,如图 5-10 所示。在地面配置 1 台压入式轴流风机,轴流风机距竖井洞口 30m,风管出口距掌子面 15m,将粉尘、有害气体压出竖井。

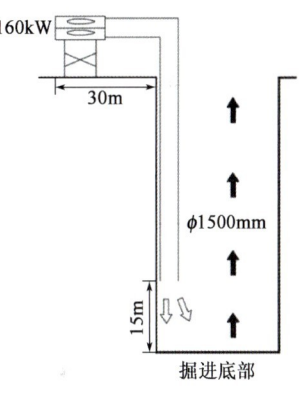

图 5-10 竖井区段通风方案

5.2.2 隧道压入式通风流场分析

风管压入式通风系统虽然简单,但是在长距离独头掘进隧道中,超特长隧道的施工对隧道通风方案以及优化的分析计算提出了很高的要求,在设计通风系统时,需要预先对拟定的通风系统进行全面详细的定量分析,以优化设备及其运行参数。

数值模型分别从风管出口与工作面距离及风管布设形式两个角度入手,利用 Gambit(流体力学模拟基础软件)建立三维模型,为方便模拟分析,选取基本几何尺寸为:断面半径 5.5m,模拟隧道长度 50m,风管直径 1.6m。利用网格自适应能力,采用非结构化网格分别对上述模型进行网格化,模型中包括 152399 个单元、313004 个面和 16142 个网格节点,如图 5-11 所示。

(1) 隧道内流场特性

风流从风管出口射出后,速度沿程不断减小,即射流逐步衰减。从出口至 20m 范围内速度成直线递减,曲线近似满足一次线性关系,衰减符合射流规律;而曲线在距离工作面 5m 至到达工作面的过程中速度梯度变大,曲线以二次抛物线形式下降,射流速度加快衰减直至为 0,如图 5-12 所示。

图 5-11　模型网格划分

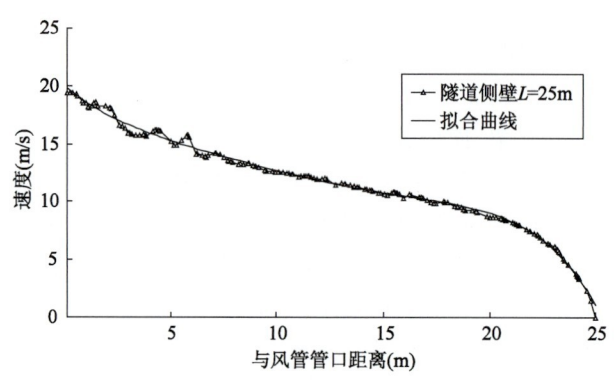

图 5-12　管口至工作面的风速变化曲线

管口射流流场中各质点的速度情况如图 5-13 所示（所取观测面为 $z = 3.5$ 及 $y = -4.253234$），管口射流流场中存在着明显的几个区域，即附壁射流区、冲击射流区、涡流区、回流区。风流从管口射出，表现为附壁射流，射流断面在风流前进 10m 时达到最大（扩张段），在随后的 7.5m 内逐渐缩小（收缩段），由此可知射流的有效射程为 17.5m。在射流过程中，有部分空气析出，进行反向流动。再发展为冲击射流后到达工作面，受壁面作用力反向流动。射流区与回流区的相互作用产生了涡流区，区域内质点做有旋运动，卷吸临近的风流。

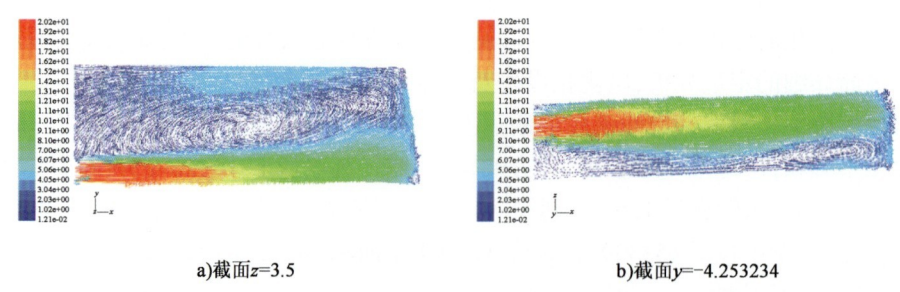

a) 截面 $z=3.5$　　　　　　　　b) 截面 $y=-4.253234$

图 5-13　管口射流流场速度矢量图

为进一步研究流场内 4 个区域的特点，以 $z = 3.5m$ 为观测面，得到该截面上各个区域内的速度分布情况，如图 5-14 所示（X 为风流行进时 x 轴方向的坐标值），附壁射流区风速较大，距离风管轴线越近速度变化越明显，不论其起始速度为多大，到达冲击射流区后（离工作面

5m),都具有近似的速度梯度;涡流区内风速变化不明显,加之质点做有旋运动,非常不利于污染空气的及时排出;回流区内风流速度自工作面起先增大到一峰值后再迅速减小,回流到距工作面 30m 时,开始趋向平稳流动,速度为 0.57m/s 左右。

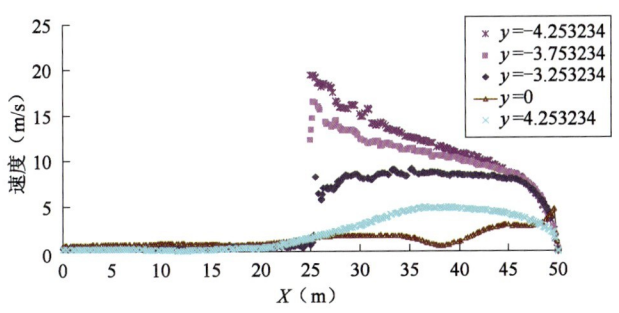

图 5-14　不同区域内风速变化曲线

(2)风管口与工作面的距离对流场的影响

风管口与工作面的距离是风管布设位置的重要指标之一。为研究其对射流流场特性的影响,分别对参数 L 取 10m、20m、25m、30m、35m 的模型进行仿真模拟,5 种情况下的射流流场如图 5-15 所示(取截面 $z=3.5$ 为观测面)。射流区范围随 L 增大而减小;涡流区范围随 L 增大,涡流和偏流现象严重。管口距离工作面 35m 时较其他几种方式的涡流区范围最广,不利于污染空气的排出。

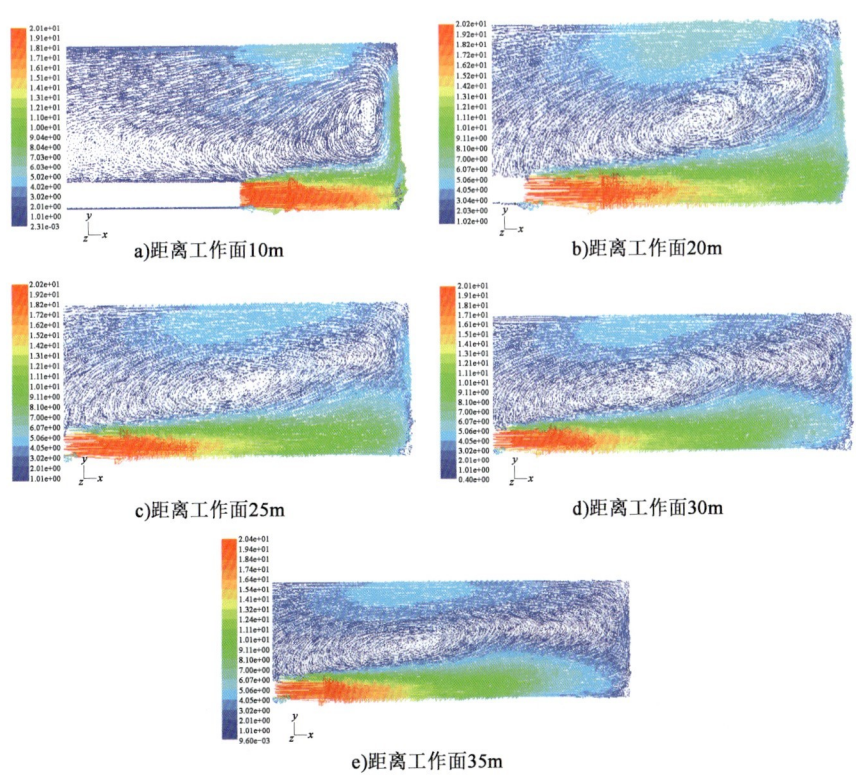

图 5-15　风管口与工作面在不同距离下的射流流场

图 5-16 为 5 种距离下管口中心点至工作面的流速变化曲线（X 为风流行进时 x 轴方向的坐标值，各曲线起点均为相应工况下管口中心点 X 坐标）。在相同的入口速度条件下，距离工作面最近（$L=10m$）的管口射流流速变化梯度最大，对工作面的冲击作用最强，由此可知流速梯度与风管至工作面的距离呈负相关。

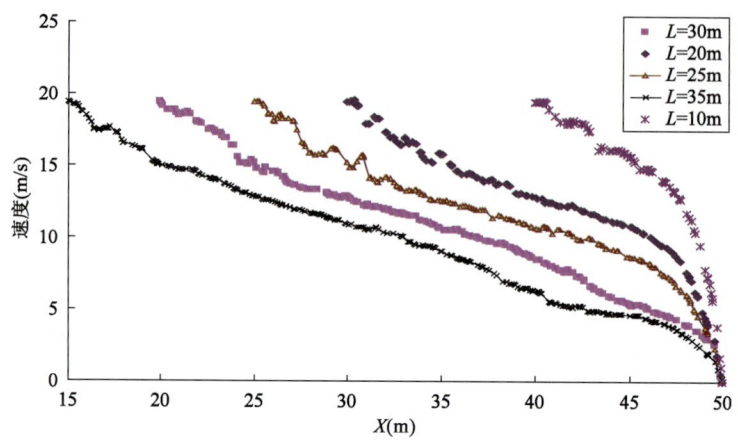

图 5-16 不同距离下管口至工作面风速变化曲线

综上所述，在不对工作面设备布设造成干扰的情况下，应尽量使风管管口靠近工作面，保持 10～20m，改善工作面通风排烟效果。

（3）风管附壁程度对流场特性的影响

为进一步研究风管附壁程度对通风效果的影响，在控制管口至工作面距离不变的情况下（$L=25m$），分别对四种布设形式的模型进行模拟仿真，经后处理得到风管在 4 种不同布置形式下管口风流速度变化曲线，如图 5-17 所示。

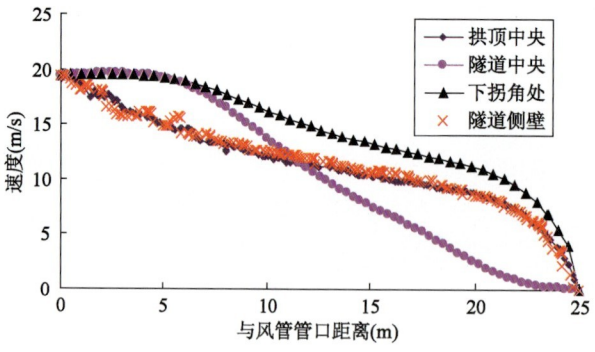

图 5-17 风管在不同布设形式下的风速变化曲线

风管布设在隧道中央时射流速度变化趋势明显异于贴附隧壁布设时的情况，其射流自管口至 x 方向上 5m 内保持入流速度平稳前进，而后开始以较大梯度下降，距离工作面 3m 时，速度已接近 0，对于工作面的冲击作用甚微，排除污染空气效果极差。在同为附壁射流的条件下，附壁程度越高，20～25m 范围内射流流速变化梯度越大，对工作面冲击作用越强，排烟效果越好。

综上所述,在不对管壁造成损坏和便于安装的情况下,应尽量使风管贴洞壁布设。

5.2.3 施工通风现场测试及通风方案优化

根据施工实际情况,对隧道施工中洞内的风速、风流参数、粉尘(PM2.5、PM10)及有害气体(CO、H_2S)等开展现场测试。

1)风速测试

(1)测试仪器

采用 MS6252B 手持式风速仪测试隧道内的风速及风向。如图 5-18 所示,该仪器可检测含有有害气体及粉尘等复杂环境中的风速,内置微处理器,具有直读显示、测值准确、使用方便等特点。

(2)测试方法

现场测试风速时(图 5-19),首先开启 MS6252B 手持式风速仪,将风速仪放置于测试部位风流中,待风流稳定后开始测量风速,当仪器上的读数区域稳定时,记下风速,按上述步骤连续测量 3 次,计算出平均风速,即认为是此部位的风速。

图 5-18 MS6252B 手持式风速仪

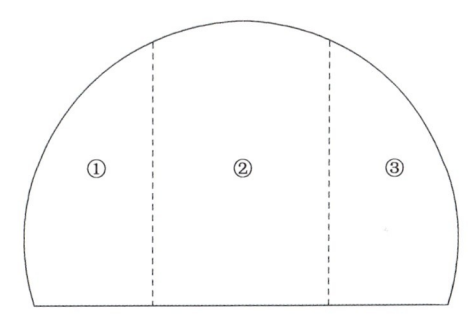

a)现场测试 　　　　　　　b)风速测试分区图

图 5-19 现场测试风速

由于空气具有黏性以及隧道洞壁壁面有一定的粗糙度,使得风速在洞壁周边处风速最小,从洞壁向隧道轴心方向,风速逐渐增大。因此测定隧道平均风速时,不能使风速计停在某一固定点,而应在隧道横断面上多点测定,其数据才能真实地反映隧道的平均风速。为测出隧道的平均风速,可采用定点法,即将隧道断面分为 3 格,风速仪在每格内停留相等的时间,以这样的方法来测定,然后求出平均风速。

(3)测试断面布置

如图 5-20 所示,待隧道爆破风机开启使污染物降到安全浓度后,使用风速测量仪对指定断面进行测试,分别在隧道二次衬砌之后合适位置、距掌子面 400m、竖井横通道、竖井中部、距竖井横通道 200m、距竖井横通道 100m、轴流风机前 50m 处布置测点,共计 13 个测点,其中测点 13 为距竖井口 250m 的断面,获取各测点风流参数,测试施工通风作用下的风流方向及大小、风流温度和大气压力。

(4)测试频率

风机开启后测试两次。每个测试断面测试 10 组数据,测试完成后将仪器数据导出,记录风速时,隧道主洞内风向由洞外到掌子面为正值,风向由掌子面到洞外为负值;横通道内风向靠近竖井为正值,远离竖井为负值。

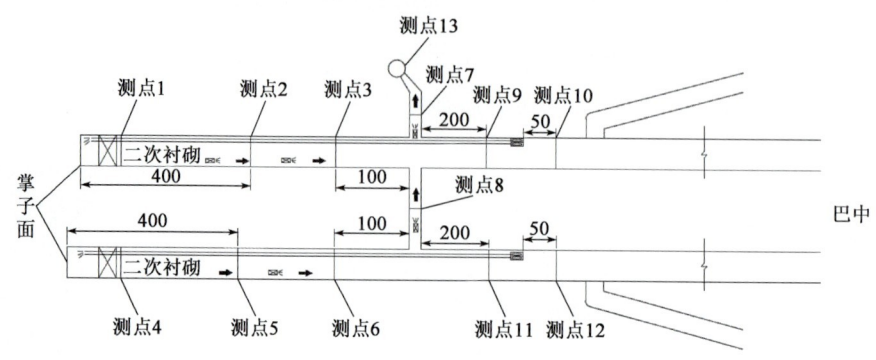

图 5-20　施工通风风速测试断面布置图

(5)测试结果

由图 5-21 可以看出平时射流巷道式通风系统运行正常,洞内空气质量良好,主洞内平均风速为 1.5~2.0m/s。风速变化的总体趋势是洞口至掌子面逐渐减小,但在左洞掌子面前方有一个突变点,这是由于竖井内风流进入主洞导致的,这能更有效地排出左洞的污染气体;掌子面附近的风速为 0.3~0.5m/s,基本满足排出污染气体的最小风速,说明洞内轴流风机功率和位置、射流风机台数和功率、射流巷道式通风整个系统均运行正常。因为通风斜井的存在,晚上外界气温较隧道更低,隧道内部分热空气经斜井排出,左线为排风隧道,因此在斜井前方 10:00 风速比 23:00 风速更大。而隧道右线为进风隧道,因此 10:00 与 23:00 的风速相差不大。

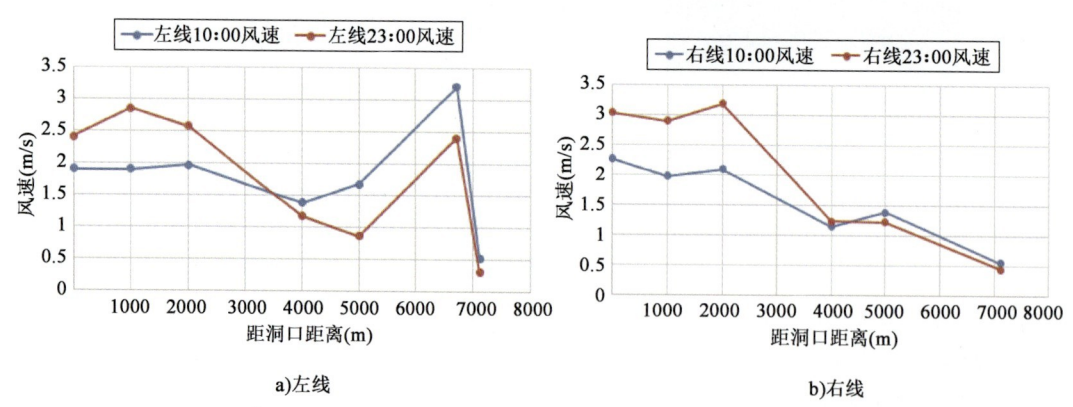

图 5-21　左、右线风速变化图

如图 5-22 所示,左洞斜井测试点位包括 1 号斜井口测点、1 号斜井 1 号测点和 1 号斜井 2 号测点,与左洞斜井口的距离分别为 0、500m、1000m。右洞斜井测试点位包括 2 号斜井口测点、2 号斜井 1 号测点和 2 号斜井 2 号测点,与右洞斜井口的距离分别为 0、500m、1000m。由于自然风的因素,斜井内风速较大,由于温差的原因,10:00 自然风经斜井进入隧道,23:00 隧道内空气经斜井排出隧道,但斜井内部空气流动仍较快,通风效果良好。

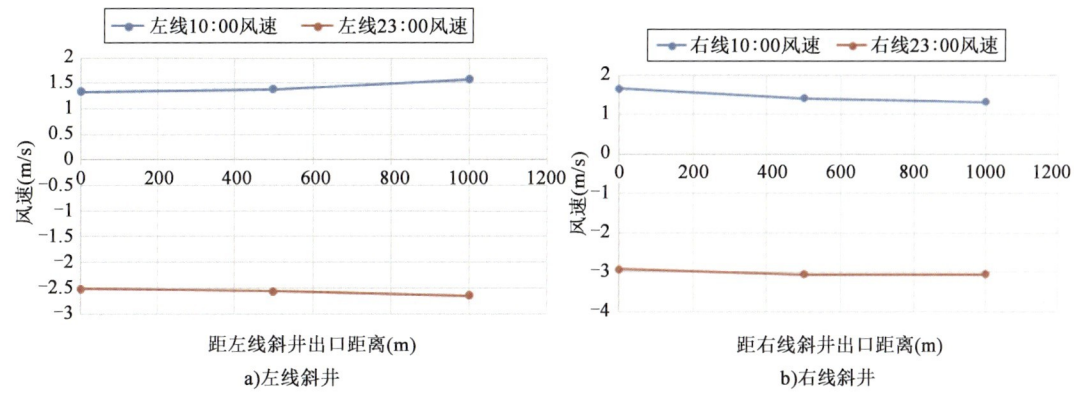

图 5-22 斜井风速变化图

2) 风流特性测试

(1) 测试仪器

风流测试包括隧道测试部位的温度、湿度以及大气压力。测试仪器采用 Kestrel NK4000 风速气象仪,如图 5-23 所示,待数据稳定后即可读数,内置微处理器,具有直读显示、测值准确、及时储存、使用方便等特点。

(2) 测试方法

按开机键打开 Kestrel NK4000 风速气象仪,待仪器自动进入测量界面后,将仪器置于测试环境中便可同时读出温度、湿度以及大气压力的数值。

图 5-23 Kestrel NK4000 风速气象仪

(3) 测试布置

如图 5-24 所示,分别在隧道左右线入口、出口、竖井口、竖井左右线横通道断面、1~4 号斜井洞口及主隧道布置测点,获取各测点风流参数,其中竖井测点 1、2 分别为竖井口和距竖井入口 250m 断面。隧道入口段布有 16 个测点,隧道出口段布有 22 个测点,共计 38 个测点。分别测试各断面的自然风流方向及大小、温湿度和大气压力。

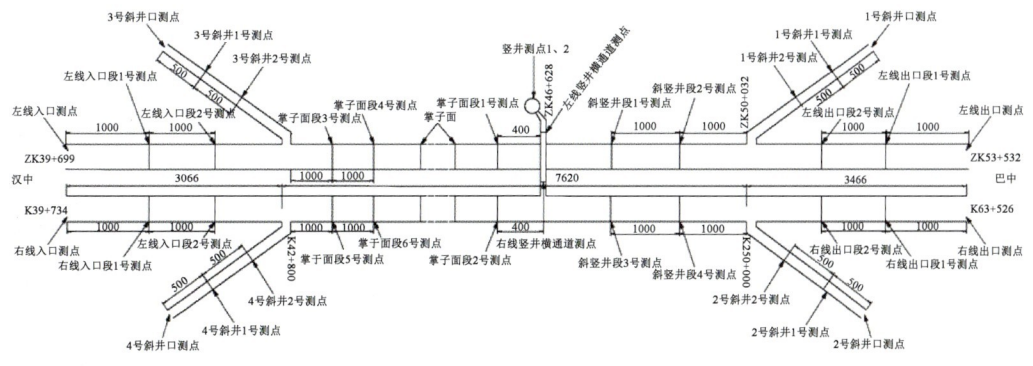

图 5-24 隧道风流测试断面布置图(尺寸单位:m)

89

(4)测试频率

每天测试 2 次,时间分别为 12:00、22:00。每个测点和测试断面测试 5 组数据,测试完成后将仪器数据导出。

(5)测试结果

对隧道掘进方向进行气压、温度和湿度的测试,得到结果如图 5-25 ~ 图 5-27 所示。隧道左右线内部气压早晚均较稳定,10:00 略大于 23:00,这是由于外部气温导致的,对隧道施工几乎没有影响。其中,10:00 为 916 ~ 919hPa,23:00 为 909 ~ 911hPa。隧道内部温度变化趋势一致,越接近掌子面,隧道内部温度越高,变化范围为 4 ~ 20℃,在掌子面处达到最大温度 20℃,符合《公路隧道施工技术规范》(JTG F60—2009)❶内规定的隧道内气温不宜大于 28℃ 的标准。本次测试在冬季进行,因此隧道内部温度较低,但不影响隧道施工。

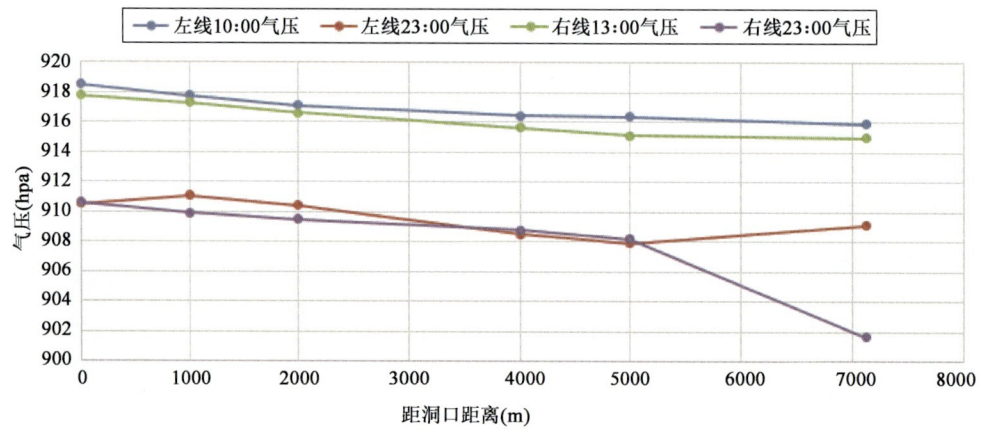

图 5-25　隧道内早晚气压变化图

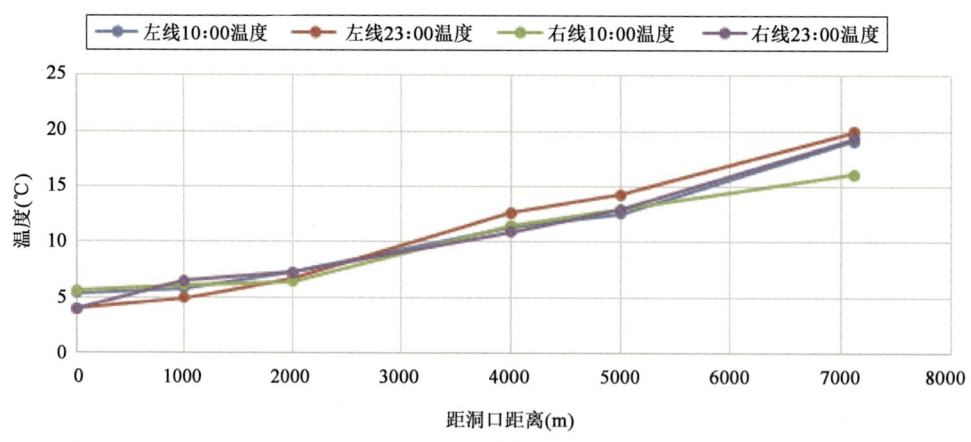

图 5-26　隧道内早晚温度变化图

---

❶　现行版本为《公路隧道施工技术规范》(JTG/T 3660—2020)。

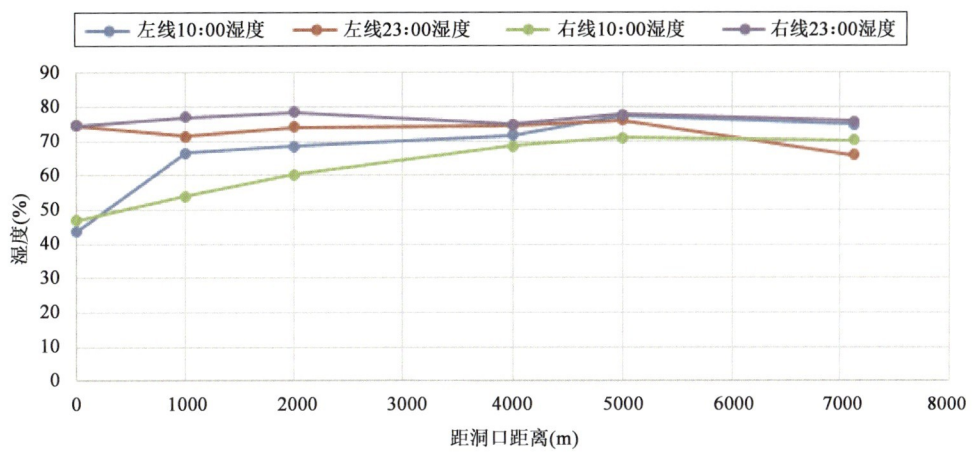

图 5-27 隧道内早晚湿度变化图

3）粉尘测试

（1）测试仪器

粉尘测试包括隧道内 PM2.5（细颗粒物）、PM10（可吸入颗粒物）的含量及变化值。采用 DT-96 便携式粉尘浓度测试仪，如图 5-28 所示，在测试粉尘浓度的同时，还能监测隧道内的温度和湿度，内置微处理器，具有直读显示、测值准确、及时储存、使用方便等特点。

（2）测试方法

在隧道爆破后，采用 DT-96 便携式粉尘浓度测试仪在隧道掌子面、风管出口、衬砌台车处以及射流风机周围进行粉尘含量的测试，测试数据直接在仪器上进行读取，或直接储存在仪器内，后期再导出。

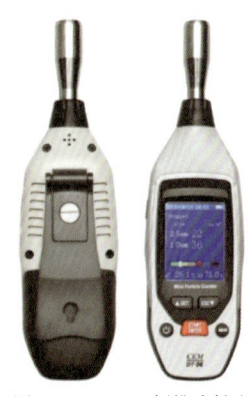

（3）测试布置

在隧道左、右线沿途进行环境测试，并着重对以下几个区域进行测试，如图 5-29 所示。

（4）测试频率

每天测试 2 次，时间分别为 12:00、22:00，每个测点和测试断面测试 5 组数据，测试完成后将仪器数据导出。

图 5-28 DT-96 便携式粉尘浓度测试仪

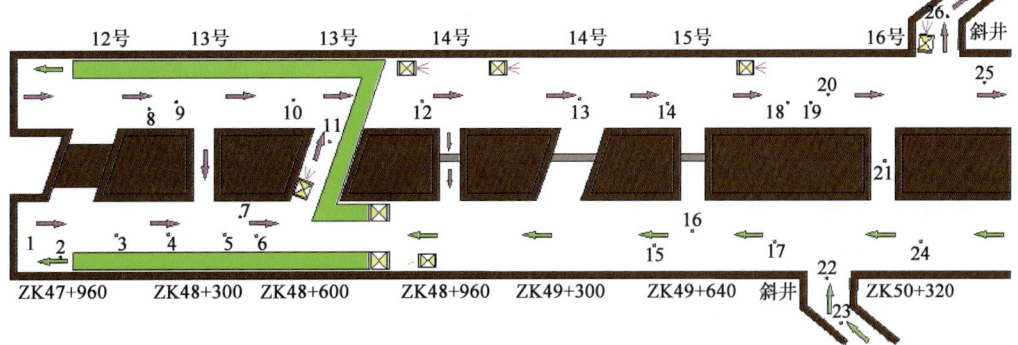

图 5-29 施工通风粉尘浓度测试断面布置图

(5)测试结果

如图5-30所示,由于粉尘主要是在爆破后集中产生并排出,且在远离掌子面的过程中逐渐被稀释,因此粉尘含量测试主要在掌子面附近、邻近掌子面的横通道以及斜井处。本次粉尘测试是在爆破后20min内进行的,测试数据存在突变的部分,是因为开挖爆破后粉尘在台车位置浓度较高,台车具有粉尘隔离效果,影响通风效果。

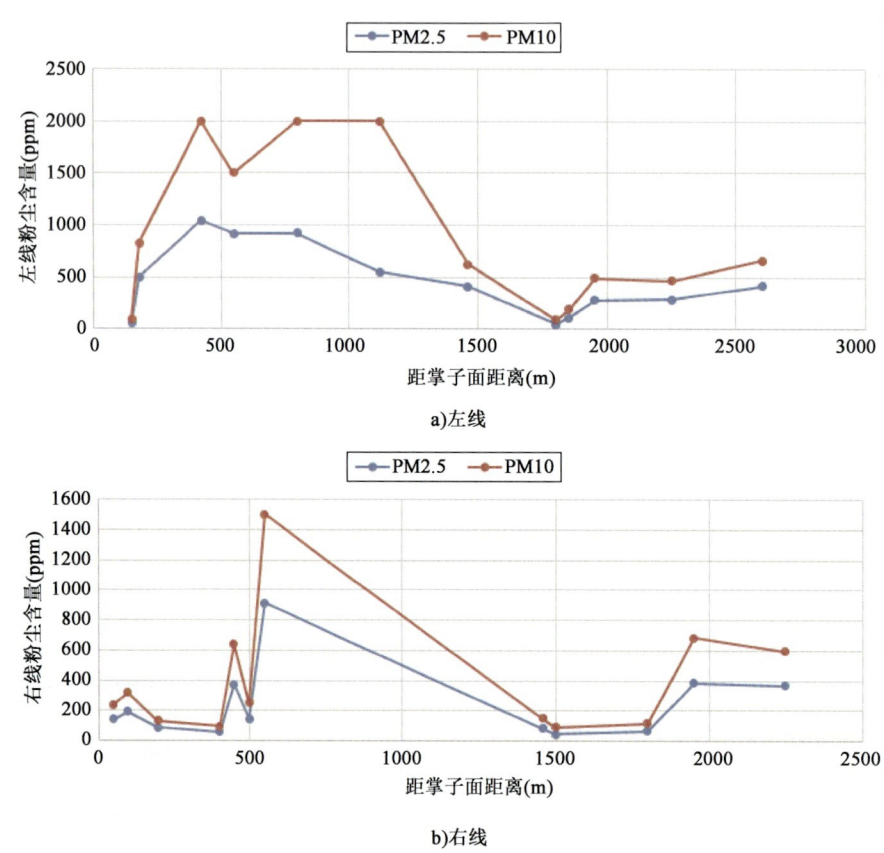

图5-30 隧道左右线粉尘含量变化图

隧道钻爆开挖法产生的PM10大颗粒粉尘多于PM2.5的小颗粒粉尘,并且在开挖爆破后20min内隧道粉尘浓度较大,基本与《公路隧道施工技术规范》(JTG F60—2009)所规定的"每立方米空气中含有10%以上的游离二氧化硅的粉尘不得大于2mg"持平或略微超出,因此,在爆破后应当加强机械通风,并且20min内不允许人员进入掌子面附近。隧道掌子面附近由于风管出口新鲜空气的进入,粉尘浓度较低,而在台车附近,对粉尘有阻滞作用,导致在隧道500m左右粉尘浓度有一个突然增大的趋势,并且在左洞持续了近1000m,这是因为左洞缺乏有效的机械通风措施。

4)有害气体测试

(1)测试仪器

有害气体的测试包括隧道测试部位一氧化碳(CO)、硫化氢(H_2S)的含量及其变化情况。

采用四合一气体检测仪进行检测,如图 5-31 所示,该仪器具有多种气体的检测及报警功能,内置微处理器,具有直读显示、测值准确、及时储存、使用方便等特点。

(2)测试方法

采用多个四合一气体检测仪进行检测,在隧道爆破后,在隧道不同部位放置检测仪进行检测,数据储存在仪器内部。

(3)测试布置

测试断面示意如图 5-32 所示,分别在距掌子面 250m、275m、550m、776m 断面,右线竖井横通道断面,竖井底部断面处布置测点,检测设备布置在断面仰拱处。CO 传感器应垂直悬挂在拱顶下不大于 30cm,距侧壁不小于 20cm 处,其迎风流和背风流 0.5m 内不得有阻挡物,并距离掌子面一定距离以防爆破时损坏,悬挂处支护良好无滴水,另外 CO 检测仪不得悬挂在风筒出风口和漏风处。

图 5-31　四合一气体检测仪及其参数

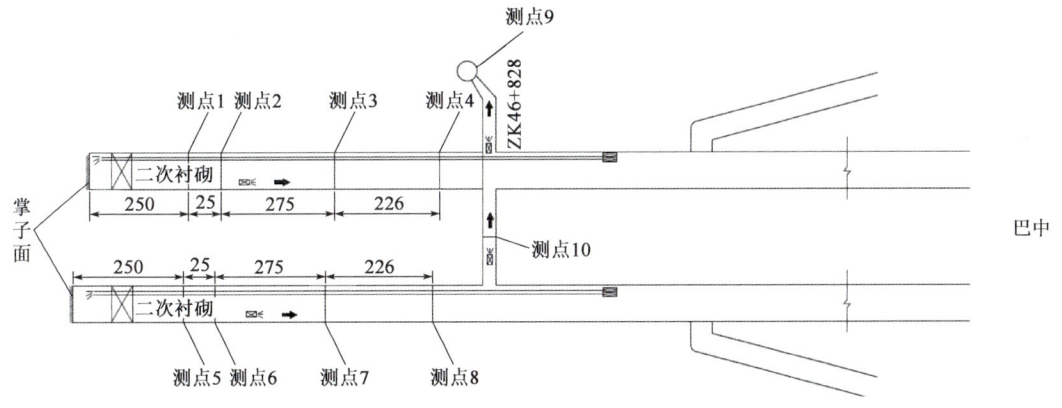

图 5-32　隧道污染物扩散测试断面布置图(尺寸单位:cm)

(4)测试频率

爆破后测试两次,测试时每隔 1min 读取一次数据,测试到 CO 浓度降到 30ppm 以下时结束。测试完成后将仪器数据导出。

(5)测试结果

本次有害气体测试主要研究 CO 和 H_2S 在隧道开挖爆破后的扩散规律,如图 5-33、图 5-34 所示,为巷道式通风体系下 CO 和 H_2S 随时间推移浓度的减小趋势,测点 1、2、3、4 分别距掌子面 250m、275m、550m、776m。因为掌子面附近有害气体浓度消散时间最短,而掌子面后方 550m 之后为非施工区域,只是车辆通过,因此米仓山隧道 CO 容许浓度以短时间接触容许浓度 24ppm 为标准。

在开挖爆破进行机械通风 35min 后,CO 和 H_2S 浓度基本上都降低到允许浓度以内,说明在通风距离较长的情况下,巷道式通风排出有害气体的效果良好。

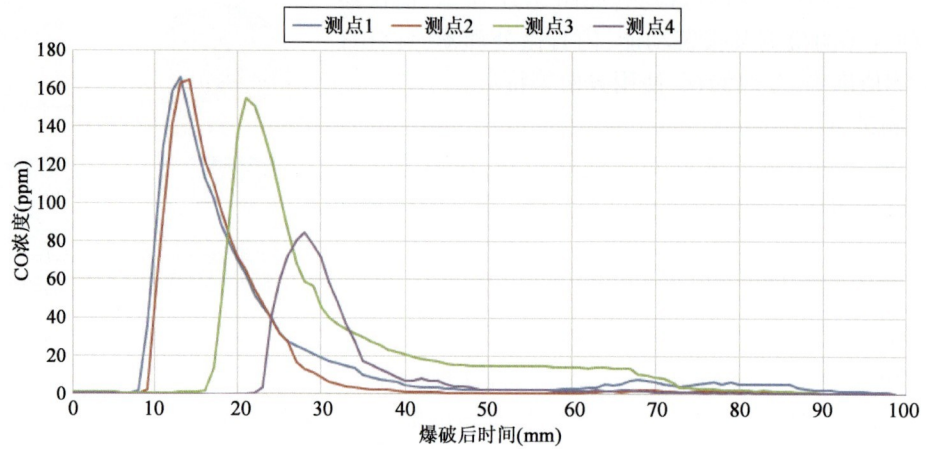

图 5-33 隧道爆破后 CO 浓度随时间变化图

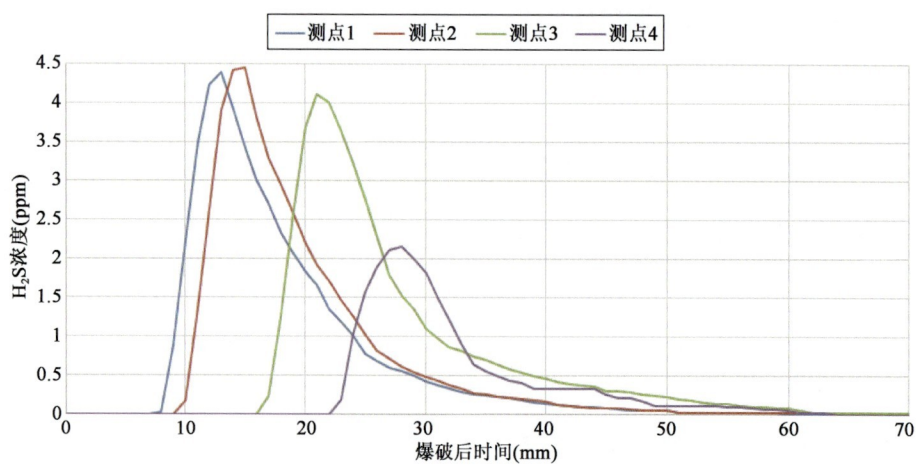

图 5-34 隧道爆破后 H_2S 浓度随时间变化图

5.3 硫化氢处治

5.3.1 隧道中硫化氢分级防护体系

目前隧道施工中硫化氢(H_2S)气体防护借鉴瓦斯有害气体防护,通常采取通风稀释、超前钻孔探测、H_2S 检测和结构封堵 4 项措施。绝对涌出量较小时,H_2S 气体的防护基本满足Ⅰ级防护的要求。当隧道中 H_2S 气体绝对涌出量达到Ⅱ级防护的范围时,即最大通风情况下浓度超过 6.6ppm,在防护Ⅰ级的基础上必须增加工人的个体防护,必要时可在含 H_2S 气体地层中钻孔预排放和注入碱液吸收,以减少开挖后 H_2S 气体的涌出。当隧道中 H_2S 气体绝对涌出量达到Ⅲ级防护的范围时,最大通风风速情况下,浓度超过 20ppm,此时必须短暂停工躲避,停止正常施工，工人佩戴全面罩携气式或供气式空气呼吸器或全面罩送风过滤式呼吸防护用品进入洞内，采取在含 H_2S 气体地层中注入碱液吸收、增加钻孔排放等措施，减少 H_2S 气体涌出，控制在Ⅱ级或Ⅰ级防护范围。各级防护措施见表 5-1。

隧道中 H_2S 分级防护体系　　　　表 5-1

	防护措施	隧道中 H_2S 防护等级		
		Ⅰ	Ⅱ	Ⅲ
1	超前钻孔探测	采用	采用	采用
2	钻孔预排放	—	采用	采用
3	监测与预警	采用	采用	采用
4	通风稀释	采用	采用	采用
5	结构封堵	采用	采用	采用
6	个体防护	—	采用	采用
7	碱液中和	—	采用	采用
8	短暂停工躲避	—	—	采用

但在实际施工过程中，由于隧道内正常所需通风风速不够，H_2S 浓度超过环境控制浓度 20ppm，按绝对涌出量分级在Ⅰ级或Ⅱ级时，仍应短暂停工躲避，并加强通风管理，适当提高通风配置，将防护等级降低到合理区间。

根据米仓山隧道工程实践，在施工过程中对 H_2S 的分级防护方法如下：

（1）当隧道内 H_2S 气体绝对涌出量每分钟小于 25L 时为Ⅰ级防护，采取通风稀释、超前钻孔探测、H_2S 检测和结构封堵等措施。

（2）当隧道内 H_2S 气体绝对涌出量每分钟在 25L 和 78L 之间时为Ⅱ级防护，此时应在Ⅰ级防护的基础上增加个体防护措施，必要时可在含 H_2S 气体地层中钻孔预排放和注入碱液吸收。

（3）当隧道内 H_2S 气体绝对涌出量每分钟大于 78L 时为Ⅲ级防护，H_2S 浓度超过 20ppm 时，必须短暂停工躲避，工人向含 H_2S 气体地层中注入碱液和增加钻孔排放时应佩戴全面罩携气式或供气式空气呼吸器。各分级防护措施具有连贯性，操作性强，既可确保安全，减少投入，又可最大限度地避免影响施工，有力保障了施工安全和进度。

5.3.2　米仓山隧道施工硫化氢情况

米仓山隧道进口汉中端为含煤线低瓦斯地层，局部段落伴随 H_2S 气体涌出，采用超前钻孔探测、单根 $\phi1800mm$ 风管连续通风、H_2S 监测和衬砌结构防水板全封闭措施，即Ⅰ级防护，监测涌出 H_2S 气体最高浓度均小于 6.6ppm。2015 年 3 月 6 日，左洞开挖至 ZK40+626（进洞约 900m），右洞开挖至 K40+857 段时 H_2S 有毒气体突然增加，隧道内实测 H_2S 气体情况如图 5-35 和表 5-2 所示，导致洞内作业人员出现眼睛红肿和视力模糊等现象。

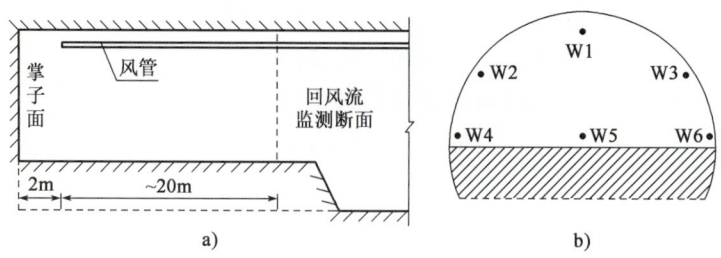

图 5-35 隧道 H_2S 气体检测断面和测点布置

左洞掌子面回风流断面 H_2S 检测结果 表 5-2

监测日期	H_2S 浓度(ppm)	实测风速(m/s)	H_2S 绝对涌出量 Q_{H_2S} (L/min)
2015 年 3 月 2 日	5.6	0.82	19.5
2015 年 3 月 3 日	4.5	0.81	15.4
2015 年 3 月 4 日	5.5	0.82	19.1
2015 年 3 月 5 日	5.1	0.79	17.0
2015 年 3 月 6 日	19.8	0.81	67.8
2015 年 3 月 7 日	16.2	0.82	56.1
2015 年 3 月 8 日	14.7	0.84	52.5
2015 年 3 月 9 日	15.3	0.83	53.7
2015 年 3 月 10 日	25.6	0.82	88.7
2015 年 3 月 11 日	37.9	0.83	132.9
2015 年 3 月 12 日	73.1	0.85	262.5

2015 年 3 月 6 日之后，涌出量持续增加，在现有通风条件下，浓度相继超过 6.6ppm 和 20ppm，最大值达到了 73.1ppm，绝对涌出量由 67.8L/min 增加至 262.5L/min，正常连续通风均不能把硫化氢浓度降低至 6.6ppm 以下，隧道无法正常施工，因此有必要增加防护措施。经研究提出了两个方案：方案 1，增加一倍的通风配置；方案 2，增加个体防护和注入碱液吸收措施。经方案比选，由于增加一根 ϕ1800mm 风管对施工影响较大且费用较高，因此采用方案 2，即分级防护。

5.3.3 现场硫化氢分级防护效果

2015 年 5 月，米仓山隧道开挖 ZK40+775~ZK40+873（长 98m，V 级围岩为主）H_2S 富集段，在I级防护基础上增加工人佩戴全面罩过滤式防护用品措施，即采用II级防护，如图 5-36 和图 5-37 所示。H_2S 绝对涌出量达到III级防护，短暂停止正常施工，在风钻打钻水中加入质量浓度为 20% 的纯碱溶液，如图 5-38 所示，让其与溢出

图 5-36 佩戴过滤式呼吸防护用品

的 H_2S 进行反应,减少 H_2S 的溢出,防护等级降为Ⅱ级或Ⅰ级。分级防护结果见表 5-3,防护等级变更操作性较强,开挖月进尺正常,对施工影响较小,安全效果好,增加费用约 87 万元。处理后隧道 H_2S 浓度分布及掌子面 H_2S 浓度如图 5-39 和图 5-40 所示。

图 5-37　H_2S 检测

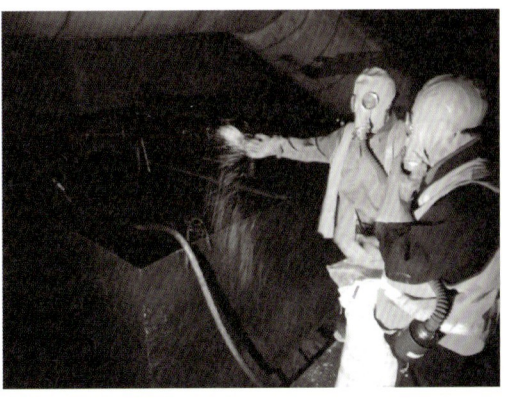

图 5-38　现场配置纯碱溶液

隧道左洞 ZK40+775~ZK40+873 段 H_2S 防护等级　　　表 5-3

监测日期	H_2S 浓度(ppm)	实测风速(m/s)	H_2S 绝对涌出量 Q_{H_2S} (L/min)	防护等级
2015 年 5 月 2 日	6.1	0.79	20.4	Ⅰ
2015 年 5 月 3 日	5.2	0.80	17.6	Ⅰ
2015 年 5 月 4 日	5.5	0.79	18.4	Ⅰ
2015 年 5 月 5 日	5.1	0.81	17.5	Ⅰ
2015 年 5 月 6 日	2.8	0.79	9.3	Ⅰ
2015 年 5 月 7 日	8.8	0.82	30.5	Ⅱ
2015 年 5 月 8 日	9.8	0.81	33.5	Ⅱ
2015 年 5 月 9 日	13.2	0.83	46.3	Ⅱ
2015 年 5 月 10 日	13.8	0.81	47.2	Ⅱ

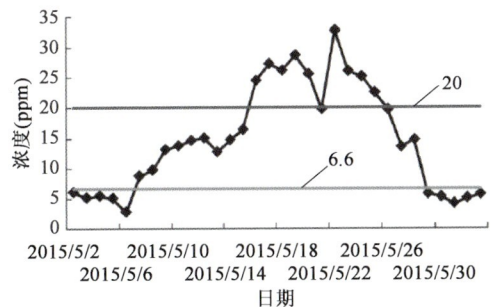

图 5-39　隧道左洞 H_2S 分级防护回风流浓度

图 5-40　隧道左洞 H_2S 掌子面绝对涌出量

第6章

深大通风竖井建造技术

竖井是地下工程与外界联系的重要通道,也是长大隧道的重要配套工程,对隧道建设期和运营期的通风排烟、防灾减灾、灾害救援等起着重要作用。为了满足防灾、救援以及通风排烟的需要,长大隧道往往需要设置竖井,但是目前我国竖井及其配套工程,如地下风机房、通风联络道等的施工还存在各种各样的问题,如施工技术复杂、施工工序交叉干扰等,本章主要介绍米仓山隧道的竖井施工。

6.1 米仓山隧道竖井方案设计

6.1.1 竖井工程概况

米仓山隧道穿越米仓山国家森林公园,地形具有"一山两岭夹一谷"的特点,隧道最大埋深约1080m,中部谷地埋深约430m。根据运营通风需要、地形和地质条件情况,拟在米仓山中部附近设置通风竖井,根据地勘探测,米仓山隧道中部米仓山森林公园大坝附近具备设置竖井的条件,最终作为竖井选址点,位于隧道ZK46+801.605左侧处。

6.1.2 竖井方案设计

(1)方案1:初始设计方案

根据隧道运营需要,设计送、排风风速均为14.81m/s。竖井采用分离式布设,即送、排风竖井各一座,其中根据竖井与主洞的位置关系,采用送、排风竖井不等深布置,其中送风竖井深430.89m,排风竖井深435.76m,竖井内径均为6.1m,净空面积均为29.22m²。竖井结构如图6-1所示。

设计井身支护采用复合式衬砌,具体支护参数见表6-1。

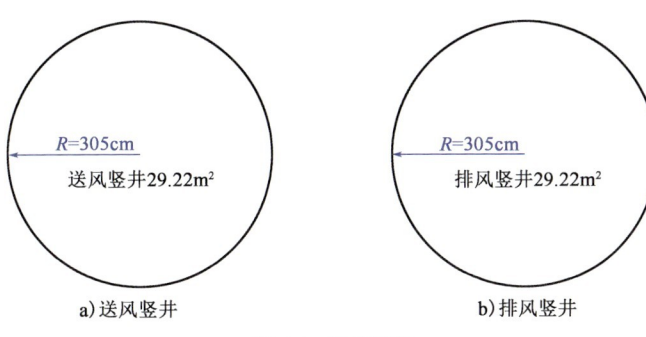

图 6-1 竖井结构

竖井衬砌支护参数表 表 6-1

衬砌类型	适用条件	喷射混凝土厚度（cm）	锚杆长度（cm）[纵×横]（cm×cm）	钢筋网（mm@mm）	格栅（cm×cm@cm）	预留变形量（cm）	二次衬砌材料及厚度（cm）钢筋直径@间距（mm@mm）
V加强	锁口圈	24	300(50×80)	φ6.5@15	15×15@15	10	C25 混凝土/80 钢筋混凝土 φ25@20
V	V级围岩	24	300(80×80)	φ6.5@20	15×15@15	7	C25 混凝土/40
IV	IV级围岩	18	300(100×100)	φ6.5@25	12×15@100	5	C25 混凝土/35
III	III级围岩	12	250(120×100)	φ6.5@25	—	3	C25 混凝土/30
II	III级围岩	5	—	—	—	—	C25 混凝土/30

（2）方案 2：原工艺二合一单井方案

根据《公路隧道设计规范 第一册 土建工程》(JTG 3370.1—2018)，对于直径不大于 7m 的竖井,有参考的支护参数。原设计隧道中部的送、排风竖井采用分离式布设,即送、排风竖井各一座,排风竖井深 435.76m、送风竖井深 430.89m,竖井内径均为 6.1m,净空面积均为 29.22m²,在不影响竖井通风功能的情况下,送风竖井与排风竖井合并为一大井,中间设置钢筋混凝土中隔板。合并后的竖井直径为 9.0m,中隔板厚度为 40cm,方案变更如图 6-2 所示。

竖井采用初期支护与二次衬砌组成的复合式衬砌,拟定本项目竖井衬砌支护参数见表 6-2。

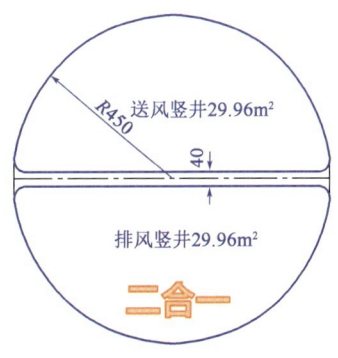

图 6-2 送、排风竖井合并方案
（尺寸单位:cm）

竖井衬砌支护参数表 表 6-2

衬砌类型	适用条件	C20 喷射混凝土厚度（cm）	药卷锚杆长（cm）[纵×横]（cm×cm）	钢筋网直径@间距（mm@mm）	格栅（cm×cm@cm）	C25 混凝土二次衬砌厚度（cm）钢筋直径@间距（mm@mm）
SM	锁口圈	—	—	—	—	100 钢筋混凝土 φ25@25
SV	V级围岩	24	350(80×100)	φ8@20	15×15@80	50 钢筋混凝土 φ20@25

续上表

衬砌类型	适用条件	C20喷射混凝土厚度（cm）	药卷锚杆长（cm）[纵×横]（cm×cm）	钢筋网直径@间距（mm@mm）	格栅（cm×cm@cm）	C25混凝土二次衬砌厚度（cm）钢筋直径@间距（mm@mm）
SⅣ	Ⅳ级围岩	22	300（100×100）	φ8@20	12×15@100	45
SⅢ	Ⅲ级围岩	10	250（120×100）	φ8@20局部	—	40
SⅡ	Ⅱ级围岩	5	250（120×120）局部	—	—	30

(3) 方案3：新工艺二合一单井方案

竖井二合一的内轮廓和井底与通风联络道的连接同方案2。借鉴煤炭行业立井设计与施工经验，井筒采用单层模筑（钢筋）混凝土衬砌配合短段掘砌混合作业，支护紧跟，无初期喷锚支护，工序较少，一次成井。

6.1.3 方案比选

对于方案1，主要存在安全风险较大、小井筒传统凿井装备简单、小井筒复合式衬砌工序较多、效率较低、工期压力较大、对环境影响大等问题。相对来说，方案2和方案3更好，不仅增大了井筒平面作业面积，有利于机械化设备配置，一次成井，施工安全累积风险较小。对于方案3采用的新工艺，借鉴了煤矿部门成熟的建井技术，采用单层模筑（钢筋）混凝土衬砌配合短段掘砌混合作业方式，安全性高，成井速度快，施工工期大幅缩短至11个月，另外，增加投资有限，因此选择方案3：新工艺二合一单井方案。

6.2 竖井施工方案研究

6.2.1 公路竖井常用施工方法

(1) 秦岭终南山隧道竖井施工案例

竖井井位所处地区均属湿润寒冷山地气候，雨量充沛。地下水均为基岩裂隙水，节理裂隙贫水段，地下水类型为HCO_3-Ca型水，无侵蚀性（图6-3）。

1号竖井位于秦岭北坡石砭峪沟中游，竖井地面高程为1126m。出露地层上部31m为第四系全新统崩积块石土，块石岩性为混合片麻岩，Ⅴ级围岩；下部为混合片麻岩，夹少量片麻岩残留体，岩体受构造影响较重，岩体较破碎，以块状镶嵌结构为主，Ⅲ级围岩。1号竖井：内径为10.8m，最大开挖外径为12.92m，井深$H=190$m。

2号竖井位于秦岭北坡水洞子沟中上游，竖井地面高程1703m。出露地层上部30m为第四系全新统崩积块石土，块石岩性为混合片麻岩，Ⅴ级围岩；下部为混合片麻岩，部分地段夹黑云母斜长角闪片岩残留体，岩体受构造影响轻微，岩体完整，以大块状砌体结构为主，Ⅰ级围岩。2号竖井：内径为11.2m，最大开挖外径为13.32m，井深$H=661$m，属于较深的竖井，是交通领域(公路、铁路)最深的竖井。

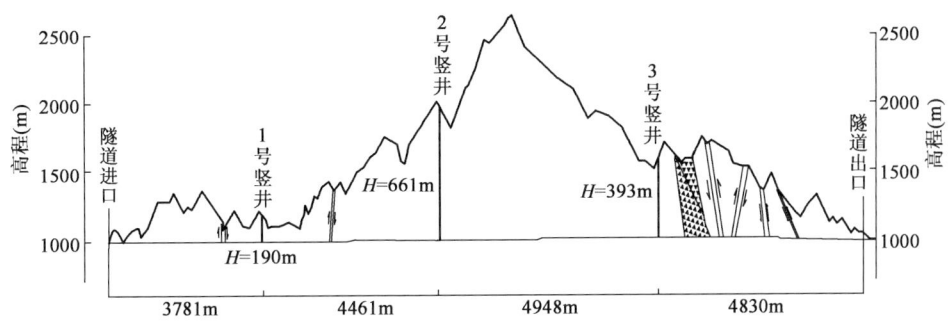

图6-3 竖井地质纵断面图

3号竖井位于秦岭南坡大东沟中游,竖井地面高程1430m。出露地层上部30m为第四系全新统崩积块石土,块石岩性为混合片麻岩,Ⅴ级围岩;下部为混合片麻岩,灰白色,岩体受构造影响轻微,岩体完整,以大块状砌体结构为主,Ⅱ级围岩。3号竖井:内径为11.5m,最大开挖外径为13.62m,井深 $H = 393$m。

结合秦岭终南山公路隧道工程实际情况,通过比选确定通风竖井整体施工方案。全断面正井法虽然技术成熟,工程实例也多,但结合本项目实际情况,除1号竖井井位距便道很近外,2号、3号竖井均没有便道可利用,由于秦岭山区沟谷深切、山高坡陡,修建施工便道非常困难,且2号竖井井位处于国家一级自然保护区内。反井法有着全断面正井法不可取代的优越性,在施工质量、速度、安全方面具有明显的优势。特别是占地少,环保效益非常显著,出渣在隧道内不破坏植被也不影响环境,而且底部隧道已开挖完成,有出渣的便利通道,3个竖井施工中1号、3号竖井采用了反井法。1号竖井在施工中在地面上用反井钻机沿竖井设计轴线自上而下钻一直径为25cm的导孔,然后再安装大钻头,自上而下开凿直径为125cm的导洞,再用传统的钻爆法自上而下扩挖成井。2号竖井井深661m,施工采用了全井单行作业的方法,即一次掘进,循环方式采用"一掘一喷",按初期支护直至井底,然后由下向上施作二次衬砌和中隔板。3号竖井施工与1号竖井所不同的是开挖完导孔后,在井下水平巷道内安装大钻头,自下而上开凿导洞,然后用传统钻爆法自上而下扩挖成井。

(2)龙潭隧道竖井施工案例

龙潭隧道位于沪蓉国道主干线湖北宜昌～恩施公路。该隧道按山岭重丘区高速公路标准设计,为上下行分离的双洞四车道隧道,设计行车速度为80km/h;右洞起讫桩号为YK65+515～YK74+135,全长8620m,行车方向纵坡为-1.5%;左洞起讫桩号为ZK65+515～ZK74+209,全长8694m,行车方向纵坡为+1.5%;隧道最大埋深为500m。隧道左右洞均采用纵向分段送排式通风,根据隧道需风量、紧急救援及地形地质等因素综合分析,左右线均分3段。再结合隧道施工组织,最终确定采用2斜井+2竖井方案,在斜井、竖井井口设置4处地面风机房,如图6-4所示。

两个竖井设计参数分别为:3号竖井深度332m,设计直径为7.0m;4号竖井深度355m,设计直径为5.3m。为增加井身混凝土的摩擦力,每隔20m设一壁座,共设30个壁座。井身由30cm厚钢筋混凝土中隔板隔开送风道与排风道,如图6-5所示。

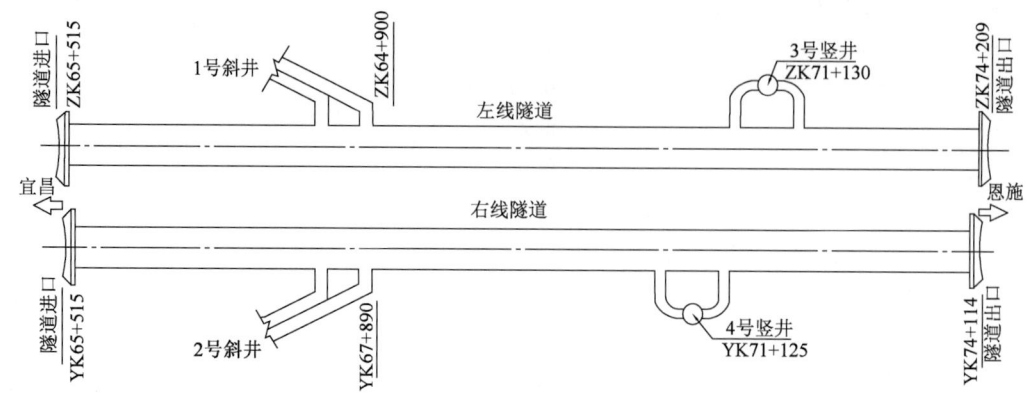

图 6-4　龙潭隧道斜井、竖井布置

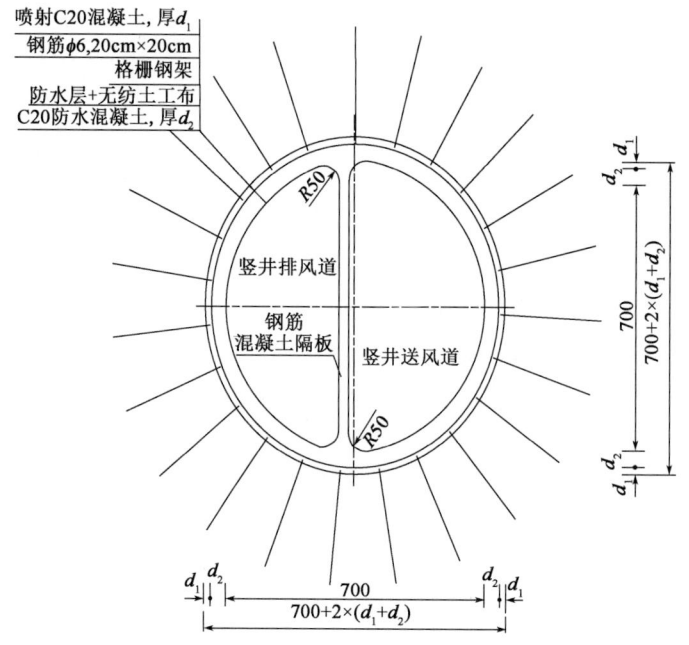

图 6-5　3 号竖井净空及衬砌结构(尺寸单位:cm)

龙潭隧道 3 号、4 号竖井,自 2005 年设备进场、平整场地、安装设备,于 2005 年 7 月正式进行井身段开挖,2006 年 12 月 25 日井身段开挖完毕,至 2007 年 9 月 29 日井身混凝土完成,有效改善了隧道内的通风条件。该竖井井身段采用短段掘砌法施工,每循环内包括开挖、支护和衬砌施工工序。

(3)雪峰山隧道竖井施工案例

雪峰山隧道为邵怀高速公路上最大的控制工程,位于邵阳、怀化两市交界处,穿过雪峰山主脉。隧道穿过的山体为单脊山峰,其中间最高,两端逐渐变低,隧道最大埋深约 850m。雪峰山隧道为上下行分离的双洞隧道,其中左线隧道长 6946m,右线隧道长 6956m。左右线隧道进出口段均位于不设超高的平曲线上,左右线隧道纵坡均为人字坡:进口段为 +1.14% 的上坡,长约 400m,其余地段为 -0.95% 的下坡。

根据隧道需风量、紧急救援及地形地质条件等因素综合分析确定采用分段式纵向通风方案。其中 3 号竖井为垂直竖井,竖井深 360m,衬砌后竖井净径为 6.5m,采用中心扩孔法施工。具体施工方法是:先将竖井天井钻机安装在井位上端,用牙轮钻头向下钻 $\phi250mm$ 导向孔,与下部的通风联络道沟通后,在隧道中拆除牙轮钻头,换上扩孔刀头,再由下至上,扩成 1.5m 的天井,该天井称作竖井工程的先导井,用途是作为爆破扩孔井筒时的爆破自由面和通风、溜渣通道。然后,在先导井周围钻一组平行炮孔,通过爆破法形成大竖井,再通过衬砌,达到最终设计竖井。竖井断面直径为 6.5m,中间设置 15cm 厚钢筋混凝土横隔板,将送、排风流隔离(图 6-6)。送风道面积为 22.04m²,排风道面积为 10.13m²。

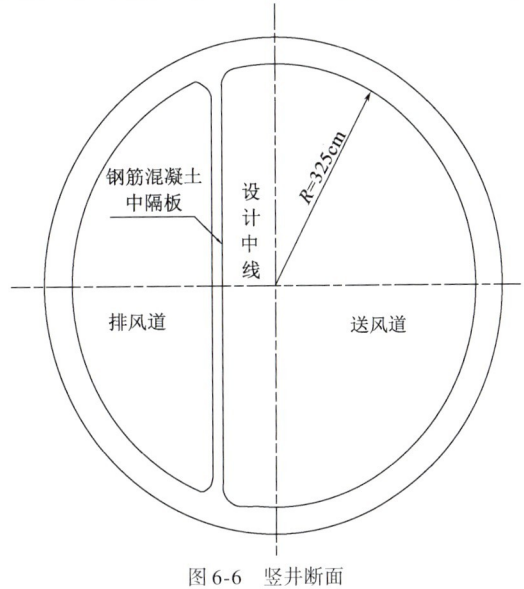

图 6-6　竖井断面

6.2.2　煤炭行业建井技术

煤炭行业立井井筒掘砌作业方式见表 6-3,各种掘砌作业方式的发展情况如下所述。

(1)掘砌单行作业

该方法是最早广泛使用的施工方式,20 世纪 50—60 年代,以短段单行作业为主,掘砌段高一般为 30m 左右,用挂圈背板作临时支护,料石砌壁,为了减轻笨重的体力劳动和提高砌壁质量,60 年代后期井壁结构改为混凝土,用分节小模板支模。进入 70 年代,由于锚喷技术的发展,临时支护改为锚喷,永久支护改为整体滑动模板及现浇混凝土,作业方式由短段单行作业发展成长段单行作业,段高一般为 30~100m。这种作业方式之所以最先、最广泛地被施工单位所采用,主要在于井筒内凿井装备简单,井内只需配置一个双层工作吊盘,便可兼顾掘、砌两大作业,但存在着工序转换时间长、安全性较差和质量较差等问题,目前该作业方式在煤炭部门很少采用。

(2)掘砌平行作业

该方法 20 世纪 60—80 年代曾在我国立井中采用,掘进和砌壁在两个相邻井段内反向进行,须为掘进和砌壁分别设置作业盘和独立的悬吊系统,不但增加了施工设备,施工管理也更加复杂。随着砌壁设备和工艺的改进,砌壁占用掘砌循环工时由 35%~40% 降低到 15%~20%,月成井速度比其他作业方式增大有限,但由于施工组织工作和安全作业复杂,80 年代中期以后很少采用。

(3)掘砌混合作业

该方法的特点是不需临时支护,掘砌可以适当地平行作业,使掘砌工序在同一循环内完成,工序转换时间少,施工速度快且安全。20 世纪 70 年代,立井短段掘砌混合作业法及其配套施工设备的研究为国家"六五"重点攻关项目,形成了以伞钻、大斗容抓岩机和MJY型整体金属模板为主体的立井施工机械化作业线,使短段掘砌混合作业法成为一种工艺简单、施工安全、成井速度快、成本较低的施工作业方式,很快被推广使用。进入90年代,国内使用短段掘砌混合作业法施工的立井比例不断提高,目前已达到80%以上,成为我国立井井筒施工的主要作业方式,平均月成井60m以上,在施工中取得了较好的经济效益和社会效益。

煤炭行业立井井筒掘砌主要作业方式 表6-3

类别	图示	施工特点	优缺点	适用条件
单行作业 长段掘砌单行作业	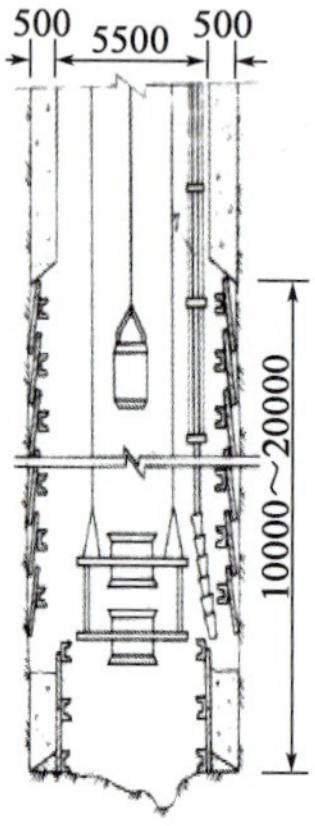	掘、砌两大作业在同一井段按时间的顺序进行。即先自上而下掘凿井筒,达到设计规定井段高度时,便由下而上完成永久井壁的砌筑或喷射混凝土。当该段井壁筑成后,再转向下一井段施工,先掘进后砌壁。如此反复,逐段进行,直至掘砌完全部井筒。为减少掘砌倒替时间,本作业法段高较长,一般为30~60m,个别达100m,月成井一般25~40m	优点: ①掘砌工序单一,施工组织简单; ②凿井设备少,易布置,一个双层吊盘可兼顾掘砌作业。 缺点: ①多一套临时支护的工序,如采用井圈背板,施工费用较高; ②掘砌工序倒替清底排水,拆安管路耗时较长,成井速度慢	井筒基岩深度小于400m,净直径小于5.5m、技术和管理水平一般、器材供应不足、中等及不稳定岩层条件下,应首选短段掘砌作业或本作业方式
单行作业 短段掘砌单行作业	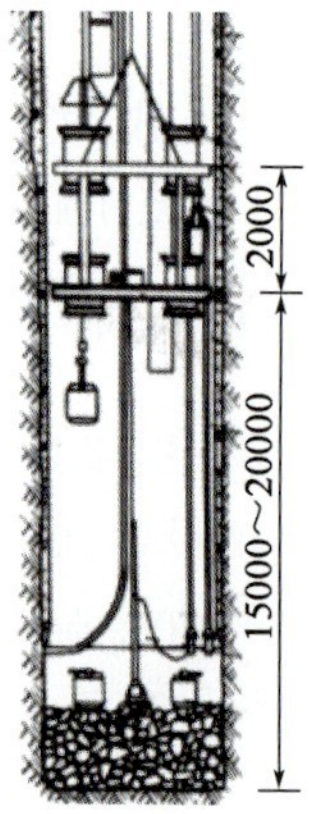	掘与砌作业在空间和时间上的安排和长段单行法相同,但掘砌段高大为缩短,并取消了壁座和临时支护。按支护方式的不同分为:短掘短砌法和短掘短喷法。前者利用悬吊式金属整体活动模板,自上而下下放模板至井底座底矸面上,每1.5~2m掘砌一段,后者则按此段高用喷射混凝土支护紧跟掘进面,并不留座底矸	优点: ①取消了临时支护,节省了架设和拆除临时支护的时间和材料; ②围岩暴露时间较短,掘进工作面较安全。 缺点:掘砌工序交替频繁,短段掘砌井壁接茬较多	井筒围岩基本稳定,涌水较少,不受井深和井径大小的限制

续上表

类别		图示	施工特点	优缺点	适用条件
平行作业	掘砌平行作业	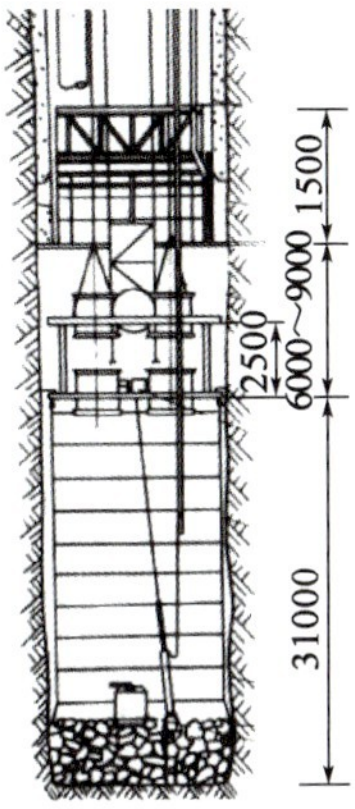	利用井筒深度大、断面大的空间,在井筒相邻的两个井段的不同深度处,使掘砌两大作业能充分地平行完成,砌壁作业不再单独占用凿井工时,有效地加快井筒的成井速度。按掘砌交替段的长短,分为长段掘砌平行法和短段掘砌平行法,长段掘砌平行段高30~40m,掘与砌各设保护盘和工作盘;短段掘砌平行段高15~20m,掘砌临时支护可用喷射混凝土或掩护筒	优点:充分利用深井的深度空间,成井速度较单行作业快。缺点:施工组织复杂,井内吊挂设备多,一次性投入大,施工安全管理难度较大,按现有技术,短段掘砌平行法较稳妥	井筒基岩深度大于400m、净直径大于5.5m、凿井设备充足、施工技术和管理水平较强、围岩稳定或中等稳定、井筒涌水量小于40m³/h条件下,宜采用短段平行作业;若岩层的稳定性略差,可考虑喷射混凝土临时支护的长段掘砌
掘砌混合作业			运用3m以上大段高整体悬吊金属筑壁模板,在一个掘进工序尚未完成的虚矸上,下放模板开始筑壁工序;当筑壁约1m高达到混凝土初凝后,又开始平行出矸,即砌壁工序包含在掘进工序中、砌壁时又有一部分与掘进平行。此种作业是掘砌工序的混合,单行与平行的交叉,当前国内模板受煤矿安全规程的限制,比国外低,近年已推广4m,最高达5m,随模板升高,必须配用伞钻深孔光面爆破和大抓斗排矸等成套机械化作业线	优点: ①综合经济效益较平行作业和单行作业都要好; ②永久井壁紧跟掘进面,确保工作面安全; ③成井速度快,月成井一般65~85m。 缺点:井壁接茬较多	适应不同深度和断面大小的井筒,也适应地质稳定程度不够好的情况,但要求对井筒涌水做预先处理

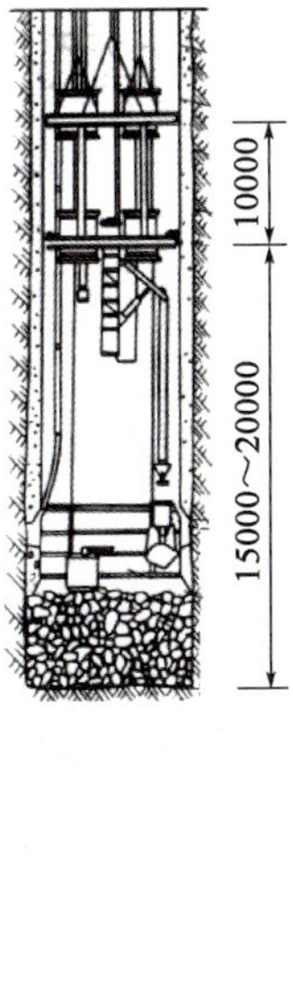

6.2.3 公路竖井与煤矿竖井施工方法的比较

《公路隧道设计规范 第一册 土建工程》(JTG 3370.1—2018)竖井衬砌主要采用复合式衬砌,适用于直径 $D \leq 7m$ 的竖井,复合式支护参数对应围岩级别Ⅴ级~Ⅱ级由强变弱,而实际划分围岩时往往井口至井底围岩越来越好,对应支护参数越来越弱,与竖井的受力方式不相适应。根据《公路隧道设计手册》井筒掘砌作业方式分为单行作业或平行作业,如图6-7所示。

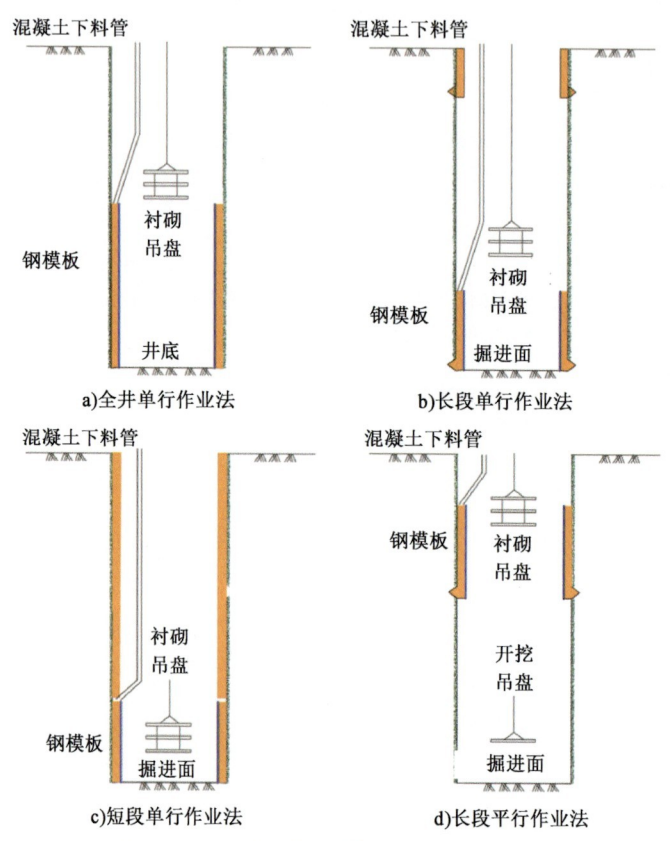

图6-7 公路竖井井筒普通钻爆法凿井施工示意图

通过对煤炭行业井筒掘砌作业方式的调研,公路竖井井筒的掘砌方式是煤炭行业立井较早的掘砌方式,存在如下局限性:

(1)全井单行作业:全井锚喷初期支护后,再自下而上滑模施作二次衬砌,成井速度慢,由于受到喷锚支护段高的影响,通常适用于竖井深度不宜超过100m的竖井。

(2)长段单行作业:公路竖井通常采用的方式,衬砌段高30~60m,需设置较多壁座,成井速度慢,月成井一般25~40m。

(3)短段单行作业:对于公路复合式衬砌竖井,设置初期支护没有意义,一般不采用。

(4)长段平行作业:施工组织复杂,井内吊挂设备多,一次性投入大,施工安全管理难度较大,几乎不采用。

借鉴煤炭行业立井施工经验,井筒采用单层整体活动钢模板灌注(钢筋)混凝土永久支护结构配合短段掘砌混合作业方式(即同一掘进和支护循环内,短段掘进和模筑混凝土支护两大工序交替进行施工),月成井一般 65~85m,而公路竖井复合式衬砌配合长段单行作业方式月成井一般 25~40m,模筑混凝土井壁永久井壁紧跟掘进面,施工安全,综合经济效益较平行作业和单行作业都要好。因此,这种单层模筑(钢筋)混凝土衬砌配合短段掘砌混合作业方式对于公路竖井为一种新工艺建井方式。

6.3 竖井最终建井方案

6.3.1 米仓山竖井最终设计

根据上述讨论,米仓山竖井最终采用二合一竖井设计方式,如图 6-8 所示,采用新工艺单层模筑(钢筋)混凝土衬砌配合短段掘砌混合作业法建设竖井,各参数见表 6-4。

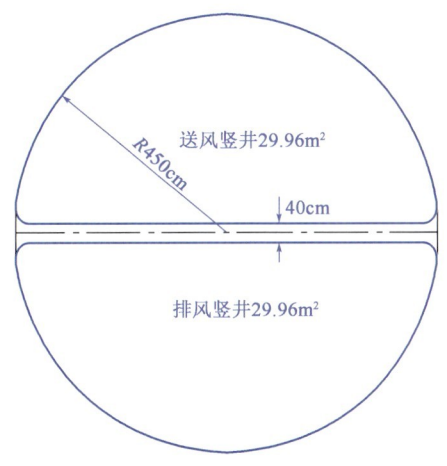

图 6-8 送、排风竖井合并后净空断面

竖井变更前后对通风阻力的影响　　　表 6-4

项 目	二合一设计	
	送风竖井	排风竖井
内径(m)	9.0	
断面面积(m²)	29.96	29.96
周长(m)	22.42	22.42
当量直径(m)	5.34	5.34
中隔壁厚度(m)	0.4	
竖井长度(m)	431.39	
设计风速(m/s)	14.44	
沿程阻力损失(Pa)	1323.0	
局部阻力损失(Pa)	3010.7	
总阻力损失(Pa)	4333.7(+33.3Pa)	

6.3.2 最终井底通风联络道连接方式

送、排风竖井二合一后,井底地下风机房和通风联络道平面布置如图 6-9 所示,左洞送风联络道和左洞排风联络道布置在竖井底部的最底侧,右洞送风联络道和右洞排风联络道高于左洞通风联络道 5.0m 布置。

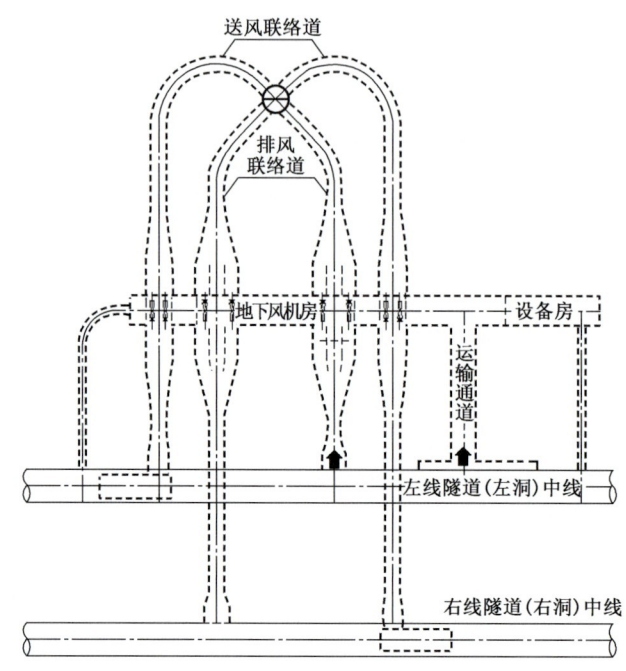

图 6-9　井底地下风机房和通风联络道平面布置

6.3.3 最终竖井施工方案

采用送、排风竖井二合一单井筒设计方案,竖井直径为 9.0m,建井完成后采用中隔板对竖井进行分割,分别作为送风联络道和排风联络道,净空面积均为 29.96m²。具体设计参数见表 6-4。

米仓山竖井施工最终采用单层模筑(钢筋)混凝土衬砌配合短段掘砌混合作业方式。井壁采用 C35 混凝土,井颈段采用钢筋混凝土,其他井筒段采用素混凝土,厚度均为 60cm。采用自上而下钻爆法正井开挖,重型机械化设备配套,洞口搭设提升井架,使用提升机垂直提升运输洞渣及其他材料。

6.4 深大竖井短段掘砌混合作业法施工与机械配套研究

现有众多竖井施工方法各有优劣,针对米仓山竖井的实际情况,选择采用短段掘砌混合作业法对米仓山竖井进行爆破施工,通过采用此法进行施工大大缩短了米仓山竖井的施工工期,大幅节约了施工成本,并且米仓山竖井的施工经验可为其他隧道竖井的修建提供借鉴。

6.4.1 主要施工设备配置

米仓山竖井为大直径公路通风竖井,具有工期紧、任务重、施工工艺复杂等特点,因而对施工设备的配置要进行综合评估和论证,保证设备配置的合理性,使之能满足施工需要。根据竖井施工特点,可以将施工过程分为锁口段施工和井身施工两个阶段,因而施工设备应根据两阶段来配置。

(1) 锁口段施工设备配置

井口表土段及井架基础施工采用 KOBELCO-260 挖机配合自卸汽车进行开挖出渣,支护采用组合模板衬砌。

(2) 井身施工设备配置

经过广泛调研煤炭行业施工经验,米仓山竖井施工选用凿井亭式井架,主、副绞车提升,采用风动伞形钻机打眼,中心回转抓岩机出渣,吊桶提升,短臂小回转半径挖掘机清底。风水电等管线采用凿井绞车悬挂方式吊挂,并随着施工进度向下延伸,井下的安全工作平台为上下两层的吊盘。

既有施工经验表明竖井凿井期间伞形钻机钻眼爆破、中心回转抓岩机出渣、滑动模板衬砌是竖井施工的三个主要工序,伞形钻机、中心回转式抓岩机、滑模则是竖井快速施工的三大件,而井架承担着人、机、材和渣石的运输任务,是整个工程的重中之重。

(3) 井架选择

目前竖井工程中普遍采用凿井亭式井架。根据井架高度、天轮平台尺寸及其适用的井筒直径、井筒深度等条件,亭式钢管井架共有六个规格,其编号为Ⅰ、Ⅱ、Ⅲ、Ⅳ、新Ⅳ和Ⅴ型,分别适用于井深 200、400、600、800 及 1200m。

新Ⅳ型与原Ⅳ型井架相比,主要是增大了天轮平台面积,提高了井架全高及基础顶面至第一层平台的高度,便于在卸矸台下安设矸石仓及用汽车运矸,也便于伞形钻架等大型设备进出井筒,同时也增大了井架的承载能力。而Ⅴ型井架则是专为使用千米立井而设计的。它具有较大的天轮平台,满足多种凿井设备的吊挂,具有较大的工作荷重和断绳荷重。各型号井架的技术规格见表6-5。随着我国井筒深度的加大及凿井机械化程度的提高,Ⅳ型以下的凿井井架已很少应用。

亭式钢凿井井架 表6-5

井架型号	井筒深度(m)	井筒直径(m)	主体架角柱跨距(m)	天轮平台(m)	由基础顶面至第一层平台高度(m)	井架总质量(t)	悬吊总荷重(kN)	
							工作	断绳
Ⅰ	200	4.6~6.0	10×10	5.5×5.5	5.0	25.649	666.4	901.6
Ⅱ	400	4.6~6.0	12×12	6.0×6.0	5.8	30.584	1127.0	1470.0
Ⅲ	600	4.6~6.0	12×12	6.5×6.5	5.9	32.284	1577.8	1960.0
Ⅳ	800	4.6~6.0	14×14	7.0×7.0	6.6	48.215	2793.0	3469.2
Ⅳ$_n$	800	4.6~6.0	14×14	7.25×7.25	10.4	83.020	3243.8	3978.8
Ⅴ	1100	4.6~6.0	16×16	7.5×7.5	10.3	98.000	4184.0	10456.6

选择凿井井架的原则是:能够安全地承担施工荷载;保证足够的过卷高度;角柱跨距和天轮平台尺寸应满足井口施工材料、设备运输及天轮布置的需要。一般情况下,可参照规格表选用井架。当施工工艺及设备与井架技术规格有较大差异,如总荷载虽相近但布置不平衡时,必须对井架的天轮平台、主体架及基础等主要构件的强度、稳定性及刚度进行验算。

从表6-5可以看出,目前井架多适用于直径6.0m以下的竖井,而米仓山竖井开挖直径达到了10.2m,因而应具有较大的安全富裕度,且考虑到后续更深竖井的施工,因而竖井井架选用V型井架。为满足伞钻悬吊高度,井架基础加高1.5m,天轮平台布置在井架的+27.964m平台,在+11.600m翻渣平台上布置两个渣石溜槽,配备座钩式自动翻矸装置,渣石落地后铲车装运配合翻渣汽车排渣。

(4)稳车选择

竖井施工过程,需要布置多台稳车来提升施工设备,根据工程特点,米仓山竖井施工过程中采用14台缠绕式凿井稳车并分南北布置,组成南北两个稳车群如图6-10所示。其中1、2号与3、4号吊盘稳车(JZ-16/1000)南北对称布置,1、2号与3、4号模板稳车(JZ-16/1000)南北对称布置,1、2号抓岩机稳车(JZ-10/1000)南北对称布置,压风管稳车(2JZ-10/1000)、排水管稳车(2JZ-16/1000)布置南侧,安全梯稳车(JZA-5/1000)、溜灰管稳车(2JZ-16/1000)布置于北侧。(JZ-X/Y,其中$X \times 10$为钢丝绳最大静张力,kN;Y为稳车功率,kW)

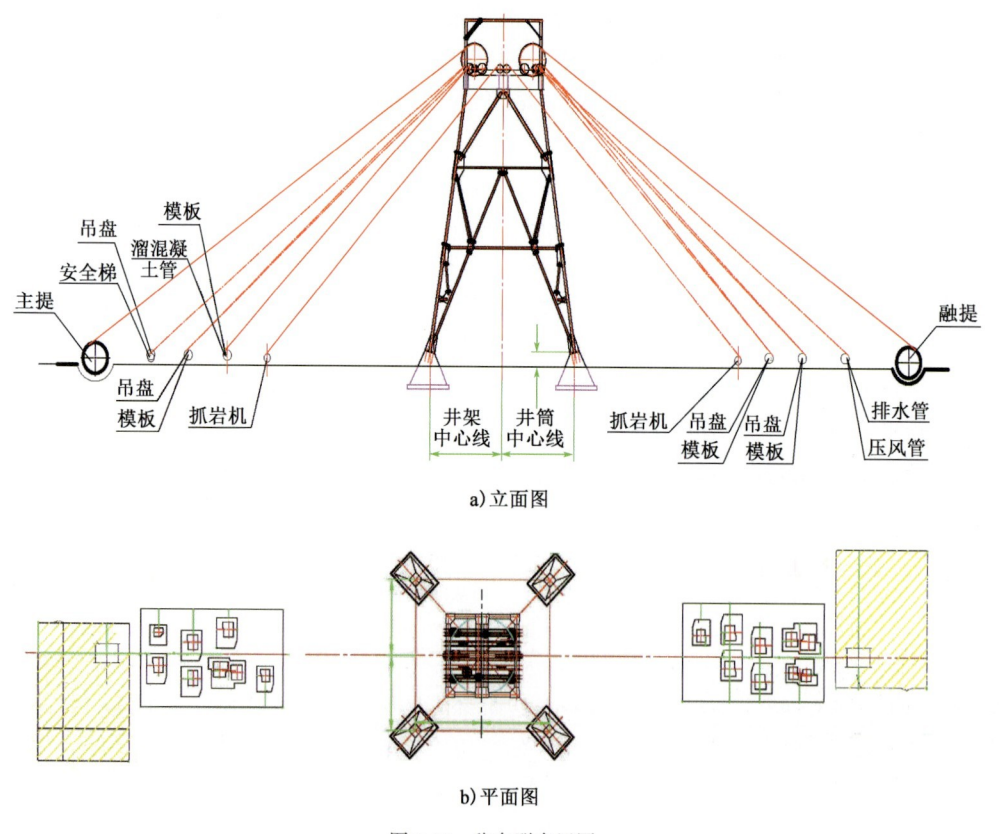

a)立面图

b)平面图

图6-10 稳车群布置图

主副提绞车分别安装在南北绞车房内,主要负责井下施工物资设备、渣石及人的提升工作,整套系统控制室设置在绞车房内由专人负责。

(5)凿岩设备选择

钻爆设备的选择是竖井快速掘进的前提,要达到理想的效果,首先要选好凿岩设备的型号,一般根据井架底层或二层的高度确定钻机的高度,根据井筒的直径确定钻机的最大炮眼圈径。米仓山竖井工程采用国产 SJZ-6.10 新型伞钻,伞钻适用井筒净直径为 8.0~10.0m,伞钻如图 6-11 所示。

图 6-11　伞钻

(6)出渣设备

出渣设备采用两台 HZ-6A 型中心回转式抓岩机,压缩空气工作压力为 0.5~0.7MPa,配备 0.6m³ 抓斗,抓岩能力可达到 50~60m³/h,如图 6-12 所示。

a)抓斗

b)抓岩机

图 6-12　抓斗和抓岩机

井下采用双大吊桶出渣,吊桶根据出渣的需要和井筒尺寸进行定做,米仓山竖井采用体积 $3m^3$ 的钢制吊桶。

(7)液压模板

竖井井壁施工常用的模板有木模板和金属模板,而金属模板有装配式模板、液压滑开式模板和整体下移式模板。目前竖井施工中普遍采用整体下移式模板。米仓山竖井施工过程中也采用整体下移式模板,模板由4台地面稳车悬吊,采用液压缸提供收缩力,模板高约3.8m。

6.4.2 竖井施工步骤

1)锁口段施工

首先根据设计提供的井筒十字桩,标定井中位置,根据中心确定荒径位置,然后十字基桩基点作为水准基点使用,控制井口高程。掘进采用挖掘机直接挖掘装罐为主,人工风镐、铁锹台阶式挖掘装罐为辅。掘进时根据实际情况采取临时支护,必要时采用井圈背板支护,以保证施工安全。挖掘时安设排水泵,及时将工作面的水排出。

井筒锁口设计净径为9000mm,一次施工8m,支护厚度500mm,混凝土强度等级为C40。井口设计高程为+1452.500mm(高出地坪1500mm)。

掘进采取台阶式环挖,掘进过程中根据实际情况采取必要的临时支护,采用锚喷网或井圈背板等形式,如有少量渗水则在渗流处铺设挡水布,安设导水管等设施将水引出。井筒工作面超前小井始终经周边超前1m左右,并安设排水泵,及时将水排出。

表土段施工前准备好临时井圈、背板和临时支护材料,以备应急时使用。

锁口掘够深度后,停止掘进,工作面绑扎钢筋,组装整体模板,进行浇筑混凝土作业,然后搭设工作台进行上部断面的浇筑混凝土施工,直到井口高程,到井口位置时按设计要求预留出封口盘梁窝位置,如图6-13所示,锁口施工全过程如图6-14所示。

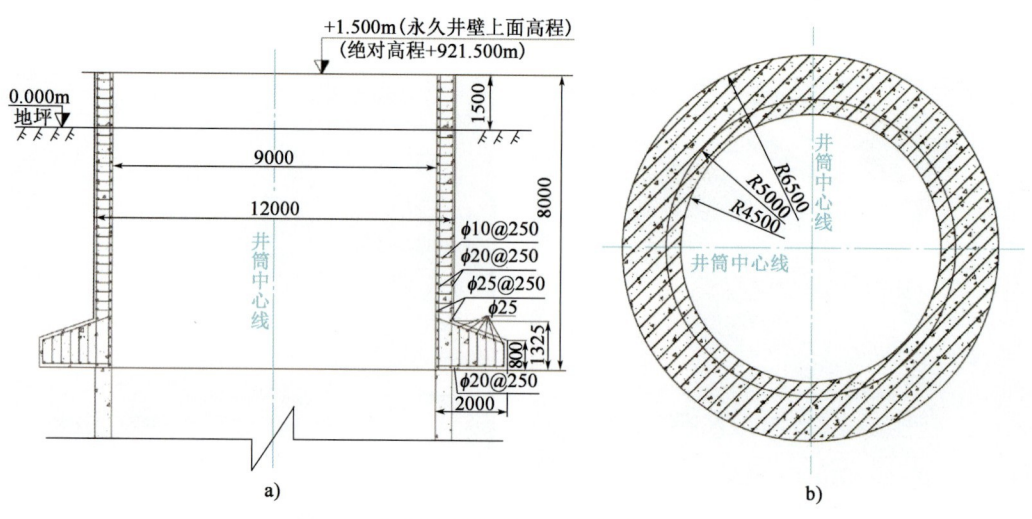

图6-13 竖井锁口段结构示意图(尺寸单位:mm)

图 6-14 竖井锁口段施工过程

2) 井身段施工

采用短段掘砌混合作业方法,每循环具体施工步骤可分为:钻孔、爆破、第一次出渣、衬砌施工、出渣、清底。具体如图 6-15 所示。

(1) 竖井钻爆

竖井开挖过程与隧道开挖过程类似,均采用钻爆法施工。

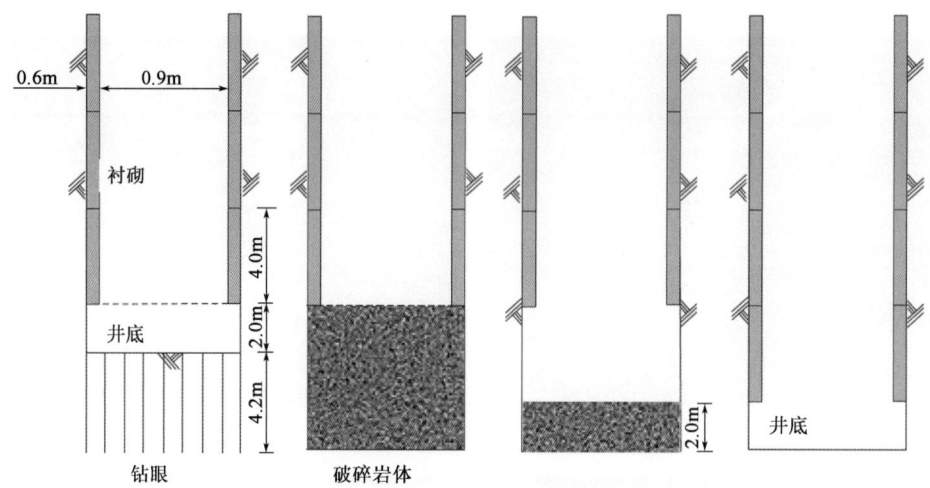

图 6-15 基岩段施工过程

在该过程中首先需要将伞钻下放到井底,同时人工接好高压风水管,操作竖向支撑臂手柄将伞钻竖向固定,操作三个横向支撑臂手柄将伞钻水平固定,同时由工人用卷尺沿开挖轮廓线画圆周一圈,标出周边眼位置,炮眼设计如图6-16所示。在做好准备工作后由工人操作6台凿岩机进行竖向钻孔作业。开挖过程中抽水工将水抽进副提吊桶内,通过副提升至二层翻渣台,卸至翻渣道,经排水沟进入三级沉淀池内。钻孔完成后用高压风将炮眼内残渣吹净,钻孔作业完成。

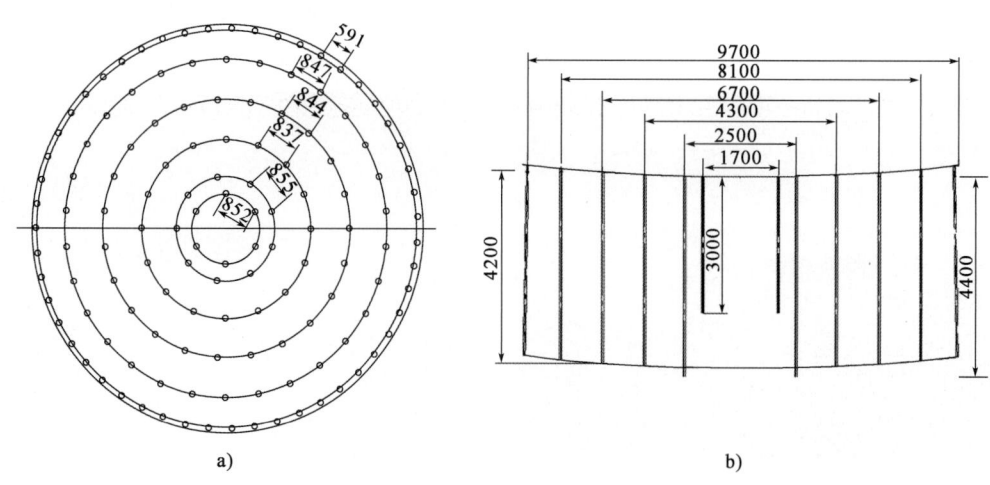

图 6-16 炮眼布置图(尺寸单位:mm)

爆破采用光面爆破,选用水胶炸药,药卷规格为 $\phi45\times500mm$,周边眼选用 $\phi35\times500mm$,6m 长脚线多段毫秒延期电磁雷管,380V 电源井上起爆。雷管选用 6m 长脚线毫秒延期电雷管,段号为 1、3、4、5、7,放炮基用 14 号铁线,放炮母线选用 $MY3\times16+1\times10$ 电缆,吊盘以下至工作面选用 2 根 $4mm^2$ 单股铜芯电缆做母线,380V 电源井上起爆。

爆破参数见表 6-6、表 6-7。

爆 破 参 数 表　　　　　　　　　　　表6-6

序号	眼别	眼数（个）	眼深（m）	角度（°）	装药量（卷/眼）	装药量（kg/眼）	起爆顺序
1	掏槽眼	6	3.0	90	5	4.0	Ⅰ
2	掏槽眼	9	4.4	90	6	4.8	Ⅱ
3	辅助眼	16	4.2	90	5	4.0	Ⅲ
4	辅助眼	23	4.2	90	5	4.0	Ⅲ
5	辅助眼	30	4.2	90	5	4.0	Ⅳ
6	周边眼	51	4.2	91	4	2.4	Ⅴ
合计		135	561.6			465.6	

预期爆破效果表　　　　　　　　　　　表6-7

序号	名称	单位	数量	序号	名称	单位	数量
1	炮眼利用率	%	90	6	每 m^3 原岩耗药量	kg/m^3	1.06
2	循环进尺	m	3.8	7	每 m 井筒耗药量	kg/m	122.52
3	循环爆破岩石	m^3	438.5	8	每 m^3 原岩雷管量	个/m^3	0.31
4	循环用炸药	kg	465.6	9	每 m 井筒雷管量	个/m	35.53
5	循环炮眼个数	个	135	10	每 m^3 原岩炮眼量	m/m^3	1.28

(2) 装岩与出渣

岩石量及装岩能力: 按照预想爆破效果, 每炮爆破后井筒松散矸石量约为 484.6m^3, 每台中心回转装岩机装岩能力为 50~60m^3/h, 可满足快速施工要求。抓岩机抓岩的顺序为: 抓出水窝→抓出罐窝→抓取边缘矸石→抓井筒中间岩石。抓岩机抓取岩石可分为两个阶段: 首先充分发挥抓岩机抓岩能力和提升能力, 尽快把堆积在井底的大量爆落矸石装运到地面; 接着采用小型挖机配合人工进行清底作业, 如图 6-17 所示。

a) 抓斗抓岩

b) 抓斗清底

图 6-17　抓岩机抓岩

3）井筒支护

（1）支护形式

井筒其余部分为素混凝土，井壁支护厚度为600mm。混凝土强度等级均为C35。

（2）支护方式

一掘一砌，整体移动式液压伸缩金属模板砌壁。

（3）模板的拆卸与组立

液压伸缩整体下移式金属模板仅有一条伸缩缝，脱模是靠安装在伸缩缝两侧的4个液压缸同时向内收缩，带动模板进行收模工作，从而达到脱模的目的。脱模下移到预定位置时，靠液压缸同时外伸，使模板撑大至设计尺寸，操平找正并固定牢固后，便可进行浇筑混凝土作业，为了确保井壁接茬质量，模板下部设计45°斜面刃脚，模板上部设浇筑口，如图6-18所示。

图6-18 衬砌模板

拆模：从井上将风动液压泵站下到井底，接上风带，并将液压缸对上高压油管，接头要绝对干净，开动风动液压站，启开高压阀门，使液压缸工作带动活塞内收，使模板脱开井壁。

组立：模板拆下后，有信号工与井上稳车房联系，下放模板到预定位置开始组立，将高压阀门打开到减压位置，使模板恢复到设计尺寸，将模板找正并固稳牢靠；刃脚没有落到矸石上的地方，用矸石填实，并撒上一层砂以防跑浆；打开模板上的脚手架杆，将脚手架杆支好，模板即组立完成。

6.5 竖井施工地下水控制及防排水技术

6.5.1 突涌水的预防及处置措施

国内外许多地下工程在修建过程中都发生过涌水甚至突泥灾害，如日本青函隧道、我国大瑶山隧道和军都山隧道等，在成昆铁路的415座隧道中，在施工期间有93.5%的隧道发生不同程度的涌水或突水灾害，其中涌水量超过10000m^3/d的有8座，而严重涌水者13座。

涌水的存在会填塞坑道、淹埋设备，给地下工程施工带来巨大的困难，严重者还会造成人员伤亡。若施工时对隧道涌水认识不足，防排和处理措施不当，还会不同程度地影响正常运营。因而在施工过程中对于突涌水要有足够的认识。

对于突涌水地预防主要遵循"以排为主、防排结合、因地制宜、综合治理"的原则，确保地下工程建成后达到洞内基本干燥、结构和设备能正常使用和行车安全的目的，按照"截、堵、排"的防排水目的，可采取以下防水措施：

(1) 依据水文、地质资料，将竖井地表水用浆砌片石或现浇混凝土截水沟排出。
(2) 将竖井内渗透水的地表裂隙源头进行人工夯填后封抹砂浆，截住补给水源。
(3) 采用光面爆破法进行隧道开挖施工。
(4) 做好支护结构的防水，避免渗透水侵入隧道。

6.5.2 竖井突涌水施工的关键技术

隧道与地下工程施工及运营期引发的突涌水是经开挖揭露或地下水体突破了阻水岩柱的限制，具有一定流速及流量，对地下工程造成严重危害，在埋深大或地温异常区，突涌水还常伴随高温等特点。这种由于地下工程开挖揭露或阻水岩柱失稳形成的具有一定压力与流量，并对地下工程施工建设安全、生态环境平衡和工程长期稳定产生影响的地下水称为动水。隧道及地下工程建设及运营期遭受的水害基本上属于动水，不同的含导水通道类型造成的动水特征不同，其治理方法及难易程度亦有很大差别。下文将针对发生频率高、治理难度大的三种突涌水类型进行水文地质条件分析，这三种突涌水类型分别为节理裂隙型突涌水、富水断层破碎带突涌水及管道型突涌水。

1) 节理裂隙型突涌水

该类型突涌水治理原则如下所述。

(1) 地质先行，先探后堵

首先通过地质勘察和水文地质资料分析，充分认识治理区域的水文地质条件，分析致灾含水层(体)及区域含导水构造形式；然后采用综合探测方法对治理区域含导水构造探测，确定主控含导水构造空间形态及分布特征，并结合后期钻探资料，进行动态修正。

(2) 以堵为主，可控引排

考虑涌水量、致灾含水层(体)作用于涌水区的静水压力、围岩等级等因素，综合确定以堵为主、可控引排的治理方案，兼顾工程安全和地下水资源保护。

(3) 上游布孔，深部引排

动水对浆液的扩散具有较大影响，在复杂的涌水治理中，特别是水压高、水量补给充沛的地质环境中，必须在来水方向上游的深部围岩布设引排孔，以降低治理靶区的水压，减小流速，从而为浆液的最佳扩散和封堵创造条件，同时也是涌水路径彻底封堵后，减小围压、保证围岩安全稳定的有效途径。

(4) 优选钻孔，关键孔注浆

用多因素层次优选理论优选注浆钻孔，根据动水浆液扩散理论确定最佳的浆液配比参数和注浆参数，计算浆液的有效扩散范围和封堵区域，从而指导后续钻孔的设计和定位。

(5) 实时监控,信息化施工

在注浆过程中,对涌水量、注浆压力、注浆量和围岩变形等内容进行实时监测记录,同时建立信息化施工平台,实时反馈监测信息,及时调整设计和优化注浆参数。

节理裂隙涌水注浆封堵流程如下:

①通过涌水区域地质及水文地质条件分析,确定涌水水源或涌水补给类型。

选取适宜的物探方法对涌水区域进行探测,基本探查出主要含导水构造发育特征及重点涌水区域富水性情况,确定注浆堵水工程治理重点区域,并综合地质分析和物探成果,进行初步钻孔设计。

②在重点治理区域内施工注浆钻孔,并详细编录钻孔揭露的地质及水文地质情况,结合探测结果,深化对含导水构造的认识。

③对各个钻孔进行连通试验,结合多方面信息进行钻孔质量评价,划分钻孔质量等级,确定关键孔。针对关键孔设计注浆方案,并根据注浆期间水量、水压和围岩变形监测数据,动态调整、优化注浆方案,最后整理资料,并对注浆效果进行总结评价。

2) 富水断层破碎带突涌水

(1) 富水断层破碎带突涌水治理原则

①地质与物探相结合。

基于地质学方法及地球物理探查技术,查明断层破碎带空间展布形态及围岩完整性,判识致灾水源;通过钻孔岩芯的岩土力学试验及水力学试验,查明充填介质工程地质性质及水文地质特征;最终获得"致灾水源—破碎带特征—围岩等级"的三位一体的综合探查信息。

②深部引流泄压与浅部注浆加固相结合。

基于引流泄压原理,在围岩稳定区向致灾水源上游或断层破碎带深部地下水主要径流通道上施工截流钻孔,以分流断层揭露处的涌水量,减小施加在涌水区围岩上的荷载,防止在注浆过程中围岩条件恶化而发生次生灾害。在深部截流钻孔基础上,对涌水区进行浅部逐层精细化径向注浆加固,使之形成稳固加固圈。

③支护强化与围岩稳定性监控相结合。

富水断层破碎带及影响范围区内岩体破碎、自稳能力差,注浆过程中无法承受过高的注浆压力,不利于岩体稳定和注浆安全,注浆前亟须对影响范围内的围岩进行支护加强,防止围岩垮塌。同时,注浆工程中,应对全过程中的涌水量及围岩变形量进行实时监测,并以这些数据指导注浆参数的动态调整,确保注浆过程安全进行。

④治理效果评判与长期稳定保障相结合。

治理过程中以注浆量、注浆速率、涌水量衰减值作为主要过程控制参数,以围岩变形收敛值及注浆压力作为主要安全控制参数,动态调整方案设计,以最佳封堵效果为目标。注浆工程主体结束后,应综合考虑断层破碎带充填介质岩性及结构特征、浅部加固圈强度及静水压力。

(2) 注浆影响段强化支护设计

地下工程揭露的断层破碎带,其涌水往往只发生在破碎带内最薄弱处。在进行注浆处治之前,应加强其他断层破碎带或断裂影响带区域的支护,以针对该区浅层围岩稳定能力被动补强,达到防止浅部围岩垮塌和保证注浆人员和设备安全的目的。

(3)深部引流泄压孔设计

根据前期水文地质和地球物理探测资料,确定致灾含水源及破碎带内地下水主要径流路径,指导深部引排泄压孔设计和布置,若致灾水源与地下工程相对位置较近,可将引流泄压孔钻进至含水层(体)内部,人为改变含水层(体)地下水流场,减少富水断层破碎带内涌水量;若致灾水源距地下工程开挖较远,甚至是地表水体,则应将引流泄压钻孔布置在破碎带内地下水主要径流通道上游,起到分流和泄压的作用,减少地下工程开挖面的涌水量。为防止钻孔堵塞,全孔下入大口径无缝热轧钢管,钢管凿成花管式样,并于外侧用土工布或滤网包裹,而对全程穿行于破碎带的引排孔,则需在顶部做成尖锥状,防止封堵和利于顶进。

(4)帷幕注浆加固方案设计

根据致灾水源与地下工程开挖面距离、通水量、静水压力和浅层围岩自稳能力,综合确定地下工程注浆帷幕加固圈厚度、布孔数量及注浆孔深部。注浆加固钻孔的布置应遵循均匀布孔、梅花形布孔及多圈层布孔原则,以求各孔浆液扩散范围适度重叠且无注浆盲区,使加固区内围岩得到均匀加固,形成连续、均匀的注浆加固圈。一般对于揭露部分富水断层破碎带的地下工程,采用全断面帷幕注浆方法进行围岩加固;而对于已穿过富水断层破碎带的地下工程,一般采用周边帷幕注浆或局部帷幕注浆方法。

(5)注浆材料及工艺选择

富水断层破碎带浅部注浆加固采用凝胶可控性浆液及单液水泥浆相配合的注浆材料,获得浆液扩散可控及加固圈内高强结石体的双重效果,凝胶可控性浆液可选用 CS 双液浆及 GT-1 新型堵水注浆材料。

注浆工艺采用前进式分段控制注浆工艺,即利用钻机进行钻、注交替作业的注浆方式,防止局部优势薄弱区扩散过远,利于浆液均匀扩散和均匀注浆帷幕圈的形成,可有效避免注浆盲区。

3)管道型突涌水

(1)管道型突涌水治理原则

①补充水文地质调查与物探相结合。

分析隧址区气象水文资料,通过补充水文地质调查及水文示踪试验,确定管道涌水与地表水间联系的密切程度及管道结构特征;利用综合物探方式对隧道围岩内含导水构造探查,查明管道空间形态特征及伴生岩溶裂隙发育规律,综合确定注浆治理范围和位置。

②管道型突涌水治理与伴生裂隙涌水治理相结合。

岩溶管道与区域大型溶洞等岩溶构造相连通,静储量大、补给充足;涌水具有突发性、强冲击力及后期涌水量稳定的特点,主要起输水作用。伴生的岩溶构造多与管道相连通,主要起到储水和导水作用。注浆治理应坚持管道涌水治理为主、裂隙涌水治理为辅的原则,标本兼治,保证治理效果。

③涌水治理与环保相结合。

岩溶区水文生态环境脆弱,岩溶水是当地主要工农业生产用水及居民生活用水,涌水的大量排放引发严重生态问题和社会问题。治理过程中应特别注意生态保护,避免注浆对地下水生态环境造成污染和危害,主要体现为选择环境友好型浆液。

④限量排放与跟踪监控相结合。

管道型突涌水治理应做到以堵为主、限量排放,以防止对地下水环境造成过大影响。由于地下管道结构复杂,与地表水及其他区域地下水联系密切,突涌水管道完全承压型可能引起薄弱区阻水岩柱因开挖扰动及水力劈裂发生失稳,造成涌水反复,因此应允许限量的可控排放。同时,注浆治理过程应根据围岩稳定性及注浆压力等监测数据动态调整方案设计,确保施工安全。

(2)管道型突涌水注浆封堵流程

①基于隧址区气象水文资料、补充水文地质调查及水文示踪试验,研究突涌水管道与地表水间联系方式及突涌水管道结构类型与分布规律;基于综合物探手段,对地下工程围岩内含导水管道及裂隙进行探查,研究管道空间形态及导水裂隙分布特征。综合确定关键治理靶区,包括其类型及范围特征。

②在突涌水管道直接揭露点,直接下入孔口管,采用模袋封孔工艺注入浆液充填、封堵岩溶管。若揭露涌水点流量大、水压高,孔口管安置困难,则需在岩体稳定区利用回转钻机施作大口径探查钻孔若干个,揭露岩溶管道,起到临时引流泄压作用;探查钻孔在揭露岩溶管道前,应做好孔口管的安置和高压封固,并于端部安装防喷装置及高压阀门,使岩溶水可控排放.对隐伏性岩溶管道,可在治理地点,利用回转钻机施工钻孔,揭露主要突涌水管道,此后进行注浆封堵。

③若岩溶管道伴生岩溶裂隙发育,随着岩溶管道封堵,地下水逐渐蓄势储能,促使岩溶裂隙扩展贯通,或使其内部充填物冲出,形成突涌水通道。该类型的突涌水治理一般选择浅层径向注浆加固方法进行处置,在岩溶裂隙发育区遵循均布、梅花形、分序次等原则进行注浆孔布置,隔水圈(加固圈)层厚度为 3~5m,环向间距 2~3m,纵向间距 1~2m。

④依据物探探测结果,划分岩溶管道系统及岩溶裂隙重点发育区,即隐伏劣势围岩段,注浆过程中加强这些区段围岩变形监控,并据监测数据反馈至浅层注浆钻孔设计参数及注浆参数的调整,保障工程安全。

⑤注浆材料选择时兼顾环保及耐久性要求,岩溶管道涌水治理可采用普通水泥浆和双液配合使用,浅部注浆加固宜选择速凝类注浆材料,注浆工艺则主要使用模袋注浆工艺。

第7章

地下风机房及通风联络道施工

长大高速公路隧道往往需要设置地下风机房以满足运营通风和防灾救援的需要。而地下风机房开挖高度和跨度远大于正常隧道，因此地下风机房及其附属结构的施工往往是整个隧道工程的重点。本章主要介绍了米仓山隧道风机房及其附属结构的施工情况，包括地下风机房的开挖、通风联络道单层锚喷支护的应用以及交叉口部位的施工情况。

7.1 地下风机房开挖

7.1.1 地下风机房概况

米仓山隧道通风竖井地下风机房及通风联络道共包含11个交叉口、2个人行通道、1个运输通道、2个排风联络道、2个送风联络道及1个地下风机房，如图7-1所示。前期地勘报告显示，隧道洞身范围内围岩为石英闪长岩，较完整~完整，呈巨块状镶嵌结构或块状整体结构，局部具有高地应力。隧道开挖围岩成洞性、稳定性均较好，无支护时局部可能会发生中等岩爆条件。地下水不发育，开挖时主要以点滴状、浸润状产出。米仓山隧道地下风机房及通风联络道施工中存在许多难题：

（1）通风联络道坡度较大：右洞送风联络道在跨越左洞拱顶时的坡度分别为25.31%、17.79%，右洞排风联络道在跨越左洞拱顶时的坡度分别为29.95%、15.44%。

（2）交叉口众多：各种交叉口达11个，洞室纵横交错，施工组织困难，开挖后围岩处于十分复杂的应力状态。

（3）近接施工问题：送排风道上跨左洞洞顶时最小间距仅5m，若施工处置不当，极易造成主洞衬砌结构开裂破损。

（4）开挖断面大：地下风机房开挖宽度11.60m，开挖高度14.05m，由于断面过大，导致施工与支护都面临很大难度。

（5）地质条件复杂：地下风机房围岩以石英闪长岩为主，岩性坚硬，地应力高，岩体完整，具有岩爆风险。

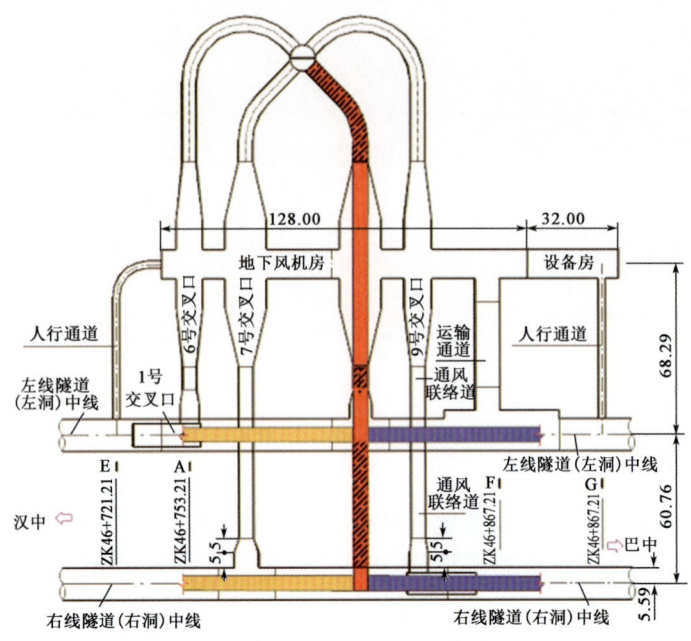

图 7-1　地下风机房及通风联络道平面布置图(尺寸单位:m)

原设计方案中,通风联络道初期支护采用 $\phi22$ 药卷锚杆(锚杆长 250cm)、$\phi6.5$ 钢筋网(规格:25cm×25cm)、C20 喷射混凝土(喷层厚度 10cm),二次衬砌为 C25(钢筋)混凝土拱墙,设计厚度为 35cm。风道采用喇叭口形开口,洞身开挖、二次衬砌面临变截面施作,这大大增加了施工难度,减小了施工速度。

7.1.2　地下风机房常见开挖方法

(1) 多台阶开挖方法

由于布置风机的需要,一般地下风机房的开挖跨度和高度都较大,施工难度大。目前地下风机房的开挖主要采用多台阶开挖法或导洞开挖方法。如汾阳至邢台高速宝塔山特长隧道斜井地下风机房采用多台阶法施工,其地下风机房最大开挖宽度为 19.92m,最大开挖高度为 17.174m。

宝塔山隧道排风机房施工断面如图 7-2 所示,施工工序主要包括:①排风道开挖掘进第 1 台阶,开挖方向与水平夹角120°,台阶高 4~5m;②开挖第 2 台阶,台阶高 4m,平台长 2m,宽 4~5m,开挖方向与水平夹角120°;③开挖第 3 台阶,台阶高 3~4m,平台长 2m,比前一平台左右各加宽 1m,开挖方向与水平夹角120°;④开挖到风机房顶,平台长 2m,与前一平台同宽;⑤排风口开挖掘进第 1 台阶,开挖方向与水平夹角135°,台阶高 4~5m;⑥开挖第 2 台阶,台阶高 4m,平台长 2m,宽 4~5m,开挖方向与水平夹角120°;⑦开挖第 3 台阶,台阶高 3~4m,平台长 2m,比前一平台左右各加宽 1m,开挖方向与水平夹角120°;⑧开挖到风机房顶,与另一端贯通,扩挖拱顶部;⑨扩挖第 3 台阶;⑩扩挖第 2 台阶;⑪扩挖第 1 台阶;⑫施工底部;⑬施工二次衬砌。

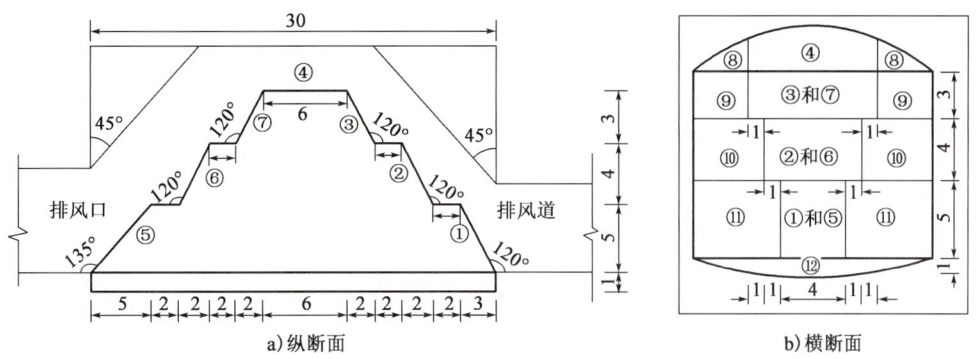

图 7-2 宝塔山隧道排风机房施工断面(尺寸单位:m)

(2) 导洞开挖方法

部分地下风机房采用导洞开挖方式,在施工过程中先采用导洞贯通,然后分层扩挖,如大相岭泥巴山特长隧道就采用这种方法开挖。泥巴山隧道风机房长 104.72m,开挖断面11.6m(宽)×14.05m(高),断面形式为直墙+拱部拱形形式,施工顺序如图 7-3 所示,主要包括:①17%坡度的导洞施工;②风机房中台阶施工;③风机房上挑段施工;④风机房下台阶施工。

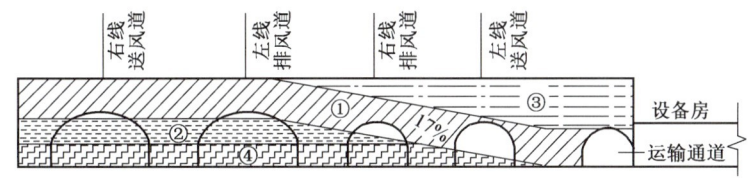

图 7-3 泥巴山隧道地下风机房施工顺序示意图

其中导坑采用 17%的坡度施工至风机房顶部。导坑的临时支护(长度 45m)参数:φ42 超前小导管支护(环向40cm,纵向1m)、I18 工字钢(间距1m)、φ22 锚杆支护、φ6.5 钢筋网(间距20cm×20cm)、C20 喷射混凝土(厚度 20cm)。开挖采用人工风钻钻孔,非电毫秒雷管松动爆破,施工时短进尺、弱爆破,以减少对围岩的扰动,通过加强支护手段,确保施工安全与质量。地下风机房施工步骤③时需要进行挑顶扩挖施工,施工前在导洞内堆 4~5m 高的洞渣作为挑顶施工平台,然后在平台上摆放开挖支护台架进行钻爆作业及支护作业。具体如图 7-4 所示。

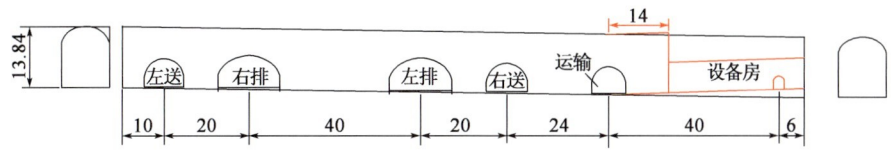

图 7-4 地下风机房布置图(尺寸单位:m)

7.1.3 米仓山隧道地下风机房开挖方法

米仓山地下风机房在施工之前已采用竖井辅助主洞施工,因而左洞排风洞已施工完成,综合考虑施工难度及施工进度,决定在施工过程中先通过左洞排风洞向风机房两侧开挖导洞,然后再进行分层开挖,具体施工顺序(图 7-5)如下所示。

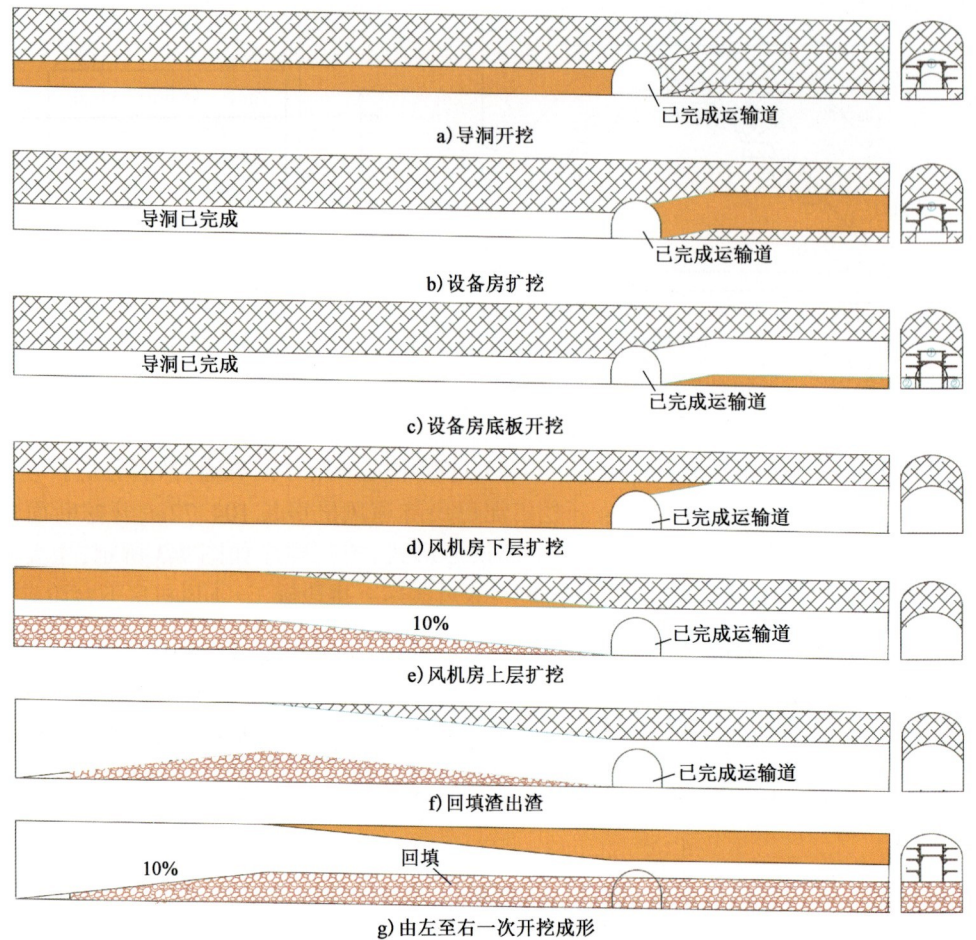

图 7-5 米仓山地下风机房施工顺序图

（1）通过左洞排风洞向左右两侧开挖导洞，为了充分利用既有设备，节约施工成本，导洞开挖断面与通风联络道断面一致。

（2）扩挖设备房。在设备房开挖时由于受运输道开挖台车进出限制，底板由运输道开挖至人洞，长14m，拱顶挑高2.1m。

（3）开挖设备房底板。在上两个阶段采用联络道低台车，不能满足后续扩挖需要，因而在本阶段将设备房底板原设计的上坡改为下坡，与风机房底板纵坡保持一致，并加高台车。

（4）进行风机房下层扩挖。采用加高后的台车从设备房向左进行扩挖，扩挖拱顶高8.4m。

（5）在风机房下层扩挖完成后，留部分渣作为开挖平台，由运输通道位置起坡，其中坡长63m，坡度为10%，扩挖至拱顶，然后水平向左侧扩挖至设计位置。

（6）在上步开挖完成后，由左端底板10%，长46m，将该部分回填渣出完，便于湿喷机、罐车、渣车、挖机从左端人洞进出。

（7）开挖台车在运输道交叉口调向，并由风机房左端向右端一次性将风机房扩挖完成。

（8）将虚渣运输至隧道外，至此地下风机房扩挖完成。

地下风机房开挖过程如图 7-6 所示。

图 7-6 地下风机房开挖过程照片

施工时采用人工风钻钻孔,非电毫秒雷管松动爆破,施工时短进尺、弱爆破,以减少对围岩的扰动,通过加强支护手段,确保安全与质量。在分部施工的同时完成各部的钢筋网、锚杆及喷射混凝土的施工。在三台阶施工完成后进行钢拱架安装。施工设备配置见表 7-1。

地下风机房施工设备配置表　　　　表 7-1

序　号	机械名称	数　量	序　号	机械名称	数　量
1	STB-80 扒渣机	1	5	50 装载机	1
2	UQ-5 地下自卸车	4	6	20T 自卸车	4
3	ZL-926 装载机	1	7	神钢 200(挖掘机)	1
4	凯斯小挖机	1			

7.2 地下风机房及通风联络道单层锚喷支护

7.2.1 地下风机房通风联络道取消二次衬砌的可行性

1) 国外单层锚喷支护的应用现状

国际隧道与地下空间协会(International Tunnelling Assoiation,ITA)第 12 工作组在《喷射混凝土的应用》总结报告中指出,喷射混凝土永久衬砌的应用已迅速增加。

巴西在 20 世纪 70 年代中期就提出用喷射混凝土代替 26m 跨度的 Paulo Afonso Ⅳ 号地下发电厂的 1.5m 厚模筑混凝土衬砌的建议,采用 15cm 薄的喷射混凝土衬砌,节省了大量的混凝土。在20世纪30年代初用新奥法修建的第一座圣保罗地铁隧道,是用喷射混凝土作为永久衬砌的,这些隧道的喷射混凝土支护仍然处于良好状态。圣保罗二环路西部的3座双线大断面隧道(断面面积为200m^2,4车道)施工期间也是采用永久喷射混凝土衬砌代替了模筑混凝土衬砌。

捷克已经采用喷射混凝土作为公用隧道和运输隧道部分路段的永久衬砌。莱索托隧道约5.6km长的输水隧洞采用喷射混凝土永久衬砌,其中一个理由是该方案可以解决工期延迟问题。

挪威政府的公共道路管理部门对公路隧道的喷射混凝土衬砌进行了全面调查,得出以下结论:现有喷射混凝土的情况总体上是好的,但在一些地点与喷层较薄之处发生了劣化和分层,建议喷层最小厚度为60mm,甚至在海底公路隧道部分地段,有含盐的水进入和氯化物的浸透,局部已产生钢纤维腐蚀问题。

下面简要介绍国外一些国家采用喷射混凝土作为永久支护的情况。

(1)挪威法中的喷射混凝土支护

在挪威的地下工程建设中首次使用喷射混凝土是在1952年,初期以干喷和薄层为主,由于湿喷的应用改变了此方法的应用现状。自1980年以来,由于可靠的机械和高质量的混凝土,湿喷混凝土得到了广泛的应用,该方法可以作为初期支护和永久支护。为了推行湿喷混凝土,1995年挪威公路管理局发布了《隧道喷混凝土的正确使用》的文件;并在此基础上,研究了在挪威隧道中所取得的经验,又制定了喷射混凝土的"基本做法守则",对喷射混凝土补强给予了特别的关注。

(2)美国的喷射混凝土永久支护

美国《公路隧道设计施工手册》提出,若喷射混凝土与模筑混凝土衬砌的质量相当,就可以用前者代替后者。其表面的外观可以根据所需的项目目标进行修整,但可能仍然比较粗糙;如果采用抹刀抹平,就可以得到与模筑混凝土质量相媲美的表面。喷射混凝土作为最终衬砌通常是与初期的喷射混凝土相结合,应在符合下列条件时采用。

①隧道长度较短,断面较大,不值得投资模板,如长度小于150~250m、起拱线处宽度大于8~11m的隧道。

②出入困难、分期模板安装和混凝土输送有问题的场合。

③隧道几何形状复杂,需要定制模板时,如隧道交叉口以及分岔的加宽和台阶式断面开挖等形式。

(3)日本的喷射混凝土永久支护

日本的隧道支护,基本上采用复合式衬砌构造,只是在个别场合(例如青函隧道在作业坑道等小断面的隧道中),才采用喷射混凝土作为永久支护。但近几年也展开了喷射混凝土作为永久支护的研究。根据这些研究,喷射混凝土若能充分发挥与围岩的附着强度,会提供很大的支护承载力防止岩块脱落。喷射混凝土作为永久结构物时,要同时具有作为初期支护和永久衬砌的功能。为此,对作用荷载要进行核查以确保构造的安全性能。

喷射混凝土衬砌的喷射对象不包括仰拱。从开挖断面看,喷射混凝土衬砌的标准断面比复合式衬砌的标准断面宽度减少40cm、高度减少20cm。喷射混凝土在通常的喷射厚度基础上,若开挖后确认位移已经收敛,需再在喷射混凝土衬砌上喷射10cm的保护层,提高其安全度。

(4)法国隧道协会的建议

法国隧道协会在2000年发表的《地下工程喷射混凝土设计》一文中,对喷射混凝土作为永久支护(二次衬砌)提出如下建议:

法国隧道协会将喷射混凝土分为3种类型,即作为围岩保护层的喷射混凝土、作为初期支护的喷射混凝土和作为永久支护的喷射混凝土。下面主要说明作为永久支护的喷射混凝土,即喷射混凝土衬砌。

这种类型的喷射混凝土应设计为结构体,并能够承受法向力和弯矩。围岩支护是厚的喷射混凝土壳体(数百毫米厚),具有单独维护坑道整体稳定的能力。此混凝土可以用也可以不用纤维补强;此壳体与锚杆或钢支撑并用对结构的力学性能具有直接影响。

另外,壳体必须有相当的厚度,以保证类似拱结构的整体效应。壳体的最小厚度应考虑施工的可能(开挖轮廓不规则,取决于围岩条件和开挖方法),为确保质量,壳体的厚度应等于设计采用的理论值。壳体的主要目的是保证开挖的整体稳定性,喷射混凝土壳的作用是限制开挖后的收敛变形以及避免围岩过度松弛。

2)国内单层锚喷支护的应用情况

关宝树(2016)在《漫谈矿山法隧道技术》一文中曾经说到,"国外隧道衬砌结构形式目前分为以锚喷支护为主体的支护结构体系和以复合式衬砌为主体的支护结构体系,是并存的;对我国来说2种支护结构体系也应该是并存的。在围岩条件良好的情况下,应大力推进以锚喷支护为主体的支护结构体系;在围岩条件较差的场合,则应以复合式衬砌支护结构体系为主体",这表明:在一些围岩条件较好且二次衬砌难以施工的情况下,采用以锚喷支护为主体的支护结构体系是可行的。

根据前述《公路隧道设计规范 第一册 土建工程》(JTG 3370.1—2018)所规定的衬砌设计相关内容可知,在复合式衬砌的二次衬砌中,Ⅰ~Ⅲ级围岩中复合式衬砌为安全储备,并按照构造要求设计,只在Ⅳ、Ⅴ级围岩中为承载结构并采用地层结构法计算内力和变形。在规范中,Ⅰ~Ⅲ级围岩中联络道二次衬砌厚度全部为20cm,确实仅作为构造厚度进行设计,即将二次衬砌作为安全储备。表明规范内容存在较大的结构安全储备。

7.2.2 地下风机房单层锚喷支护受力分析

(1)本构模型及计算参数

采用三维有限差分软件FLAC3D对米仓山特长公路隧道地下风机房及通风联络道的围岩—支护体系进行数值模拟,分析不同支护结构形式和支护参数的适用性,并分析其安全性。模型中围岩采用修正Hoek-Brown本构模型,考虑施工过程对围岩的扰动,由于石英闪长岩蠕变作用不明显,计算中不考虑岩体蠕变影响。

根据地质资料,米仓山隧道竖井围岩级别主要以Ⅲ级围岩为主,计算参数根据《米仓山隧道施工图设计说明》及《公路隧道设计规范 第一册 土建工程》(JTG 33701.1—2018)取值,围岩物理力学参数见表7-2,竖井结构支护参数见表7-3。

围岩物理力学参数 表7-2

围岩级别	深度(m)	H-B 岩石参数 m_i	地质强度指标(Geological Strength Index, GSI)	岩体特征经验参数		
				m_b	s	a
Ⅲ	-303 ~ -102	20	55	4.01	0.00674	0.5
Ⅳ	-102 ~ -51 -387 ~ -303	20	35	1.96	0.00073	0.5
Ⅴ	-50 ~ 0 -435 ~ -387	15	20	1.15	0	0.55

竖井结构支护参数 表7-3

支护方式	重度 $\gamma(kN/m^3)$	弹性模量(GPa)	泊松比
药卷锚杆	78.5	210	0.20
喷射混凝土	25.0	20	0.20
模筑混凝土	25.0	31.5	0.2
喷射钢纤维混凝土	25.0	23.6	0.28

(2) 模型及边界条件

建立好的三维计算模型如图7-7所示,由于在数值计算中采用的模型边界条件与实际工程真实边界存在一定的差异性,为了消除所采用的边界条件与实际岩体真实边界之间的差异性,实际确定的计算范围应大于围岩应力调整变化的范围(一般为隧道直径的4~5倍),本次计算中模型高度和宽度均取100m,模型前后、左右边界设置为水平位移约束边界,下边界设置为竖向位移约束边界,上边界设置为应力边界。

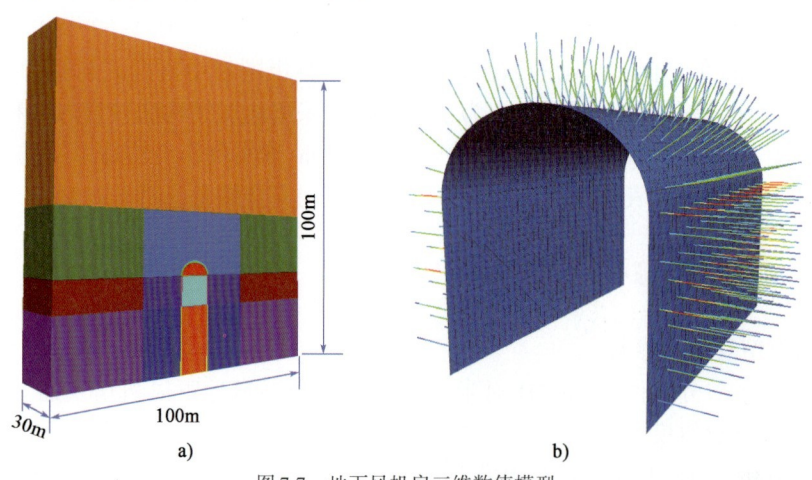

图7-7 地下风机房三维数值模型

围岩和模筑衬砌支护采用四节点实体单元模拟,锚杆采用锚索(Cable)单元模拟,喷射混凝土采用壳(shell)单元模拟。本节主要研究内容为竖井结构的静力稳定体系研究,故忽略次要施工步骤对结构模型静力的影响,仅采用材料的"生""死"和改变材料参数的方法对地下风机房和通风联络道进行模拟开挖与支护的施作。

计算工况见表7-4。

地下风机房各工况具体参数　　　　表 7-4

工况	锚杆长度(cm)及直径(mm)	钢筋网(mm@cm×cm)	喷射混凝土厚度(cm)	喷射钢筋混凝土厚度(cm)	模筑混凝土
1	—	—	—	—	—
2	300φ22	φ6.5@25×25	15	—	60cm 厚 C25 钢筋混凝土
3	300φ22	—	—	20	—
4	300φ22	—	—	30	—

(3) 围岩塑性区分布

各种计算工况下风机房周边的塑性区分布如图 7-8 所示。可以看出,在 4 种工况中塑性区的分布规律类似,塑性区均是因为剪切作用产生的,塑性区基本分布在风机房的周边,其中风机房底部塑性区的深度大于拱部塑性区的深度,右侧塑性区分布深度大于左侧塑性区分布深度。4 种工况下,底部塑性区最大深度均为 2.4m,其中无支护和原设计支护工况下,左侧塑性区深度为 1.4m,右侧塑性区深度为 2.2m;而采用 20cm 和 30cm 厚钢纤维混凝土支护时,左侧塑性区最大深度为 1.4m,右侧塑性区最大深度为 1.5m,与前两种工况相比,采用钢纤维混凝土之后(20cm、30cm),左侧塑性区的深度未有明显的降低,而右侧塑性区深度减小了 37.5%。

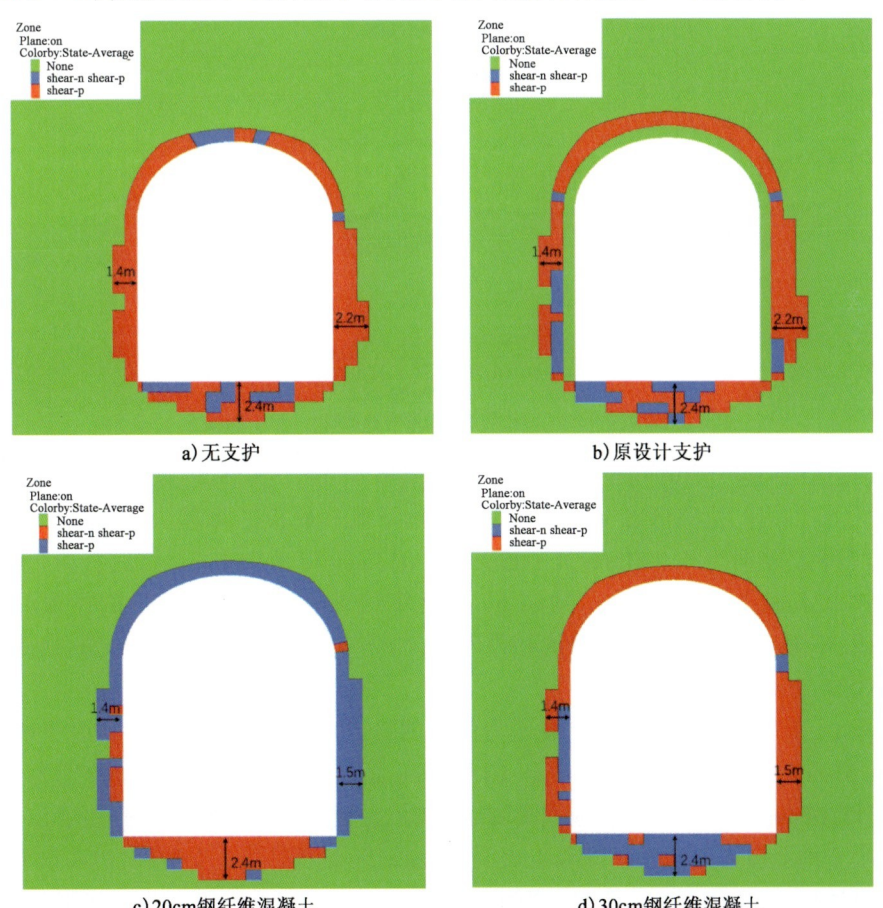

图 7-8　4 种工况下塑性区分布图

(4) 围岩位移

计算过程中监测了拱顶沉降与边墙水平位移随开挖进尺的变化关系,如图 7-9 所示。

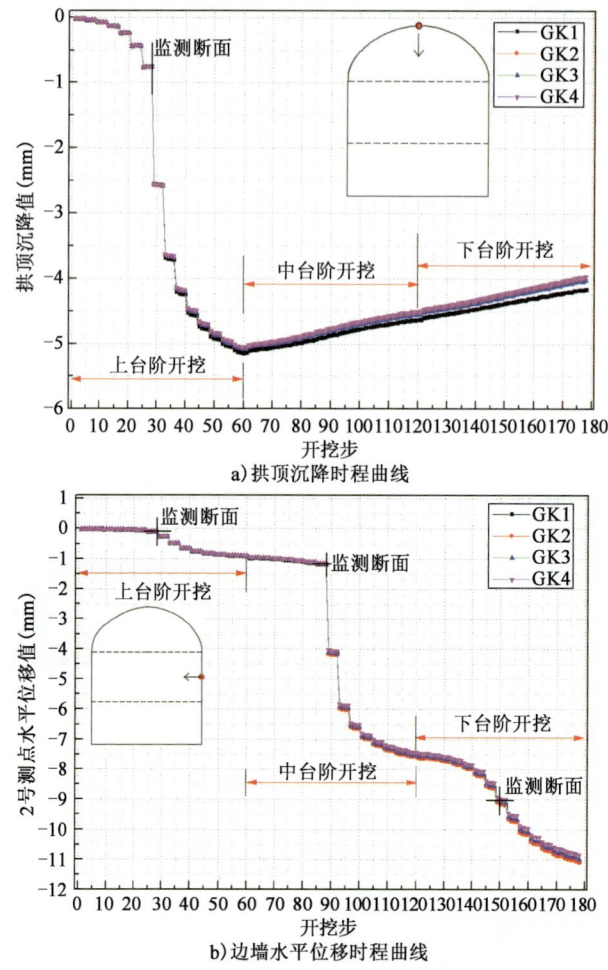

图 7-9 拱顶沉降及边墙水平位移随开挖进尺的变化关系

在竖向上,围岩的位移形态主要表现为拱部的下沉和底板的隆起。其中 4 种工况下的拱顶的最终沉降量分别为 4.144mm、4.005mm、4.023mm 和 3.954mm,而底板隆起量分别为 6.996mm、7.024mm、7.035mm 和 6.984mm。从计算结果来看,4 种工况下的拱顶沉降值小于底板隆起值,不同工况下的拱顶沉降值相差不大,与无支护相比,后 3 种工况的拱顶沉降分别减小了 3.35%、2.92% 和 4.58%。

在侧向上,围岩的位移形态主要表现为侧向的挤入。4 种工况下的左侧边墙水平位移量分别为 10.55mm、10.46mm、10.46mm 和 10.38mm,而右侧边墙水平位移量分别为 11.09mm、11.17mm、11.07mm 和 10.96mm。从计算结果来看,左侧边墙位移小于右侧边墙位移,这种差异主要是由于构造应力引起的。计算也表明,采用钢纤维喷混凝土支护后,边墙水平位移与无支护及原设计相比,变化不大,这也说明侧向位移主要是因为开挖后岩体回弹引起的,后期支护对于限制侧向位移起的作用较为有限。

(5) 结构内力

地下风机房开挖后锚杆内力如图7-10所示。可以看出,地下风机房周边锚杆基本上以受拉为主,与一般情况不同的是最大拉力出现在水平位置的锚杆中间位置,其中原设计支护方法中锚杆的最大拉力为9.857kN,而采用20cm厚喷射混凝土支护后最大拉力为8.938kN,减小了9.3%。

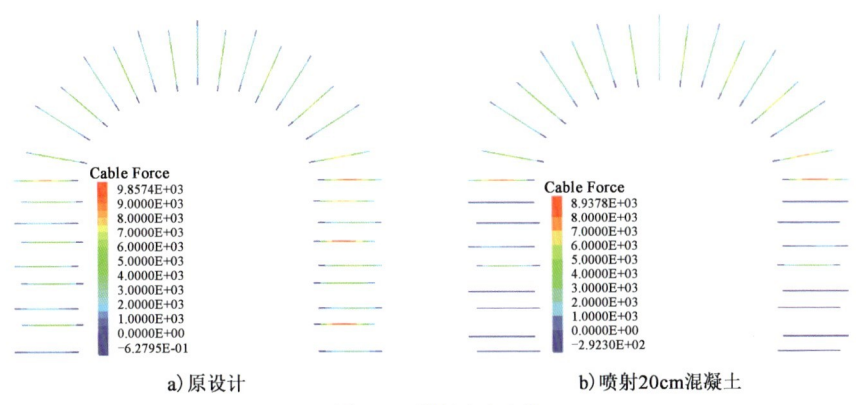

图7-10 锚杆应力变化

2种工况下喷射混凝土的内力变化情况如图7-11所示。可以看出,在采用普通喷射混凝土和钢纤维混凝土时支护结构均会出现拉应力和压应力。其中压应力主要分布在拱部及边墙墙脚位置,而拉应力主要出现在边墙中间位置,其中在中台阶与下台阶交界位置处拉应力最大。相对于原设计,喷射20cm混凝土方案中最大拉应力由10.82MPa增加到14.26MPa,增大了38.7%;最大压应力由12.77MPa降低为10.06MPa,减少了21.2%。

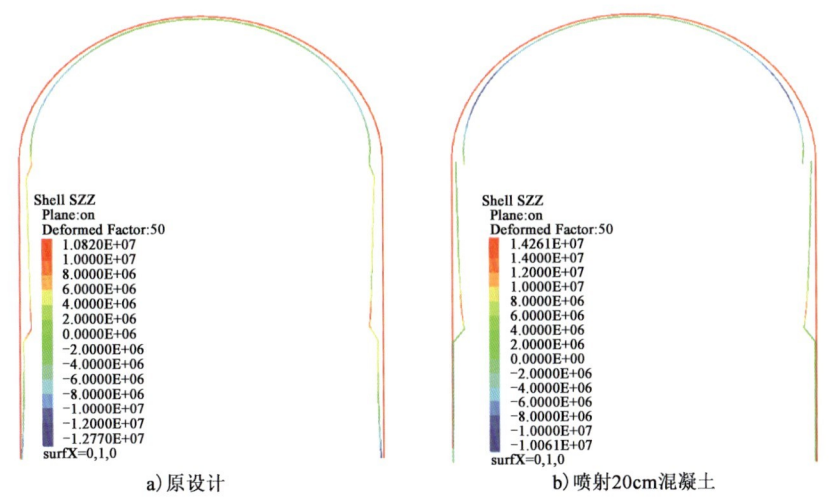

图7-11 初期支护应力变化

7.2.3 通风联络道单层锚喷支护受力分析

(1) 计算工况

联络道计算参数及边界条件与上节一致,在此不再赘述,本节主要介绍计算工况及计算结果。

计算工况见表 7-5。

通风联络道各工况具体参数　　　　　　　　　　　　　　表 7-5

工况	锚杆长度(cm)及直径(mm)	钢筋网(mm@ cm×cm)	喷射混凝土厚度(cm)	喷射钢筋混凝土厚度(cm)	模筑混凝土
1	—				
2	250φ22	φ6.5@25×25	10	—	35cm 厚 C25 钢筋混凝土
3	250φ22			10	
4	250φ22			20	

（2）围岩塑性区

4 种计算工况下联络道周边的塑性区分布如图 7-12 所示。可以看出，在 4 种工况中塑性区的分布规律类似，塑性区主要为分布在联络道周边的非贯通剪切塑性区，其中拱部及边墙处塑性区最大深度均为 0.87m，底部塑性区深度为 0.80m。4 种工况下，塑性区深度基本一致。

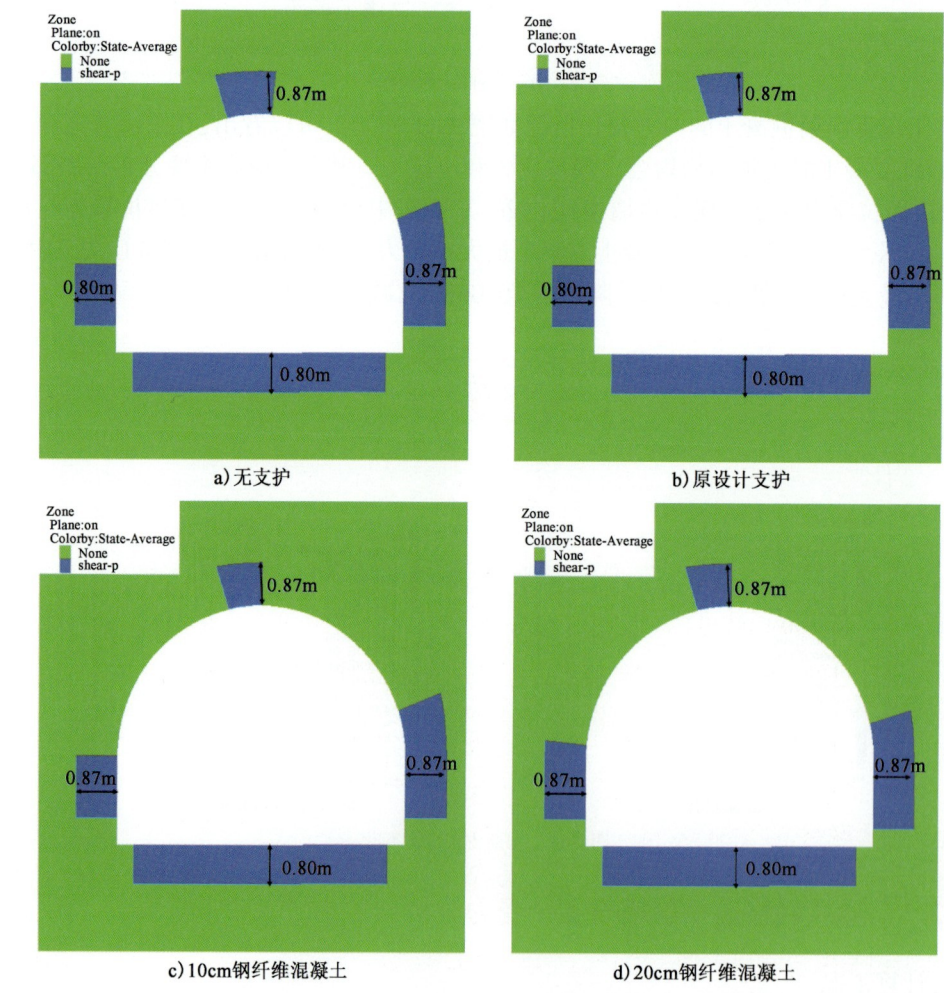

a) 无支护　　　　　　　　　　b) 原设计支护

c) 10cm 钢纤维混凝土　　　　d) 20cm 钢纤维混凝土

图 7-12　4 种工况下围岩塑性区分布

(3) 围岩位移

通风联络道开挖后的拱顶沉降、边墙水平位移时程曲线如图7-13所示。

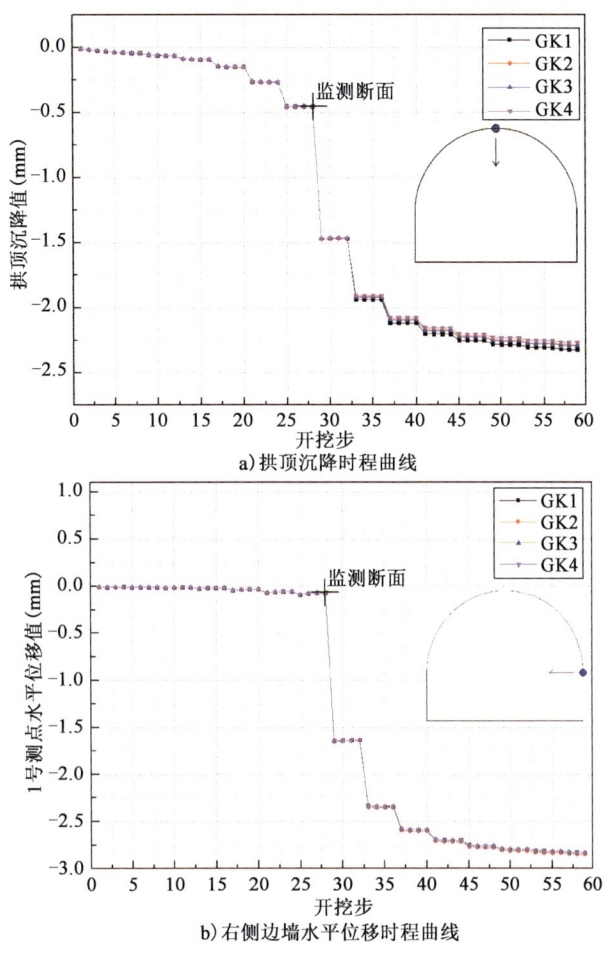

a) 拱顶沉降时程曲线

b) 右侧边墙水平位移时程曲线

图7-13 拱顶沉降及右侧边墙水平位移随开挖进尺的变化关系

在竖向上，通风联络道处围岩的位移形态主要表现为拱顶的下沉和底板的隆起。4种工况下的拱顶最大沉降量分别为2.300mm、2.287mm、2.296mm和2.269mm，而底板最大隆起量分别为3.748mm、3.686mm、3.715mm和3.707mm。从计算结果来看，4种工况下的拱顶沉降值也占底板隆起值的60%左右。4种工况下的拱顶沉降值相差不大，与无支护计算结果相比，后3种工况的拱顶沉降分别减小了0.565%、0.174%和1.34%。

在侧向上，联络道开挖后两侧围岩会发生挤入变形。4种工况下的左边墙水平位移量分别为2.772mm、2.745mm、2.752mm和2.733mm，而右边墙水平位移量分别为2.876mm、2.839mm、2.857mm和2.840mm。从计算结果来看，左侧水平位移略小于右侧水平位移，该差异主要是由初始构造应力引起的，且4种工况下最大水平位移的差值不足0.1mm，即在这种情况下混凝土支护对限制围岩侧向位移的作用有限。

(4)结构内力

联络道开挖后锚杆内力如图 7-14 所示,可以看出,联络道周边锚杆以受拉为主,最大拉力锚杆位于右侧拱腰位置,其中原设计支护方法中锚杆的最大拉力为 3.459kN,而采用 20cm 喷射混凝土支护后最大拉力为 3.411kN,减小了 1.39%。

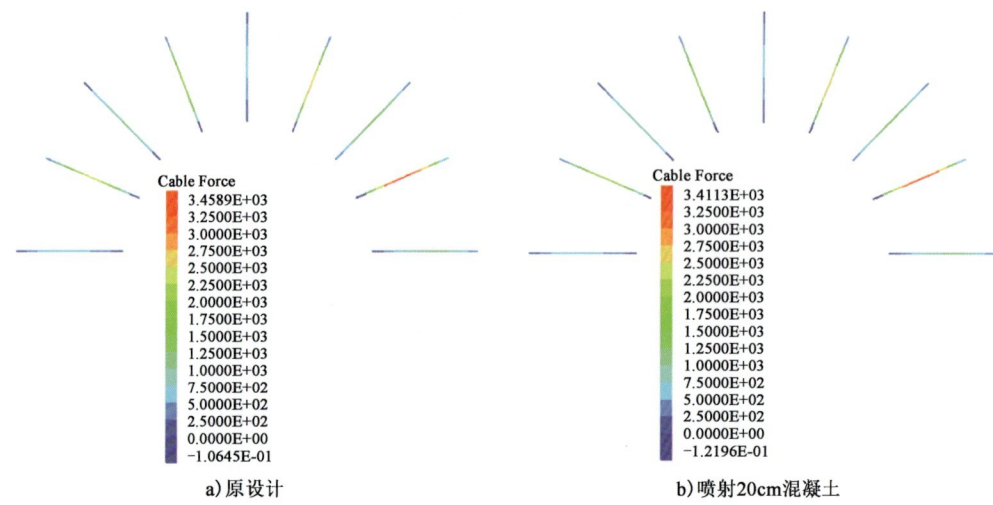

图 7-14 锚杆内力变化

2 种工况下喷射混凝土的内力变化情况如图 7-15 所示,可以看出,喷射混凝土支护以受压为主,两种支护中最大压应力分别为 4.70MPa 和 5.33MPa,主要集中在两侧拱腰附近。相对于原设计,喷射 20cm 混凝土方案下压应力增加了 5.4%。

图 7-15 初期支护应力变化

7.3 地下风机房及通风联络道交叉口施工

7.3.1 交叉口支护参数及开挖方法

地下风机房与通风联络道的施工过程中,交叉口是开挖支护的薄弱环节,施工需要特别注意。由于交叉口有频繁施工扰动,结构及围岩的强度会有一定程度的降低,故交叉口区域围岩松动问题较为突出。施工过程中需要对该区域围岩进行预加固处理,以确保结构安全和围岩稳定。实际施工中要严格控制开挖引起的围岩应力重分布及位移,具体措施有加强超前支护,如采用超前管棚、锚杆和注浆加固等;改变开挖方式,如采用跳槽开挖、预留核心土;改变分部尺寸及步序,如采用中隔壁法(Center Diaphragm,CD)、交叉中隔墙法(Center Cross Diaphragm,CRD)、双侧壁导坑或更多的分部开挖方法;改变衬砌、支护的结构,如增加锚杆长度和密度、加密拱架和加大截面高度、加厚衬砌、提高混凝土强度等级等。

施工程序及注意事项如下:

(1)先开挖隧道加强段支护结构施作;加强段的范围根据围岩条件和隧道断面尺寸决定,支护数量要不小于主隧道开挖所施作的支撑系统。

(2)交叉隧道洞门放样。

(3)洞门开挖线周边补强岩柱。

(4)洞门开挖线内原支撑拆除:原开挖支撑若为喷射喷凝土和钢拱架支撑,破除混凝土,将钢拱架切除并根据需要加设钢横撑,将开挖线周边的钢拱架焊为一体以加强联锁功效。

(5)在横通道进洞前施作超前支护以确保主隧道结构安全和施工安全。

(6)隧道断面开挖方法根据横通道断面形式选择,主要包括全断面法、台阶法、台阶分部开挖法、上导坑法、CRD法、单侧壁导坑法等常见方法。

(7)制定出适宜的施工循环进度,开挖后及时施作相应的初期支护。

(8)交叉段防水膜铺设。在防水膜铺设前应使初期支护表面平滑度达到规范要求,交叉段防水膜铺设的固定应较一般地段加强,尤其是拱附近更应注意,以防混凝土浇灌过程中将其下扯,防止防水膜与支撑面脱离,影响二次衬砌的厚度。

(9)二次衬砌的浇筑。在施作交叉部位二次衬砌时一定要注意拱顶混凝土的密实程度,不能有空洞。

7.3.2 交叉口支护结构受力情况

从上述分析可知,在进行地下风机房与通风联络道的开挖支护施工过程中,风机房与通风联络道交界处是开挖支护的薄弱环节,是决定施工成败的关键,需要特别注意。故本小节单独建立地下风机房与通风联络,道交界处局部模型,重点分析通风联络道施工对地下风机房的影响。为了进一步贴合实际情况,施工分阶段进行,先开挖地下风机房,再开挖通风联络道,每次开挖进尺为5m,全断面法开挖。本次数值模拟计算模型如图7-16所示。

数值模拟围岩级别依旧为Ⅲ级,围岩参数及相关支护结构参数与前述计算相同,边界条件与荷载情况也与前述计算保持一致。从初始应力场的分布看,该应力场与理论计算的应力场结果相似,隧道开挖区域的竖向初始应力达到了9.76MPa,约等于450m高地层产生的自重应力。地下风机房与通风联络道开挖后竖向应力和位移如图7-17所示。由于围岩级别相对较好,风机房开挖过程中,受开挖影响的区域主要分布在隧道拱顶和仰拱位置。由于竖向的初始地应力较大,在开挖隧道洞周拱顶和仰拱位置出现了较大的拉应力,最大拉应力为0.768MPa;墙角位置压应力集中明显,最大压应力为40.5MPa,如图7-17a)所示。图7-17b)展示了地下风机房与通风联络道开挖后交叉口处的竖向位移情况,竖向位移以拱顶沉降和仰拱隆起为主,最大拱顶沉降为 0.416mm，最大仰拱隆起为 0.291mm。可以看出，地下风机房与通风联络道开挖后，围岩的位移量在 1mm 以内，是比较稳定的。

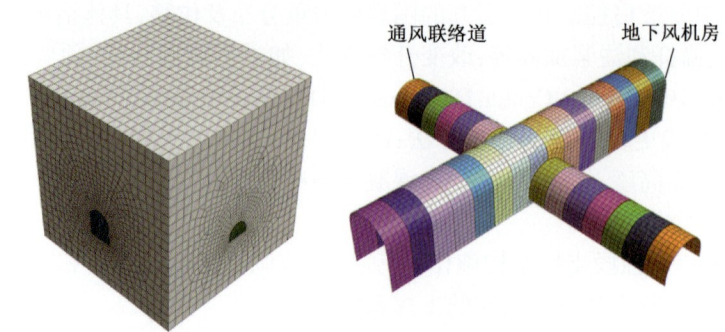

图 7-16　地下风机房与通风联络道交界处数值计算模型

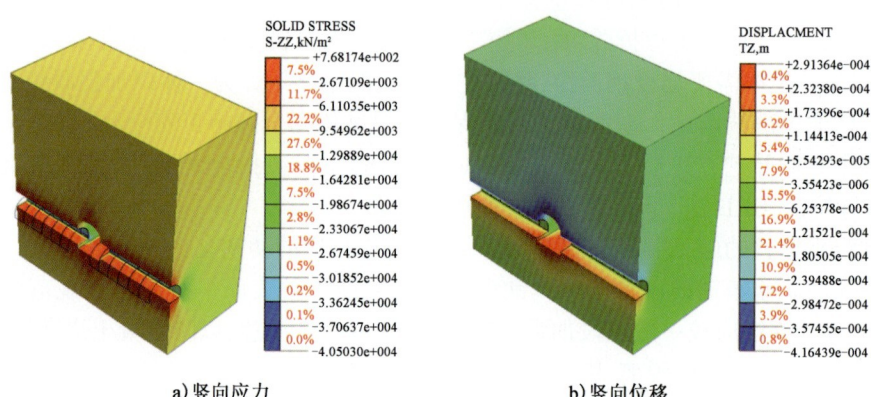

a) 竖向应力　　　　　　　　　　　b) 竖向位移

图 7-17　风机房与通风联络道开挖后的竖向应力与位移分布

表 7-6 显示了有二次衬砌和无二次衬砌条件下进行隧道开挖，衬砌内部内力和变形的对比情况。可以看出，相比于无二次衬砌的情况，有二次衬砌情况下，衬砌受力大，变形小。从衬砌受力看，衬砌内部最大内力相差并不是很大。因此，综合以上因素，可以考虑取消二次衬砌。

有二次衬砌和无二次衬砌情况下施工衬砌内力及变形对比　　　表 7-6

内力及位移	有二次衬砌		无二次衬砌	
	最大值	最小值	最大值	最小值
$F\text{-}xx$(kN/m)	797.481	-2444.81	789.625	-2508.85
$F\text{-}yy$(kN/m)	997.416	-2349.86	990.072	-2412.67
$F\text{-}xy$(kN/m)	730.336	-811.597	742.53	-825.083
$M\text{-}xx$(kN·m/m)	52.685	-48.4699	36.3121	-48.4242
$M\text{-}yy$(kN·m/m)	48.2806	-46.7055	35.4599	-46.6806
$M\text{-}xy$(kN·m/m)	12.2819	-14.3722	10.5856	-14.6355
$x\text{-dis}$(mm)	0.111	-0.110	0.119	-0.118
$y\text{-dis}$(mm)	0.0348	-0.0345	0.0342	-0.0339
$z\text{-dis}$(mm)	0.24	-0.39	0.24	-0.42

7.4 通风联络道取消二次衬砌后风阻分析

7.4.1 通风联络道数值模型的建立

竖井与隧道主洞之间的空气交换是通过通风联络道实现的,为了减小空气流动的沿程阻力和局部阻力,通常将通风联络道设计为变截面形式,如图7-18所示。但变截面会给二次衬砌的施作带来较大的困难。地下风机房开挖揭示的围岩强度、完整性和自稳能力都很好,具备取消二次衬砌的先决条件,本节将从通风风阻的角度对取消二次衬砌的可行性进行讨论。

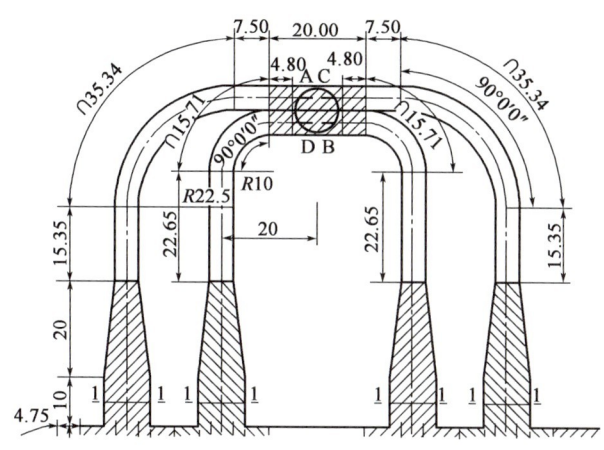

图7-18 通风联络道平面布置(尺寸单位:m)

(1)通风联络道风阻理论计算

通风联络道风阻由两部分组成,一部分是由空气与风道壁面的摩擦产生,另一部分是通风联络道截面形状变化产生。参考《公路隧道通风照明设计规范》(JTJ 026.1—1999)❶,通风联络道的压力损失可按下式计算:

$$\Delta p_\mathrm{d} = \sum_{i=1}^{m} \zeta_i \cdot \frac{\rho}{2} \cdot v_i^2 + \sum_{i=1}^{n} \lambda_i \cdot \frac{L_i}{D_i} \cdot \frac{\rho}{2} \cdot v_i^2 \tag{7-1}$$

式中:Δp_d——通风联络道压力损失,N/m^2;

m——通风联络道形状变化个数;

ζ_i——第i个形状损失系数;

v_i——第i段的风速,m/s;

λ_i——第i段沿程摩阻损失系数;

L_i——第i段的长度,m;

D_i——第i段的当量直径,m;

n——通风联络道段数。

---

❶ 现行版本为《公路隧道照明设计细则》(JTG/T D70/2-01—2010)。

其中沿程摩阻损失系数 λ 与壁面粗糙度有关,粗糙度越大,摩阻损失系数越大。

(2)工况设定

为对比通风联络道有无二次衬砌对风阻的影响,建立三维模型进行数值模拟。模型根据通风联络道设计尺寸建立,对以下3种工况进行研究。

工况①:有二次衬砌;

工况②:只有初期支护,且壁面未经处理;

工况③:只有初期支护,衬砌壁面经过平整处理。

在工况③的基础上改变通风联络道壁面粗糙度,讨论粗糙度改变对通风联络道风阻的影响,粗糙度取 0~20mm。

(3)模型建立及网格划分

取右线送风通道风机房与隧道间变截面段为研究对象,模型水平跨度为30m,包括变截面段20m 以及前后非变截面段各5m。其中风机房与通风联络道交叉口(有二次衬砌)内轮廓如图7-19所示,建立三维模型并划分网格如图7-20 所示。

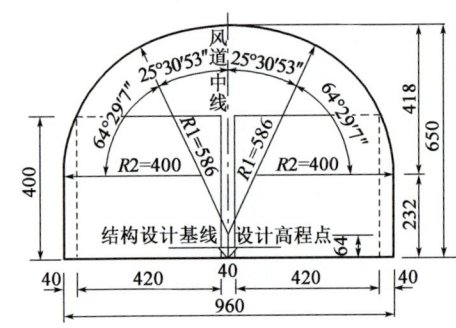

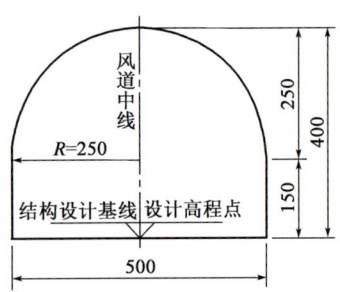

图 7-19 风机房与通风联络道交叉口及联络风道内轮廓图(尺寸单位:cm)

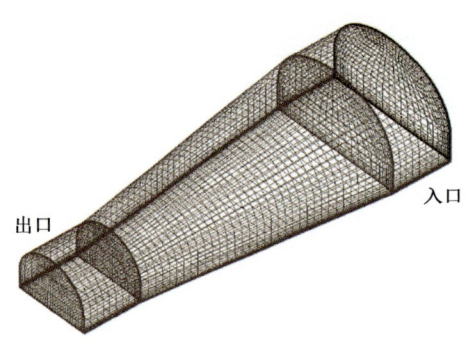

图 7-20 右线送风通道三维模型及网格划分

(4)边界条件

入口使用速度入口(Velocity-Inlet),按照隧道内3m/s风速计算通风量为260m³/s,入口速度按通风量和入口截面积计算。出口采用压力出口(Pressure-Outlet),出口压力设为一个标准大气压101235Pa。壁面采用固壁边界(Wall),其中有二次衬砌及只有初期支护但有平整处理的情况下粗糙度设为0.36mm,壁面没有处理的情况下粗糙度设置为10mm。

7.4.2 数值计算结果分析

(1)通风联络道压力分布

3种情况下风道中心面压力分布如图7-21所示,由压力分布图可以看出,压力从入口到出口逐渐减小,气流在通过风道时,产生了压力损失。风道风阻越小,压力损失就越小,反之,风阻越大,压力损失也越大。在要保证通风量的情况下,压力损失越大就意味着更大功率的风机,也就是更多能耗。在通风量相同的情况下,工况①压力变化最明显,工况③压力变化越小,具体变化数值见表7-7。有二次衬砌的情况下,压力损失最大,为135Pa,主要是因为截面积较没有二次衬砌的情况下小,水力半径小,因此风阻较大。对比工况②和③可知,风道壁面的粗糙程度对风阻也有很大影响,因此对壁面进行平整化的处理也十分必要。

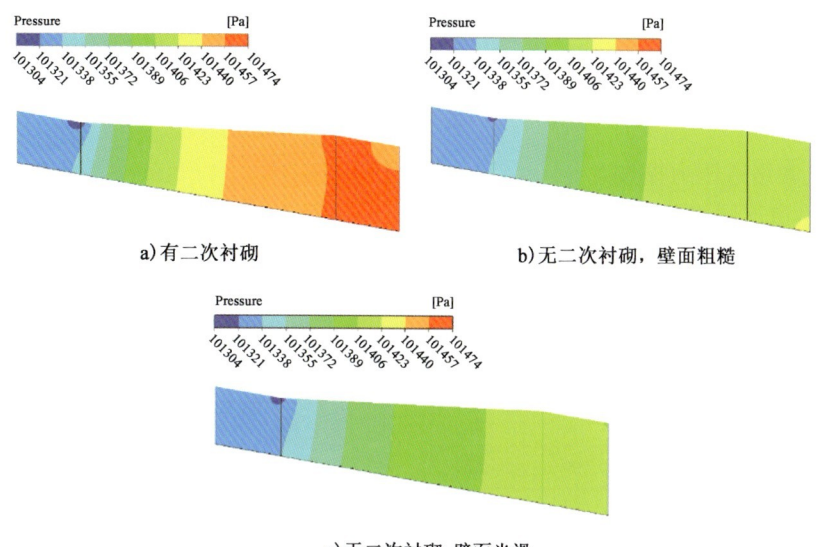

图 7-21　通风联络道中心面空气压力分布

出入口平均压力和速度　　　表 7-7

工况	①	②	③
入口平均压力(Pa)	101460	101420	101412
出口平均压力(Pa)	101325	101235	101235
压力损失(Pa)	135	93	87
入口平均速度(m/s)	4.80	4.27	4.27
出口平均速度(m/s)	15.24	12.40	12.40

(2)通风联络道速度分布

图为风道中心面气流速度分布如图7-22所示。其中工况①进出口速度最大,是因为其截面积较小,在相同通风量的情况下流速就会越大。流速大会导致与风道壁面的摩擦阻力增加,这也是压力损失较大的另一个原因。

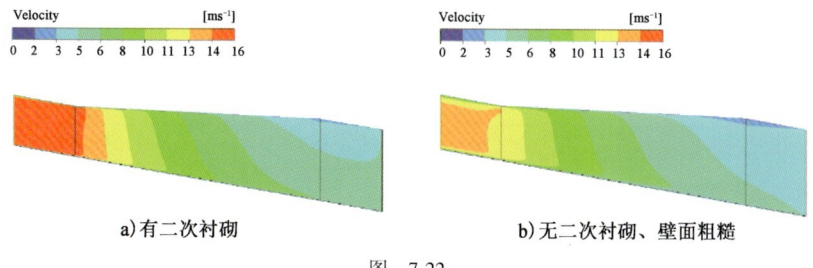

图　7-22

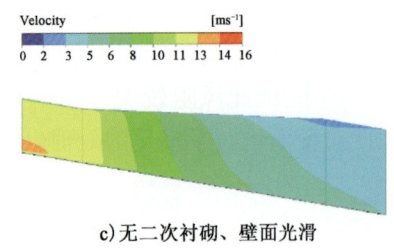

c)无二次衬砌、壁面光滑

图 7-22　风道中心面气流速度分布

(3)通风联络道压力损失

通风联络道不同粗糙度的压力损失情况见表 7-8,将表中数据画成曲线图,如图 7-23 所示,可以清楚地反映出压力损失随粗糙度变化而变化的趋势。壁面粗糙度越大,压力损失也越大;并且当粗糙度较小时,曲线较为陡峭,改变粗糙度对压力损失的影响更加明显,粗糙度较大时,曲线较为平滑,改变粗糙度对压力损失的影响较小。

不同粗糙度的压力损失　　　　　　　　　　　　表 7-8

粗糙度(mm)	0	1	2	4	6	8	10	15	20
压力损失(Pa)	87	89	90	91	92	93	93	94	95

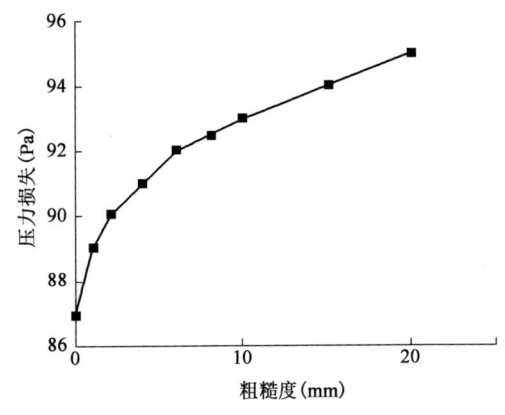

图 7-23　压力损失随粗糙度变化曲线

根据本次计算的结果,可以对整条通风联络道的风阻情况进行预估,估算结果见表 7-9。估算结果显示,在设置二次衬砌的情况下(工况①),左线风道压力损失为 585Pa,右线风道压力损失为 837Pa,取消二次衬砌且不对风道壁面进行处理的情况下(工况②),左、右线风道压力损失分别减少 179Pa、260Pa,减少了约 30%的压力损失。取消二次衬砌并对风道壁面进行了处理的情况下(工况③),左、右线风道的压力损失分别减少 208Pa、298Pa,减少约 35%的压力损失,其中风道壁面处理能减少约 5%的压力损失。减少了压力损失也就减少了通风所需功率,其一可以减少建设成本,使用较小功率的风机;其二可以节约运营成本,减少通风的能源消耗。

通风联络道压力损失及所需功率估算　　　　　　　　　表 7-9

风阻情况		左线通风联络道长度(m)	右线通风联络道长度(m)	计算段长度(m)
		131	186	30
压力损失(Pa)	工况①	585	837	135
	工况②	406	577	93
	工况③	377	539	87

续上表

风 阻 情 况		左线通风联络道长度（m）131	右线通风联络道长度（m）186	计算段长度（m）30
压力损失变化(Pa)（以工况①为基准）	工况①	0	0	0
	工况②	−179	−260	−42
	工况③	−208	−298	−48
功率(kW/h)	工况①	152.19	217.75	35.12
	工况②	105.62	150.11	24.19
	工况③	98.08	140.23	22.63
功率变化(kW/h)（以工况①为基准）	工况①	0	0	0
	工况②	−46.57	−67.64	−10.93
	工况③	−54.11	−77.52	−12.49

数值模拟结果表明：取消通风联络道二次衬砌会增大风道横截面积，减小风速，有助于减少通风摩擦阻力，减少压力损失，使通风所需功率减少约30%；风道壁面有必要进行平整处理，以进一步减少摩擦阻力，并进一步减少压力损失约5%；通风压力损失随风道壁面粗糙度增大而增大，并且当粗糙度较小时，曲线较为陡峭，改变粗糙度对压力损失的影响更加明显，粗糙度较大时，曲线较为平滑，改变粗糙度对压力损失的影响较小。

第8章

米仓山隧道施工对水环境影响及评价

米仓山隧道由北向南穿越米仓山国家森林公园、大兰沟、小兰沟自然保护区,这些区域分布有众多珍稀动植物,生态敏感,环境保护要求高。在充分调研米仓山隧道隧址区生态环境现状基础上,开展了区域环境要素长期监控,分析了隧道建设对陆域生态环境水环境的影响因子,揭示了各影响因子对水环境的影响途径及影响机理。在此基础上,建立了一套特长隧道建设对水环境影响的评价体系,确定了评价指标系统、评价方法和评价标准,并利用该评价体系对米仓山隧道建设对隧址区水环境的影响进行了客观评价。

8.1 米仓山隧道沿线生态环境现状

8.1.1 大、小兰沟自然保护区

大、小兰沟自然保护区内生物物种资源极为丰富,已经查明的维管束植物、脊椎动物、昆虫及大型真菌总种数达 2758 种,涉及 348 科、1100 多属。其中维管束植物有 2104 种,177 科、880 属,种数占全国现已发现的维管束植物总种数(27090 种)的 7.8%,占四川地区现已发现的维管束植物总种数(10944 种)的 19.2%;野生脊椎动物 332 种,涉及 27 目、8 科、213 属,其种数占全国现已发现脊椎动物总种数(7581 种、亚种)的 4.4%,占四川地区现已发现脊椎动物总种数(1154 种)的 28.8%,其中鸟类种数 215 种,占全省鸟类总种数的 1/3 以上,包含了全国鸟类 60% 以上的目和近半数的科;各类昆虫 127 种,涉及 5 目、46 科、56 属;大型真菌 205 种,涉及 5 纲、12 目、37 科。在保护区有限的面积内,生物种类之多,属、种构成之复杂,足见其生物多样性丰富程度。

保护区共有国家重点保护野生植物 12 种,其中国家一级重点保护野生植物 1 种,国家二级重点保护植物 11 种,另有进入《濒危野生动植物种国际贸易公约》附录Ⅱ的兰科植物 47

种。在 12 种国家重点保护野生植物中,渐危植物 6 种,稀有、特有植物各 3 种。主要保护对象水青冈在保护区分布集中、类型较多。全世界有水青冈属植物 10 种,亚洲有 7 种,我国有 5 种,保护区境内有原生水青冈 4 种:台湾水青冈、米心水青冈、亮叶水青冈、长柄水青冈,以水青冈为优势种的落叶阔叶混交林面积近 5000km^2,几乎占保护区面积的 3/4,这在国内较为罕见。保护区有分布的 74 种兽类中属于国家重点保护野生动物的有 19 种,属我国特产或主要分布在我国的有 18 种,分别占保护区兽类总数的 25.7%、24.3%,所占比例较高。保护区有国家重点保护鸟类 17 种,四川省重点保护鸟类 5 种,中国特有种 11 种,分别占总数的 7.91%、2.33%、5.12%。在已知的 35 种两栖爬行动物中,有 16 种是中国特有种,占 45.7%,其中南江角蟾和光雾臭蛙仅在保护区一带有分布。前述表明,保护区内珍稀物种多,所占比例大,分布密度高,珍稀性突出。

8.1.2 米仓山国家森林公园

米仓山森林公园由桃园、大坝、十八月潭三个相互毗邻又相对独立景区构成,含焦家河、韩溪河、燕子岩、普陀山、万字格、香炉山、黑熊沟、巴山珍稀植物园、天然画廊、龙形山坝、十八月潭等 360 多个景点。景区植被覆盖率达 97% 以上,区内森林植被垂直带谱明显,由低显高的层次组合特征尤为鲜明。景区以秀丽多姿的群峰为代表,苍翠茂密的森林植被环境为基础,集群峰怪石、峭壁幽谷、溪河瀑潭、田园山林为一体,堪称"峰奇""石怪""谷幽""水秀""山绿"五绝。红叶是米仓山国家森林公园的主要特色,也是景点布置的重要基础。先后曾有英国、德国和美国的植物专家考察后,把米仓山景区称为"金区",把米仓山红叶称为"金叶"。景区总计 830km^2,其中就有 580km^2 的红叶景观。

米仓山国家森林公园现已开发景区包括:天然画廊,牟阳城遗址,大、小兰沟,植物园,滑雪场及黑熊沟;未开发景区包括土卡门和米仓古道。各景点中,天然画廊、大小兰沟、植物园及黑熊沟以地表植被为主要景观;牟阳城遗址为汉代韩信练兵遗址,周边主要分布农家河及宾馆供游客休息。

8.1.3 地表重要水文点的流量、水质特征

1) 隧址区气象特征

隧道进口端位于汉中地区,陕南山地,属大陆性季风气候。四季分明,雨量充沛,热量充足,温和湿润。年平均气温 14.3℃,极端最高气温 36.6℃,极端最低气温 -8℃。多年平均降水量 920mm,年最大降水量 1563.2mm,年最小降水量 602.3mm,年内降水分配不均,主要集中于 7~9 月份,占全年的 53%,春、秋季各占 22%,暴雨主要集中在 7~9 月,特大暴雨偶有出现。

隧址区四川境受季风环流,大地形环境和局部小地形条件影响,降水多,雨量大,而其年际变化也较大。年降雨量,夏季占 50% 左右,秋季占 20% 左右,最少期为 12 月和 1 月,约 20mm;暴雨多,年平均暴雨日数 6~7d,多在 7 月、8 月;绵雨多,年均约 60d,多在 9~11 月;夜雨多,夜雨率约为 60%,区内多年平均降雨量可达 1828mm,多年月平均降雨量可达 279.8mm;11 月底至次年 3 月底为冰雪期,高山积雪至次年 4 月为冰雪消融期。多年平均气温 16.1℃,最低气温 -12℃,多年平均蒸发量 1500mm,多年平均蒸发量大于降雨量;多年平均相对湿度为 68%。

2)地表水

隧址区地表水体较发育,进口发育汉江水系冷水河支流西沟,该沟主沟发源于米仓山北侧山体假郭山。地下水由南西向北东潜流,于隧道进口端斜井出口上部陡崖 W 侧以暗河出口形式出露,沟水流经斜井出口外侧进入缓坡沟谷地带,与发育于侧风洞岩及左侧发育卡门的支沟汇合,沟水蜿蜒曲折,常年不枯,枯期水量流量约 17L/s,雨季可达 $3m^3/s$。隧道出口发育嘉陵江水系支流南江河西部支流石桥河。石桥河支沟众多,其主要沟流发育于万山老林。其中,发育于隧道主洞出口外沿的长湾里是石桥河的主要常年有水支流,枯期流量约 30L/s,雨季洪水季节可增大上百倍水量。隧道斜井外侧也发育一常年性冲沟,由北东向南西方向排泄,汇入石桥河,洞口附近枯季流量约 18L/s,雨季可增大数十到百倍水量,具暴涨暴落的山区沟水特征,沟床与斜井洞口高差达 60m 左右。

隧址区除进出口各发育 1 条主干河道支流外,在洞身穿越段上部亦发育 1 条较大型河流——农林河。农林河发育米仓山腹地,为川陕省界与 S3 中子山复向斜所圈闭的广大范围为地表水的补给区,补给区宽达 $148km^2$。以隧道轴线为界,将农林河划分为上、下游,上游为发源区,亦为主要补给区。主要发育 E、N 两条支流,两支流于轴线 K47+950(ZK47+981)处交汇后继续沿 EW 向流淌,汇瘦牛沟,大、小兰沟等水流注入焦家河,在桃园转向 NS 方向,经十八月潭、杨坝后在南江以北碾盘两河口注入南江河。

隧址区河流主要接受大气降水、融雪水等补给,少量由地下水补给。地表水体多以地表径流方式流向下游,部分经第四系松散堆积层孔隙及基岩裂隙渗入地下补给地下水;溪沟水均具暴涨暴落的山区河流特征,山洪暴发期主要集中于 6~9 月雨季及 2 月、3 月的冰雪冻融期。

3)水文地质单元分水岭

区内地质构造复杂,测区川陕界(米仓山山脊)以南为非可溶岩区,岩性以岩浆岩、板岩及片岩为主;以北以可溶岩为主,碳酸岩盐类岩组大面积出露,岩溶发育较强烈,地表多以垂向发育为主,向深部则逐渐转变为以水平发育为主,为地下水赋存提供有利空间。根据测区地形地貌及地质构造条件,结合地下水在重力作用下均由高处流向低处的物理特性,本次沿山岭高处及构造线方向将测区地下水划分出 3 条地下分水岭,即 1 号、2 号和 3 号分水岭,如图 8-1 所示。

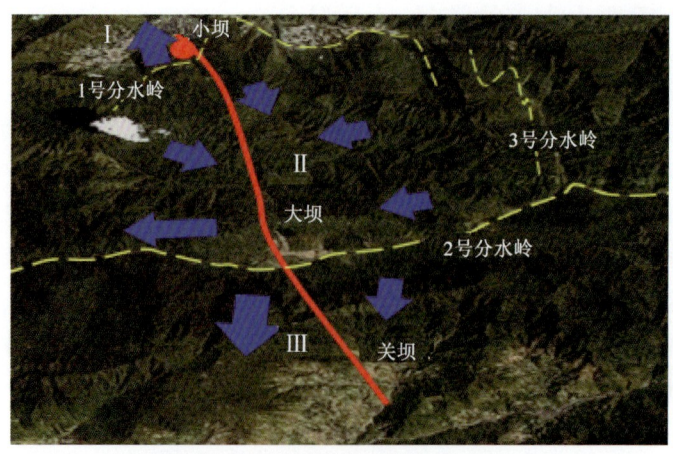

图 8-1 米仓山隧道地下水分区及流向

1号分水岭以川陕界山岭为水力坡度顶点，近东西展布，分水岭以北（汉中端进口）地下水主要由北东向南西方向运移，排泄于陕西境内西沟及小南海方向；分水岭以南（大坝、农林河）地下水主要由东向西运移，并向桃园方向排泄。

2号分水岭以中子山复向斜轴部（S3）及所在山岭为水力坡度顶点，与1号分水岭近平行展布，2号分水岭以北地下水由东向西运移，并向桃园方向排泄。

3号分水岭以隧道东侧约9.5km的山岭为水力坡度顶点，近南北方向展布，并将1号、2号分水岭连接，3号分水岭以西地下水由东向西运移，分水岭以东地下水主要由西向东运移，并排泄于陕西省汉中市南郑区两河口至碑坝一带。拟建隧道主要穿越1号、2号分水岭。

4）地下水类型

隧址区地层主要由第四系松散堆积层、寒武系中统石牌组～震旦系灯影组～元古界上两组等地层以及岩浆岩组成。第四系松散堆积层以块碎石类土、漂卵石类土和砂土等为主；基岩以灰岩、白云岩、白云质灰岩、鲕状灰岩、泥质灰岩、砂质页岩夹砂岩为主；岩浆岩类有石英闪长岩、闪长岩、辉绿岩及少量花岗岩，变质岩类有板岩、千枚岩及片岩。根据岩性、地下水分布形式和水理性质和水动力特征，将区内的地下水分类型划分为松散堆积层孔隙含水岩组、基岩裂隙—孔隙含水岩组、碳酸盐岩类岩溶含水岩组3种含水岩组，具体内容见表8-1。

隧址区内含水岩组划分　　　　表8-1

含水岩组		地层	岩　性	含水特征及富水性
松散堆积层孔隙含水岩组		Q	卵石土、砾类土和砂土	储水空间以孔隙为主，分布面积较小，主要接受降雨及河水补给，渗透性较好，富水性较佳，但分布于第四系全新统的崩坡积层、坡残积层块碎石土和角砾类土等松散堆积层富水性较差
基岩裂隙—孔隙含水岩组	碎屑岩类裂隙孔隙水	$\epsilon_1 s$	砂质页岩、页岩、砂岩	以接受大气降水补给为主，多赋存于节理裂隙及层理间隙中，主要以前者为主，后者次之，富水性较差
	变质岩裂隙水	$P_2 s$	板岩、片岩、大理岩	分布在中子山复向斜一带，板岩、片岩为层状含水体，以浅部裂隙水为主，大理岩中赋存岩溶水，但区内仅极少量发现，故未将其归入岩溶水类。区内变质岩裂隙潜水主要赋存于元古界上两组中
	岩浆岩类裂隙水	$\delta、\gamma\delta、\gamma$	闪长岩、花岗闪长岩、辉长岩及少量花岗岩等	闪长岩、辉长岩裂隙不发育但风化强，多在沟谷低洼处以片状、点线状渗出，很少集中成股状排泄；花岗岩则不同，多以垂直裂隙为主的各组裂隙发育
碳酸盐岩类岩溶含水岩组		$\epsilon_1 s_1、Zbd$	灰岩、白云岩、白云质灰岩、鲕状灰岩	以网络状岩溶裂隙、岩溶管道及大型的溶蚀—侵蚀洞穴为主，地下水具有庞大复杂的运移赋存空间，径流复杂，常以岩溶大泉、暗河出露地表

5）地下水的补给、径流与排泄

隧址区地下水主要靠大气降水补给为主，且位于地下水补给区。其补给程度除受降水的强弱、持续时间、蒸发量及地形地貌、地质构造和地表节理裂隙发育程度的控制外，还与含水层出露面积及浅层储水空间等因素密切相关。区内基岩大面积出露,地表风化节理裂隙发育,地质构造复杂,植被发育,碳酸盐类岩溶现象普遍——主要表现在溶洞、溶蚀漏斗、岩溶竖井,含水层出露面积较大(特别是Ⅰ、Ⅱ号单元内),为大气降水的入渗补给创造了有利条件。

测区岩组的特殊组合关系(含水层与隔水层相间,即含水层受隔水层分离),导致各地层均有独立的地下水系统,层组间水力联系差(原大地电磁法解释上下两层可溶岩可能形成越流补给现象),经深孔 AK40+000L15 及 AK40+840L15 简易水文观测及试验发现,钻孔揭露下层 Zbd 岩溶水具一定的承压性;中部 $\in_1 s$ 地层为泥质粉砂岩等,其渗透系数为 $0.0008 m/d$,透水性极弱;该地层岩体厚度大(厚约 $465 \sim 480 m$),一般较破碎~较完整,宽张裂隙不发育,导水性差。因此 $\in_1 s$ 地层起到了隔水的作用,基本可排除上下两地层($\in_1 s_1$、Zbd)岩溶水的越流补给现象。区内非可溶岩均为相对隔水层,具有短途径流、就近排泄的特点,无一定的方向性。

6) 地下水动态变化特征

隧址区内雨量充沛,干、湿季节明显,12月至次年2月主要山岭为冰雪封冻;多年年均降雨量为 1194mm(上两段),最高达 1828mm,月最大降雨量 279.8mm,降水集中在 6~9 月。地下水动态变化主要集中表现为水质、水量及分布高程三个方面。从水质来看,水质变化不大,主要体现在丰枯季节化学成分数量上略有增减;在水量上,测区内的碳酸盐岩类中的地下水排泄点雨季与枯季的流量变化幅度一般在 5~50 倍,在暴雨后及融雪后,泉水流量达到最高峰值,尤其是暗河出口最为明显。其他岩组(非可溶岩组)泉流量变化幅度稍小,一般在 1~5 倍。且一般遵循碎屑岩裂隙水比碳酸盐类岩岩溶裂隙水流量变化幅度小;埋藏深的岩溶水比埋藏浅的岩溶水流量变化幅度小(特别是在侵蚀基准面以下的与侵蚀基准面以上的区别更明显)的规律。

7) 富水性评价

隧址区主要有两个含水层,分别为:寒武系下统石龙洞组($\in_1 s_1$)含水层和震旦系上统灯影组(Zbd)含水层,均以碳酸盐岩类岩溶裂隙水为主,均位于 LJ1 合同段。寒武系下统石牌组($\in_1 s$)泥质粉砂岩;变质岩类:晚元古界东房沟组($Pt_2 yt$)千枚岩、元古界上两组($Pt_2 s$)板岩夹片岩;中晚元古界侵入岩(岩浆岩类):闪长岩(δ)、石英闪长岩($\delta \alpha$)及辉绿岩(υ),及少量花岗岩透水性弱,富水性弱,为隧址区内相对的隔水层。

根据钻孔 AK40+840L15 白云岩段、钻孔 SJZK1 岩浆岩强风化及强中风化层中、钻孔 AK43+600L15 白云岩和钻孔 AK51+160L15 岩浆岩中进行的抽水试验成果,岩浆岩地层渗透系数值低,属微透水层,但在岩浆岩异常侵入带、构造破碎带及裂隙密集带岩体破碎~极破碎,其透水性及富水性将大幅增加;Zbd 碳酸盐岩渗透性系数较高,属中等透水岩层,另据钻探揭露及地面物探成果分析,该地层在与岩浆岩、非可溶岩接触带溶(裂)隙等岩溶通道发育,透水性强。因此各地层中的破碎带、断层影响带及岩浆岩接触带岩体属强透水岩层段。

8.1.4 地表人群聚居点生活用水来源

米仓山隧道隧址区地表人群聚居点附近共调查到4个水文点 Q8~Q11,具体情况如下:

Q8 为隧道进口端斜井驻地西侧 211m 出露泉点。根据现场调查及区域水文地质资料,该泉点出露于前震旦系变质岩与寒武系中统西王庙组灰岩地层交界位置,属碳酸盐岩类岩溶下降泉。该泉点流量155m³/d,出露高程1374m,高于隧道444m,现作为汉中段斜井施工营地生活用水水源。

Q9为隧道入口端南西侧676m山麓出露泉点。该泉点出露于寒武系中统西王庙组($\in_2x$)灰岩地层,属岩溶下降泉。该泉点流量99m³/d,出露高程1395m,高于隧道465m,隧道进口北东侧650m分布的肖坝村4户以Q9作为饮用水源。

Q10位于隧道进口南东侧483m,为暗河出口,如图8-2a)所示。该暗河系统发育于寒武系中统西王庙组($\in_2x$)灰岩地层,于隧道K40+969东侧226m山麓位置转变为明流,向东汇入隧道东侧沟谷。Q10暗河流量18144m³/d,暗河出口高程1090m,高于隧道160m。隧道进口端1453m分布的肖坝村19户居民现以Q10作为饮用水源。

Q11位于隧道进口北东侧1765m,为暗河出口,如图8-2b)所示。该暗河亦发育于寒武系中统西王庙组碳酸盐岩,于隧道东侧山谷谷底以岩溶泉群形式出露于地表(包括3个涌水点)。暗河流量为5216.8m³/d,高程1142m,低于隧道42m。隧道进口端北东侧1868m分布的肖坝村37户居民现已Q11作为饮用水源。

2017年5月,Q8流量为288m³/d,Q10流量为5279m³/d,Q11流量为1142m³/d。

a)隧道进口端暗河Q10

b)隧道进口端暗河Q11

图8-2 隧道进口端暗河

8.2 地表重要水文点监控

8.2.1 地表重要水文点初次调查

米仓山隧道由北向南展布,穿过米仓山国家森林公园及大、小兰沟省级自然保护区试验区。第一次调查时受森林公园交通管理要求限制,课题组无法对隧道穿越区(米仓山国家森林公园)进行详细调查,仅沿路调查到1个泉点Q3。

Q3位于隧道K49+018段西侧305m,米仓山森林公园大坝周边。泉点出露地层为闪长岩,属岩浆岩裂隙含水层下降泉,流量为3.5m³/d。Q3出露高程1402m,高于隧道472m,现无饮用功能,如图8-3a)所示。

米仓山隧道出口位于巴中市南江县关坝乡。出口端主要出露地层为闪长岩。本次在出口周边调查到 3 个水文点 Q13、Q16 和 Q17。

其中，Q13 为隧道出口端东侧废弃金矿矿洞，距离隧道 K52+384 段 267m。该矿洞深 200m，洞壁仅观察到岩壁渗水，洞内涌水量为 0.13L/s。矿洞高程 1233m，高于隧道 253m。

Q16 为隧道出口北西侧 2155m 废弃金矿洞。该矿洞现已封闭，矿洞涌水量 1.76m³/d。矿洞高程 1512m，高于隧道 532m，如图 8-3b)所示。

Q17 为隧道出口北西侧 1464m 废弃矿洞。该矿洞亦已封闭，矿洞涌水量 83m³/d。矿洞高程 1464m，高于隧道 484m。以上 3 个矿洞涌水均无饮用功能。

a) 穿越区泉点Q3　　　　　　　　　b) 出口端废弃矿洞Q16

图 8-3　第一次现场调查隧道穿越区水文点分布

8.2.2　地表重要水文点二次调查

(1) 隧道进口对比调查

隧道进口第二次调查对 Q8、Q10 和 Q11 流量进行了复测。根据测量结果，斜井项目部生活用水泉 Q8 流量为 288m³/d；隧道东侧 130m 山麓位置分布暗河 Q10 流量为 5279m³/d，隧道进口端东北侧 1743m 暗河 Q11 流量为 1142m³/d。

(2) 隧道穿越区调查

米仓山隧道穿越区主要出露震旦系灯影组碳酸盐岩和闪长岩，分别赋存碳酸盐岩类岩溶水和岩浆岩裂隙水。根据区域水文地质资料及现场调查，两套含水层以米仓山国家森林公园纸厂河为界，纸厂河北侧地表主要出露灯影组碳酸岩，南侧主要出露闪长岩。

为查明穿越区地表水文点分布特征，第二次调查工作除对前次调查的 Q3 流量进行复测，另针对碳酸盐岩分布区及岩浆岩分布区进行了调查。具体详述如下：

①大坝河谷泉点 Q3 复测结果。

本次测量大坝河谷泉点 Q3 流量为 3.2m³/d。与首次相比，施工造成水量减少 0.86%。

②碳酸盐岩分布区调查结果。

纸厂河北侧分布的碳酸盐岩出露区主要发育西奇沟和红岩沟向南展布，汇入纸厂河。课题组于纸厂河河谷、西其沟及红岩沟共调查到了 4 组岩溶泉 Q20~Q23，1 个落水洞 Q24，详述如下：

Q20 出露于纸厂河河谷，隧道 K45+993 段西侧 828m，泉点出露高程 1594m（高于隧道

664m),流量1693m³/d,属河谷分布的碳酸盐岩岩溶大泉,如图8-4a)所示。根据现场调查,Q20为纸厂河主要补给来源,Q20上游纸厂河河谷为呈干涸状,自Q20出露点向下游,河道水量逐渐变大。

Q21出露于纸厂河一级支流,红岩沟,位于隧道K44+629东侧1727m,泉点出露高程1555m(高于隧道625m)。Q21属河谷分布的岩溶泉群,根据现场调查,Q21在红岩沟河道泉水出露点有5个,总流量17136m³/d,如图8-4b)所示。Q20为红岩沟主要补给来源,Q20出露点上游为干河道,自Q21出露点向下游,河道逐渐有水。

Q22出露于西奇沟中部,位于K45+079西侧130m,泉点出露高程1530m,高于隧道600m。Q22亦属河谷分布的岩溶泉泉群,包括涌水点3个,总流量151m³/d。

Q23出露于西奇沟北部,位于K44+546西侧248m,泉点出露高程为1572m,高于隧道642m。Q23属河谷岩溶泉,流量1629m³/d,如图8-4c)所示。

Q24为西奇沟河道分布的落水洞,落水洞位于K44+913西侧137m,高于隧道664m,如图8-4d)所示。Q24落水洞分布位置属泉点Q22上游,Q23下游。Q24上游西奇沟河段(包括Q23涌水)河水均由Q24落水洞流入,流量为3484m³。受Q24截留河道影响,Q24落水洞至Q23出露位置为现为干河道。根据现场调查访问,Q24落水洞在2016年7月前尚不存在,7月后当地居民放牧时发现河道形成Q24落水洞,应属隧道施工造成。

a)纸厂河河谷泉Q20

b)红岩沟河谷泉群Q21

c)西奇沟北侧上游泉Q23

d)西奇沟落水洞Q24

图8-4 第二次现场调查隧道穿越区水文点分布(碳酸盐岩分布区)

③岩浆岩分布区调查结果。

岩浆岩分布于纸厂河南侧,通风竖井亦设置于此。本次主要对竖井周边出露泉点 Q25、Q26 进行了调查。

其中,Q25 位于竖井南侧 570m,隧道 K47+841 东侧 62m,出露高程 1448m,高于隧道 518m。Q25 属岩浆岩裂隙下降泉,泉流量 34m³/d,现无饮用功能,如图 8-5a)所示。

Q26 位于竖井南侧 245m,隧道 K48+137 东侧 50m,出露高程 1465m,高于隧道 535m。Q26 属山前地势较低位置出露第四系下降泉,泉流量 68m³/d,现无饮用功能,如图 8-5b)所示。

此外,项目组对穿越区各农家乐及酒店亦进行了访问,其饮用水源现主要来自黑熊沟,属地表水。区内无以地下水作为分散或集中式饮用水源的居民。

a) Q25 岩浆岩裂隙下降泉

b) Q26 第四系下降泉

图 8-5 第二次现场调查隧道穿越区水文点分布(岩浆岩分布区)

(3)隧道出口对比调查

隧道出口第二次调查工作主要对前次调查的废弃矿洞 Q13 和 Q17 流量进行了复测。

根据现场调查结果,隧道东侧 267m 废弃矿洞 Q13 现已干涸,洞内仅观察到湿渍。Q17 本次调查涌水量为 76m³/d。

8.2.3 地表重要水文点水量监测结果

根据现场多次调查结果,隧道进口端水文点中,进口端斜井驻地西侧 Q8 流量增大 133m³/d,岩溶暗河 Q10 流量减小 12865m³/d,暗河 Q11 流量减小 4075m³/d。

分析 Q10 和 Q11 暗河流量减小原因:根据本项目补充水文地质勘察,隧道进口段主要穿越寒武系下统石牌组碎屑岩,该地层与上覆寒武系中统西王庙组灰岩形成向斜构造。隧道施工过程中,隧道穿越区裂隙破碎带若通过石牌组碎屑岩沟通上覆西王庙组灰岩岩溶含水层,隧道排水可能对上覆灰岩岩溶含水层造成袭夺,从而引起地表泉点流量减小。

隧道穿越区调查水文点中,Q3 流量无明显变化。碳酸盐岩区 Q20~Q24 为河谷出露的岩溶大泉或暗河,流量介于 1530~1594m³/d,Q25 落水洞截留了西奇沟主要径流,西奇沟沟口流量为 150m³/d。岩浆岩区调查到 Q25 和 Q26 流量均较小,介于 35~68m³/d。

隧道出口端调查到的水文点中，Q13 矿洞涌水量由 $11m^3/d$ 降为 0。Q17 矿洞流量介于 $76\sim83m^3/d$，流量无明显变化，隧道穿越区及出口端水文点分布见表8-2 和表8-3。

隧道穿越区水文点分布　　　　表8-2

编号	调查时间	经度(N) 纬度(E)	高程 (m)	流量 (m^3/d)	与隧道位置关系	分布位置	与隧道垂直 高差(m)	水文点 类型
Q3	2015年10月 2017年5月	32°39′41.64″ 106°57′19.44″	1402	3.5 3.2	K49+018 西侧305m	草原人家附近	472	泉点
Q20	2017年5月	32°41′17.58″ 106°55′53.63″	1594	1693	K45+993 西侧828m	纸厂河谷 出露泉点	664	泉点
Q21	2017年5月	32°42′01.80″ 106°57′11.37″	1555	17136	K44+629 东侧1727m	红岩沟谷 出露泉点	625	泉点
Q22	2017年5月	32°41′43.44″ 106°56′06.37″	1530	151	K45+079 西侧130m	西奇沟下游 出露泉点	600	泉点
Q23	2017年5月	32°42′02.46″ 106°55′55.99″	1572	1629	K44+546 西侧248m	西奇沟上游 出露泉点	642	泉点
Q24	2017年5月	32°41′47.97″ 106°56′5.83″	1594	3484	K44+913 西侧137m	西奇沟谷落水洞	664	落水洞
Q25	2017年5月	32°40′26.15″ 106°57′55.50″	1448	34	K47+841 东侧62m	佰让农家乐附近 出露泉点1	518	泉点
Q26	2017年5月	32°40′16.67″ 106°57′2.33″	1465	68	K48+137 东侧50m	佰让农家乐附近 出露泉点2	535	泉点

隧道出口端水文点分布　　　　表8-3

编号	调查时间	经度(N) 纬度(E)	高程 (m)	流量 (m^3/d)	流量变化量 (m^3/d)	与隧道位置 关系	分布位置	与隧道垂直 高程差(m)	水文点 类型
Q13	2015年10月 2017年5月	32°38′01.00″ 106°57′53.85″	1233	11 干涸	−11	K52+384 东侧267m	隧道出口附近 废弃金矿洞1	253	泉点
Q16	2015年10月	32°37′36.88″ 106°56′56.17″	1512	1.76	—	隧道出口北 西侧2155m	隧道出口附近 废弃金矿洞2	532	泉点
Q17	2015年10月	32°37′36.22″ 106°57′01.42″	1464	83 76	−7	隧道出口北 西侧1595m	隧道出口附近 废弃金矿洞3	484	泉点

8.2.4 地表重要水文点水质调查

根据隧道地表水文地质分区特性，为测试地表水质，共采集水样 5 件，分别取自米仓山黑熊沟、隧道进口段涌水点、纸厂河竖井旁沟，水样分析结果见表 8-4。

研究区水化学常量分析结果汇总表（单位：mg/L） 表 8-4

编号	采样位置	$K^+ + Na^+$	Ca^{2+}	Mg^{2+}	HCO_3^-	CO_3^-	SO_4^{2-}	Cl^-	矿化度	总硬度	pH
S01	米仓山黑熊沟消水点	0.210	22.445	3.409	71.370	0.000	10.571	0.709	73	70.07	7.49
S02	米仓山黑熊沟出水点	1.585	25.651	7.784	104.310	0.000	10.571	2.127	100	96.10	7.47
S03	隧道进口涌水点	1.122	28.858	13.131	126.270	0.000	22.103	1.418	130	126.13	7.88
S04	隧道涌水点	0.205	29.258	9.972	93.330	10.800	16.337	2.127	115	114.11	8.34
S05	竖井旁侧沟	1.119	37.675	1.955	104.310	0.000	17.298	0.709	111	102.10	7.59

所取水样中 S03、S04 为岩溶地下水，S01、S02、S05 为地表水。

地下水 pH 值约 7.4，呈弱碱性，水化学类型主要为 HCO_3-Ca·Mg 型水，为短距离快速径流排泄的地下水特征。

S01 为黑熊沟上游地表水，主要来源为大气降水，经历的水岩作用时间短，离子成分浓度与大气降水具有一致性，故可将水样的离子浓度作为大气降水的特征值，亦作为其余水样进行水岩作用分析的背景值。

S02 位于 S01 南约 1km 处，其下覆基岩岩性为震旦系上统灯影组的白云岩，但经历了一定的水岩作用，水样中 K^+、Na^+ 离子浓度明显上升，而 Ca^{2+}、Mg^{2+}、HCO_3^- 离子浓度、矿化度以及总硬度有略微的上升，而水样中的 SO_{42}^- 离子浓度没有变化。

S05 位于 S01 南约 5km 处，其下覆基岩为震旦系的岩浆岩，在灯影组白云岩段经历了较长的水岩作用时间，因此 S05 水样中 K^+、Na^+、Ca_2^+、HCO_3^-、SO_{42}^- 离子浓度以及矿化度、总硬度有明显的上升，水样中 Cl^- 离子浓度没有变化。

S03 与 S04 为隧道的涌水点，位于震旦系上统灯影组的白云岩中，其水源来自黑熊沟、大坝周边的支沟补给，天然水化学组分与黑熊沟、大气降雨中的组分类似。S04 出水点的水质明显受隧道衬砌注浆过程的影响，pH 值明显偏高。

8.3 米仓山隧道施工涌水监测

8.3.1 米仓山隧道水文地质特征

米仓山隧道自起点向南依次穿过：寒武系下统石牌组（$\in_1 s$）、震旦系上统灯影组（Zbd）及岩浆岩（石英闪长岩）。

其中,隧道进口(K39+734)~K40+070,长3336m洞段穿越地层为寒武系下统石牌组。根据本项目补充水文地质勘察报告,石牌组下部为深灰、灰色砂质页岩、页岩,夹薄层粉砂岩及透镜状灰岩,含碳质,厚约120m;上部为粉~细砂岩夹薄层页岩。该层厚约300~380m,主要赋存碎屑岩浅层风化裂隙及构造裂隙水。

隧道穿越石牌组碎屑岩上覆寒武系石龙洞组碳酸岩。该地层岩性为鲕状灰岩,发育溶洞、竖井、漏斗等。大气降雨于地表补给该含水层后,在深部则逐渐转为与岩层层面近一致且具不同规律的网络管道系统进行运移,并在地势低洼处、与非可溶岩接触带处,常以泉、暗河等方式排泄。

K43+070~K43+597段(长527m)穿越地层为震旦系灯影组。该地层下部以厚层白云岩为主,呈鲕粒状及葡萄状构造;中部夹有薄层的砂岩、页岩;上部以硅质白云岩为主,厚380~670m,赋存碳酸盐岩岩溶水。根据补充水文地质勘察资料及现场调查,该地层岩溶较发育,地表岩溶现象表现为溶洞、岩溶竖井、溶蚀漏斗、溶槽等。深部以网络状岩溶裂隙、岩溶管道以及大型的溶蚀~侵蚀洞穴为主,地下水具有庞大复杂的运移赋存空间,径流复杂,常以岩溶大泉、暗河出露地表。

K43+597~隧道出口(K53+526),长9929m穿越地层为闪长岩,该地层地下水主要赋存于浅层风化及构造裂隙,富水性较弱。

项目工程区水文地质剖面如图8-6所示。

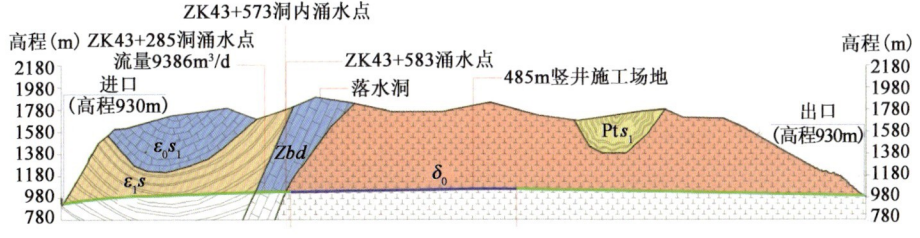

图8-6 米仓山隧道隧址区水文地质剖面

8.3.2 隧道涌水情况初次调查

1)进口端(汉中段)情况

自开始施工至2015年10月(2013年10月开始施工,共施工2年),隧道进口端(汉中段)左线施工1601.5m,右线施工1613m,施工长度占隧道总长度的11.5%~11.6%(占LJ1标段施工长度的26.2%~26.6%),隧道施工洞段基本施作二次衬砌,仅掌子面附近施工区尚未施作围岩衬砌。

隧道施工洞段均位于寒武系下统石牌组碎屑岩地层。隧道施工过程中,目前洞壁仅观测到少量地下水由衬砌浸出,掌子面可观察到小股涌水沿掌子面流出,流量较小。根据现场测量,进口端洞内涌水量为1229.42m³/d。

隧道施工及洞内涌水如图8-7所示。

a) 隧道洞口

b) 洞内壁面渗水

c) 掌子面小股涌水

d) 洞内排水情况

图 8-7　进口端(汉中段)隧道施工及洞内涌水

进口端(汉中段)斜井设计长度为 1860～1886m,首次调查斜井左、右洞均已施工至 1100m,约占斜井总长度的 60%。斜井全段均位于寒武系下统石牌组碎屑岩,洞内渗水沿洞壁径流至斜井底部,由水泵定期抽排至地表。斜井涌水量较小,洞内未观测到大股涌水,仅洞壁有少量渗水。斜井施工及涌水如图 8-8 所示。

a) 斜井洞口

b) 洞内壁面渗水

图 8-8

c) 洞口抽水

d) 洞口排水

图 8-8　进口端(汉中段)斜井施工及涌水

2) 出口端(巴中段)情况

出口端(巴中段)于 2013 年 10 月开始施工,至初次调查时,出口端(巴中段)左线、右线施工长度均约 2200m,施工长度占隧道总长度的 15.9%(占 LJ2 标段施工长度的 28.4%)。与汉中段施工情况类似,隧道施工洞段基本施作二次衬砌,仅掌子面附近施工区尚未施作围岩衬砌。

隧道施工洞段围岩以闪长岩为主,隧道施工过程中,洞壁衬砌及掌子面仅观测到少量地下水渗出。根据现场测量,出口端左洞排水量为 2005m³/d,右洞排水量为 2761m³/d,出口端总排水量为 4766m³/d。出口端(巴中段)隧洞施工及洞内涌水如图 8-9 所示。

a) 隧道洞口

b) 洞内壁面渗水

c) 洞内导流沟

d) 洞口排水情况

图 8-9　出口端(巴中段)隧道施工及涌水

斜井设计长度为1580～1582m,本次调查斜井左、右洞均已施工至1300m,占斜井总长度约82%,斜井全段均位于闪长岩分布区,洞内渗水沿洞壁径流至斜井底部,由水泵定期抽排至地表。斜井涌水量较小,洞内未观测到大股涌水,仅洞壁有少量渗水。斜井施工及涌水如图8-10所示。

a) 斜井洞口　　　　　　　　　　　　b) 斜井洞口排水

图8-10　出口端(巴中段)斜井施工及涌水

8.3.3　隧道涌水监测

1) 进口端(汉中段)

2017年5月,课题组开展第二次现场调查工作,此次调查距2015年10月第一次调查工作开展时间约为一年半,隧道进口端左洞、右洞均已经施工约4000m,施工长度占隧道总长度的28%～29%(占LJ1标段施工长度的65%),隧道施工洞段基本施作二次衬砌,仅掌子面及洞内涌水点未施作衬砌。

隧道施工洞段中,自起点至3336m为寒武系下统石牌组碎屑岩,3336～3863m(长527m)为震旦系灯影组白云岩,3863～4000m为闪长岩。本次调查过程中,碎屑岩段洞壁及闪长岩洞壁均已施作衬砌,仅能观察到少量地下水由衬砌渗出。

白云岩洞段中本次观察到2处规模较大的涌水点:右洞K43+285(距起点3551m)分布1条岩溶暗河,暗河水沿右洞的左侧洞壁涌至洞内,暗河形成的岩溶管道直径约1m,涌水量为9800m³。根据访问,K43+285处暗河在施工后期不采取堵水或施作衬砌等措施,暗河排水将直接由洞内设置的导流沟疏排至洞外。

左洞ZK43+573及右洞K43+583(距起点约3870m)洞顶分布另一涌水点,该涌水点亦为岩溶管道型涌水。岩溶管道于隧道顶端横切展布,呈裂口状,裂口宽约0.5m,地下水于裂口处流入洞内,裂口下部设置隧道施工桁架,裂口处涌入的地下水由桁架顶部流至洞内,沿排水沟导流至洞外。进口端(汉中段)第二次调查隧道涌水如图8-11所示。

左洞及右洞洞内涌水及洞壁渗水沿洞内设置的导流沟导流至洞口,经洞口埋设的排水涵管排至洞外。根据现场测量,进口端左洞、右洞总排水量为70000m³/d。初次调查期间隧道进口端排水量为1229.42m³/d。

a) 隧道进口端总排水

b) K43+285涌水点

c) K43+573涌水点

d) K43+583涌水点

图 8-11　进口端(汉中段)第二次调查隧道涌水

米仓山隧道于2018年8月9日全线贯通,此时距隧道开始施工近5年,现场监测发现隧道进口右洞 K42+825 处为大型涌水点,且长期涌水,涌水点位于灯影组白云岩,岩溶发育且富水,持续接受降雨及地表水补给,该出水点水量基本不会减小,动态变化受季节影响。右洞进口 K43+583 处有小型涌水点,涌水点位于灯影组与岩浆岩接触带处,裂隙发育,隧道入口洞壁有渗水成小股状顺壁而流。进口端排水量为 $20000\text{m}^3/\text{d}$。贯通后隧道涌水如图 8-12 所示。

二次调查时,汉中端斜井已与主洞贯通,洞壁亦全部施作衬砌。根据现场访问,斜井洞壁渗水量较小,地下水由围岩渗出后,由斜井地下水导流系统导排至主洞,与主洞排水汇合后,排至洞外。

2) 出口端(巴中段)

二次调查时,隧道出口端(巴中段)已施工 5900m,施工长度占隧道总长度 42%(占 LJ2 标段施工长度的 76%)。隧道施工洞段中,5400m 已施作二次衬砌,其余 500m 为裸洞。

根据现场调查及本项目地质勘察剖面资料,出口端施工洞段围岩仍以闪长岩为主,隧道施工过程中,洞内衬砌及裸洞仅有少量地下水渗出,无大股涌水点。根据现场测量,出口端隧道总排水量为 $5334\text{m}^3/\text{d}$。初次调查时总排水量为 $4766\text{m}^3/\text{d}$。2018年8月,出口端隧道总排水量为 $6004\text{m}^3/\text{d}$。

a) 进口洞内涌水

b) 洞口排水测流

图 8-12　进口端（汉中端）贯通后隧道涌水

隧道贯通后洞壁可见少量水渗出来，已施作好衬砌的部分未见渗水。

巴中段斜井与汉中段斜井情况相同，二次调查时已与主洞贯通，洞壁已全部施作衬砌。斜井洞壁渗水由围岩渗出后，由斜井地下水导流系统导排至隧道主洞，与主洞排水汇合后排至洞外。项目组在通风斜井 200m 位置处对斜井的流量进行测量，其流量为 255m³/d。

通风竖井设置于米仓山国家森林公园大坝北侧约 1000m 纸厂河西岸，米仓山隧道 K46 + 380 处。竖井设计深度介于 430.89~435.76m 之间，单洞直径 9m。竖井现已施工 410m，已施工洞段均施作衬砌，衬砌主要结构为 0.5m 厚 P8 等级混凝土。

根据本项目地质勘察资料，通风竖井自地表至设计深度主要穿越地层为闪长岩。现场调查发现，由地表至地下 410m，洞内 K0 + 71m、K0 + 82m、K0 + 89m 位置可观察到小股涌水；涌水及少量渗水沿洞壁汇流至洞底积蓄起来，经 4m³ 吊桶吊至地表后，倾倒至洞外。根据现场访问，二次调查时竖井涌水量为 500m³/d。竖井贯通后无明显渗水。出口端（巴中段）隧道施工及涌水如图 8-13 所示。

a) 出口端第二次调查洞口涌水

b) 斜井洞内边沟

图 8-13

c) 竖井地表工程

d) 竖井洞内涌水

图 8-13　出口端(巴中段)隧道施工及涌水

3) 小结

根据 2015 年 10 月和 2017 年 5 月及 2018 年 9 月隧道贯通后三次调查结果,整理米仓山隧道工程现场调查工作小结,见表 8-5。本项目主要工程内容中,隧道进口端(LJ1 标段)随着隧道施工长度由 1600m 增至 4000m,隧道涌水量由 1229.42m^3/d 增至 70000m^3/d,涌水量增加 68770.58m^3/d,涌水增加量包括:新增施工洞段洞内涌水量及通风斜井洞内涌水量。隧道贯通后,隧道涌水量减小至 20000m^3/d。

出口端(LJ2 标段)随着施工长度由 2200 增至 5900m,同时通风斜井贯通,斜井内涌水汇入主洞与主洞涌水一同排放,其涌水量由 4766m^3/d 增至 5334m^3/d,涌水量仅增加 568m^3,增幅较小。

竖井施工 410m 时竖井内涌水量为 500m^3/d,涌水量较小。

米仓山隧道工程现场调查工作小结　　　　　表 8-5

工程内容	标段	调查日期	施工时间(年)	施工长度	穿越地层	涌水总量(m^3/d)	涌水量增加量(m^3/d)	备注
隧道主洞	LJ1	2015 年 10 月	2	约 1600m	起点~1600m 为碎屑岩	1229.42	68770.58	观测到渗水及掌子面小股涌水
		2017 年 5 月	3.85	约 4000m	起点至 3336m 为碎屑岩,3336~3863m 为碳酸岩,3863~4000m 为闪长岩	70000		观测到洞内渗水及暗河
	LJ2	2015 年 10 月	2	约 2200m	隧道终点至施工 2200m 为岩浆岩	4766	568	仅观测到洞内渗水
		2017 年 5 月	3.85	约 5900m	隧道终点至施工 5900m 为岩浆岩	5334		仅观测到洞内渗水

续上表

工程内容	标段	调查日期	施工时间（年）	施工长度	穿越地层	涌水总量（m³/d）	涌水量增加量（m³/d）	备注
斜井工程	LJ1	2015年10月	2	约1100m	施工全线位于碎屑岩	—	—	仅观测到洞内渗水
		2017年5月	3.85	约1860m（贯通）		—	—	
	LJ2	2015年10月	2	约1300m	施工全线位于岩浆岩	—	—	仅观测到洞内渗水
		2017年5月	3.85	约1580m（贯通）		—	—	
竖井工程	LJ2	2015年10月	2	未动工	施工全线位于岩浆岩	500	500	观测到洞壁小股涌水及渗水
		2017年5月	3.85	410m深				

8.4 米仓山隧道施工环境的影响评价

8.4.1 评价指标的选取

现有的环境影响指标体系存在选取指标过多、指标不便于量化等不足，在工程应用中受到很大的限制。根据米仓山隧道的工程特点，查阅大量相关国内外文献，分析已有的指标体系构建案例，将隧道排水对生态环境的影响从自然地质条件、隧道施工条件两个方面进行构建，指标的选取要遵循具体性、科学性、典型性、综合性原则，且指标的数量不宜过多，需剔除意义不明确、不易判断、不符合以上原则的指标，保留较典型、容易分析、符合以上原则的指标因子。

层次分析法（Analytic Hierarchy Process，AHP）具有自上而下的结构特点，可将指标分为目标层、准则层和指标层。隧道施工排水对生态环境的影响即为目标层，它是整个影响评价系统的目标，根据米仓山、二郎山的工程特点，将自然地质条件与隧道施工条件定为评价系统的准则层，准则层这两个子系统又细分为多年平均降雨量、降雨入渗强度、岩体渗透系数、预计降深、隧道预测排水量、防堵水技术这6个指标层，指标层是准则层的具体表现。隧道施工排水的环境影响指标层次结构见表8-6。

隧道施工排水的生态环境影响指标层次结构 表8-6

目标层	准则层	指标层
隧道施工排水对生态环境的影响（B）	自然地质条件（B1）	多年平均降雨量（B11）
		降雨入渗强度（B12）
		岩体渗透系数（B13）
		预计降深（B14）
	施工条件（B2）	隧道预测排水量（B21）
		防堵水技术（B22）

六个指标层中,多年平均降雨量和降雨入渗强度直接影响隧址区地下水补给量,岩体渗透系数影响隧道排水工况下的地下水补给能力,预计降深、隧道预测排水量和防堵水技术与地下水的排泄有较强的相关性。可以认为6个指标层已经较为完整的包括了隧址区排水对地下水流场变化的影响和地下水流场变化对生态环境的影响。

表中"B"为总目标层的代号,目标层下分准则层自然地质条件、施工条件两个子系统,用"B1""B2"来表示。目标层用"B11-B14""B21-B22"来表示。

地下水排放生态环境影响指标体系主要由自然地质条件、施工条件2个子系统和6个具体指标构成,由于各评价指标等级在对岩溶、非岩溶隧道地质灾害危险性评价中所起的作用有轻重之分,形成岩溶、非岩溶隧道两套指标分级标准,对各指标说明如下:

1)自然地质条件

自然地质条件子系统包括了多年平均降雨量、降雨入渗强度、岩体渗透系数、预计降深4个指标,这些指标均反映了由于自然地质条件对生态环境产生的影响。

(1)多年平均降雨量

多年平均降雨量是指在某一历时内的平均降落量。它可以用单位时间内的降雨深度表示,也可以用单位时间内的单位面积上的降雨体积表示,多年平均降雨量=降雨量/降雨历时。多年平均降雨量是描述暴雨特征的重要指标,强度越大,雨愈猛烈,多年平均降雨量也是决定暴雨径流的重要因素。

大气降水是补给含水层的最主要因素,大气降水补给地下水的数量受许多因素的影响,与多年平均降雨量、形成、植被状况、包气带岩性、含水层埋藏条件等都有关系,其降水量大、降水过程长、地形平坦、植被繁茂、包气带岩土透水性良好,故大气降水可以大量下渗补给地下水。

划分标准:降雨量越多,对含水层的补给也就越多,一定量的排水对整个含水层的影响就越小,进而对整个生态环境的影响也就越小。相对于岩溶隧道,非岩溶隧道涌水总量不大,一定的降雨量可补给由于排水而损失的地下水,基于对生态环境的影响,参考全国多年平均降雨分布图,本节将多年平均降雨量分为5个等级,划分标准见表8-7。

隧道多年降雨量的影响等级划分标准　　表8-7

评分		5	4	3	2	1
多年平均降雨量(mm)	岩溶隧道	<200	200~400	400~800	800~1600	>1600
	非岩溶隧道	<100	100~300	300~600	600~1200	>1200

(2)降雨入渗强度

降雨入渗强度指一定时期内降水入渗补给地下水的水量与同期内降水量的比值。大气降水到达地面以后,一部分蒸发返回至大气中或被植物截留,一部分形成地表径流,剩余部分渗入地下。渗入地下的这部分水量并非全部补给地下水,而是在入渗过程中部分被土壤的蒸发和植物的蒸腾作用所消耗,部分附着于土壤颗粒的表面,余下的一部分才真正成为地下水的补给来源。

划分标准:降雨入渗强度可以采用人工模拟降雨的试验方法、水量平衡分析法、地中渗透仪测定法和地下水动态资料法等方法计算降雨入渗强度经验值,见表8-8。

降雨入渗强度经验值表　　　　　表8-8

地层名称	降雨入渗强度(α)	地层名称	降雨入渗强度(α)
粉质黏土	0.01~0.02	较完整岩石	0.10~0.15
粉土	0.02~0.05	较破碎岩石	0.15~0.18
粉砂	0.05~0.08	破碎岩石	0.18~0.20
细砂	0.08~0.12	极破碎岩石	0.20~0.25
中砂	0.12~0.18	岩溶微弱发育	0.01~0.10
粗砂	0.18~0.24	岩溶弱发育	0.10~0.15
圆砾(夹砂)	0.24~0.30	岩溶中等发育	0.15~0.20
卵石(夹砂)	0.30~0.35	岩溶强烈发育	0.20~0.50
完整岩石	0.01~0.10		

降雨入渗强度越大，进入含水层的补给也就越多，一定量的排水对整个含水层的影响就越小，进而对整个生态环境的影响也就越小。基于对生态环境的影响和上述不同岩性地层降雨入渗强度经验值的分布情况，将降雨入渗强度分为5个等级，具体划分结果见表8-9。

降水入渗强度的影响等级划分　　　　　表8-9

评分		5	4	3	2	1
降水入渗强度	岩溶隧道	<0.05	0.05~0.15	0.05~0.30	0.30~0.50	>0.50
	非岩溶隧道	<0.01	0.01~0.05	0.05~0.1	0.1~0.25	>0.25

(3) 岩体渗透系数

渗透系数又称水力传导系数(Hydraulic Conductivity)。在各向同性介质中，它被定义为单位水力梯度下的单位流量，表示流体通过孔隙骨架的难易程度。在各向异性介质中，渗透系数以张量形式表示。渗透系数愈大，岩石透水性愈强。强透水的粗砂砾石层渗透系数大于10m/d；弱透水的亚砂土渗透系数为1~0.01m/d；不透水的黏土渗透系数小于0.001m/d。

划分标准：岩体渗透系数越大，岩石透水能力越强，增大地表水与地下水的联系，为涌水提供源源不断的涌水水源，增大涌水量，从而对整个生态环境的影响也就越大。基于对生态环境的影响，本节将岩体渗透系数分为5个等级，具体划分结果见表8-10。

岩体渗透系数的影响等级划分　　　　　表8-10

评分		5	4	3	2	1
岩体渗透系数(cm/s)	岩溶隧道	>10^{-2}	10^{-4}~10^{-2}	10^{-5}~10^{-4}	10^{-5}~10^{-6}	<10^{-6}
	非岩溶隧道	>10^{-3}	10^{-5}~10^{-3}	10^{-6}~10^{-5}	10^{-7}~10^{-6}	<10^{-7}

(4) 预计降深

隧道地下水位降低的数值。隧道排水前的地下水位称"静水位"，隧道排水时降低的地下水位称"动水位"。水位降深等于静水位与动水位之差。预计降深直接影响排水量，降深越大，排水量越大，对于生态环境的影响越大。具体划分结果见表8-11。

预计降深的影响等级划分　　　　　　　　　　　　　　　表8-11

评分		5	4	3	2	1
预计降深(m)	岩溶隧道	>500	300~500	100~300	10~100	<10

2) 隧道施工条件

(1) 隧道预测排水量

隧道开挖前,地下水系统处于平衡状态。隧道开挖后,假定其所在地下水系统无额外补给和排泄,则隧道排水将打破之前的平衡,并导致在隧道围岩中形成地下水位降落漏斗,隧道轴线距漏斗边缘的距离被称为"影响半径"。隧道总排水量等于漏斗范围内被疏干的地下水储存量。

此时,隧道总在给定条件下,隧道排水只能靠消耗围岩地下水系统中的储存量来保证,因而随着隧道排水过程的进行,隧道围岩的地下水位降落漏斗将不断扩展。隧道长期排水不仅影响衬砌结构和行车安全,而且对地表生态环境的破坏也是不容忽视的。"控制排水"并非完全意义上的封堵地下水,而是允许一定量的排放,前提是排放地下水引起的地下水位下降幅度在允许的范围内,不会影响当地生态环境。划分标准见表8-12。

隧道预测排水量的影响等级划分　　　　　　　　　　　　表8-12

评分		5	4	3	2	1
隧道预测排水量 (m³/h)	岩溶隧道	>40000	20000~40000	10000~20000	1000~10000	<1000
	非岩溶隧道	>50000	40000~50000	20000~40000	5000~20000	<5000

(2) 防堵水技术

当隧道施工过程中有渗漏水时,不同的防堵水技术措施对生态环境的治理有正效应,注浆和防水板等防水措施能够减少地下水渗漏,防堵水技术措施越完善对环境的影响就越小。

防水混凝土结构是指以本身的密实性而具有一定防水能力的整体式混凝土或钢筋混凝土结构。它兼有承载、维护和抗渗的功能,还可满足一定的耐冻融及侵蚀要求。防水混凝土结构具有材料来源广泛、工艺操作简便、改善劳动条件、缩短施工工期、节约工程造价、检查维修方便等优点。单从经济角度讲,防水混凝土结构比一般混凝土结构划算,其费用仅相当于一般混凝土结构采用卷材防水层所耗用资金的10%左右。

预注浆,即工程开挖前使浆液预先充填围岩裂隙,达到堵塞水流、加固围岩目的所进行的注浆。可分为工作面预注浆,即超前预注浆;地面预注浆,包括骚井地面预注浆和平巷地面预注浆。注浆技术在地下结构防渗、基坑加固、防止地面沉降、已建构筑物地基处理、顶管减摩顶进等方面起着重要的作用。对隧道工程而言,注浆具有充填作用、加固作用和减渗作用。

不同的防堵水技术对环境的影响可分为以下等级,见表8-13。

防堵水技术的影响等级划分　　　　　　　　　　　　　表8-13

评分		5	4	3	2	1
防堵水技术	岩溶隧道	无衬砌	混凝土结构自防水	复合衬砌防水	复合衬砌+后注浆	复合衬砌+预注浆
	非岩溶隧道	无衬砌	混凝土结构自防水	复合衬砌防水	复合衬砌+后注浆	复合衬砌+预注浆

生态环境影响评价评价标准的基本要求是:能反映生态环境质量的优劣,特别是能衡量生态环境功能的变化;能反映生态环境受影响的程度,并尽可能定量化;能用于规定开发建设活

动的行为方式,即具有可操作性。截至目前,国内外对于隧道建设对生态环境的影响评价尚无统一的标准,本项目标准的来源主要包括以下方面:国家、地方与行业规定的标准;背景标准与本底标准;类比评价标准;科学研究已经判定的生态效应。

具体到西南山区公路隧道,由于国内缺乏相应的标准,在此整合以往研究资料、工程设计经验,根据各指标因子自身特征划分标准自很弱(Ⅰ)至很强(Ⅴ)共5级,详见表8-14。

隧道施工排水的生态环境影响指标分级　　　　表8-14

评价指标			岩 溶 区				
目标层	准则层	指标层					
[A]隧道施工排水对地下水环境效应	[B1]自然地质条件	[B11]多年平均降雨量(mm)	>1600	800~1600	400~800	200~400	<200
		[B12]降雨入渗强度	>0.5	0.3~0.5	0.15~0.30	0.05~0.15	<0.05
		[B13]岩体渗透系数(cm/s)	$<10^{-6}$	$10^{-5} \sim 10^{-6}$	$10^{-5} \sim 10^{-4}$	$10^{-4} \sim 10^{-2}$	$>10^{-2}$
		[B14]预计降深(m)	<10	10~100	100~300	300~500	>500
	[B2]施工条件	[B21]隧道预测排水量(m³/h)	<1000	1000~10000	10000~20000	20000~40000	>40000
		[B22]防堵水技术	复合衬砌+预注浆	复合衬砌+后注浆	复合衬砌防水	混凝土结构自防水	无衬砌
评分		X_i	1 很弱(Ⅰ)	2 较弱(Ⅱ)	3 中等(Ⅲ)	4 较强(Ⅳ)	5 很强(Ⅴ)
评价指标			非 岩 溶 区				
目标层	准则层	指标层					
[A]隧道施工排水对地下水环境效应	[B1]自然地质条件	[B11]多年平均降雨量(mm)	>1200	600~1200	300~600	100~300	<100
		[B12]降雨入渗强度	>0.25	0.1~0.25	0.05~0.1	0.01~0.05	<0.01
		[B13]岩体渗透系数(cm/s)	$<10^{-7}$	$10^{-7} \sim 10^{-6}$	$10^{-6} \sim 10^{-5}$	$10^{-5} \sim 10^{-3}$	$>10^{-3}$
		[B14]预计降深(m)	<50	50~200	200~400	400~600	>600
	[B2]施工条件	[B21]隧道预测排水量(m³/h)	<5000	5000~20000	20000~40000	40000~50000	>50000
		[B22]防堵水技术	复合衬砌+预注浆	复合衬砌+后注浆	复合衬砌防水	混凝土结构自防水	无衬砌
评分		X_i	1 很弱(Ⅰ)	2 较弱(Ⅱ)	3 中等(Ⅲ)	4 较强(Ⅳ)	5 很强(Ⅴ)

8.4.2 评价指标量化

建立隧道地下水对环境影响的指标体系后,下一步要对指标进行量化,所选的指标中有的可以用数值表示其大小,例如降雨入渗强度、岩体渗透系数等,而有的是一种综合其性质的语言文字描述,无法直接比较其大小或是厉害性。本研究对能够数值化的指标进行隶属度评价,对不能定量的指标根据经验的取值进行定性评价。

AHP 法适用于多层次、多指标的复杂的综合评价问题。AHP 法确定权重的方法步骤如下所述。

(1)建立层次结构模型

深入分析面临的问题,当问题中所包含的因素划分为不同层次如目标层、准则层、单项评价指标层等时,用框图形式说明层次的递阶结构与因素的从属关系。当某个层次包括的因素较多时,可将该层次进一步划分为若干子层次。

(2)构造判断矩阵

AHP 法要求评价人员组织专家对每一层次各后评价指标的相对重要性给出判断,构造判断矩阵。判断矩阵的形式为:

$$\boldsymbol{B} = \begin{bmatrix} b_{11} & b_{12} & \cdots & b_{1n} \\ b_{21} & b_{13} & \cdots & b_{2n} \\ \vdots & \vdots & & \vdots \\ b_{ni} & b_{n2} & \cdots & b_{nn} \end{bmatrix} \tag{8-1}$$

式中,b_{ij} 表示对于 a_k 而言对 $\boldsymbol{B}$ 的相对重要性,a_k 为相对权重的比值。这些重要性用数值表示,通过同一层次指标两两比较其相对重要性,得出相对权值的比值 a_{ij},具体判断可采用 1~9 标度值判定法,见表 8-15。

指标重要性判断　　　　　　　　　　　　　　　表 8-15

标 度 值	意 　 义
1	i 因素与 j 因素同等重要
3	i 因素与 j 因素稍微重要
5	i 因素与 j 因素明显重要
7	i 因素与 j 因素非常重要
9	i 因素与 j 因素极端重要
2、4、6、8	处于上述两种判断等级之间的状态
倒数	j 因素与 i 因素比较判断为 b_{ji}/b_{ij}

判断矩阵中的数值是根据数据资料、专家意见和决策者的认识加以综合平衡后得出的,衡量判断矩阵适当与否的标准是判断矩阵是否满足一致性。

(3)层次单排序

层次单排序是指:根据判断矩阵计算针对上一层某单元而言,本层次与之有联系的各单元之间重要性的权值。它是对层次中所有单元针对上一层次而言的重要性进行排序的基础。

(4) 判断矩阵一致性调整

当不满足一致性要求时,则需对构造的判断矩阵 B 进行适当调整,以满足一致性的要求。利用 AHP 法构建评价矩阵,最终得到各项指标权重见表 8-16。

各项评价指标的权重值　　表 8-16

影响因子		权重
自然地质条件	多年平均降雨量(mm)	0.0547
	降雨入渗强度	0.1545
	岩体渗透系数(cm/s)	0.2908
	预计降深(m)	0.0847
隧道施工条件	隧道预测排水量(m³/h)	0.1375
	防堵水技术	0.2778

8.4.3 综合评价指标体系

由于地质工程领域诸多问题通常难以准确地定量化表达,工程问题的评价难以建立统一的评价准则、标准,实际解决问题的过程中,多采用定性分析和描述或者包含经验类比和统计思想的评价方法,应用中或多或少存在主观随意性和不确定性。定量方法从形式上要严格一些,既可以是确定的,也可以是基于概率的。

综合本次研究的预期目标,遵循以上的构建原则和方法,将 5 个评价指标的定量分值关联起来,构建综合评价指标 K,以 K 总分值来表示施工排水对生态环境影响指数。基本计算公式如下:

$$K = \alpha_1 X_1 + \alpha_2 X_2 + \cdots + \alpha_9 X_9 \tag{8-2}$$

式中： K——表示隧道施工排水对生态环境影响指数,其值越大,影响程度越大;

α_i——表示评价指标权重;

$X_i(i=1,2,\cdots,9)$——各指标分值。

将表中对于各指标评分所得 $X_1,X_2\cdots X_9$ 和表 8-14 所得权重 $\alpha_1,\alpha_2\cdots\alpha_9$ 代入式(8-2)中,计算得出综合总分值 K。

目前隧道施工排水对生态环境影响主要从地下水位降低和地表生态系统恶化两个方面来确定风险接受准则及等级。依据《环境影响评价技术导则-生态影响》(HJ 19—2016)和《环境影响评价技术导则-地下水环境》(HJ 610—2016),结合相关文献资料,划分生态环境综合影响评价等级见表 8-17。根据上文得出综合总分值 K,结合表 8-17,评价隧道施工排水对生态环境影响。

隧道施工排水对生态环境影响综合评价等级的表征　　表 8-17

综合总分值 K	生态环境综合影响评价等级	描述
0~1	微	地表水位几乎无变化,地下水位略微降低,井泉流量略微减少,对地表生态系统几乎无影响
1~2	弱	局部区域地下水位下降,地表水流量略微减小,井泉流量显著减少但不断流,长期排水造成部分对地下水位变化敏感的植物出现生长缓慢现象

续上表

综合总分值 K	生态环境综合影响评价等级	描 述
2~3	中	区域地下水位明显下降,并伴随出现局部地区地面沉降、地表水流量减少和一定数量井泉枯竭,但雨季流量有所恢复,需水量较大的木本植物开始出现生长缓慢现象,对水量变化敏感的植物开始出现少量枯萎
3~4	强	区域地下水位显著下降,并伴随出现一定范围的地面沉降、岩溶塌陷,地表水流量明显减少且大量井泉枯竭,部分植物出现枯萎,对水量变化敏感的植物开始枯死
4~5	极强	区域地下水位大量下降,并伴随出现大范围的地面沉降、岩溶塌陷,大量地表水及井泉枯竭,植物枯死数量增多,生态系统多样性明显降低,有出现荒漠化趋势

根据《地下工程防水技术规范》(GBJ 108—2008),《环境影响评价技术导则——地下水环境》(HJ 610—2016),及《公路工程技术标准》(JTG B01—2014),将评价范围划分为环境敏感区及非敏感区,对于环境敏感区,要求总评价分值小于2,隧道排水对生态环境产生的影响等级至少为弱;对于非敏感区,要求总评价分值小于3,隧道排水对生态环境影响的等级可放宽至中。

环境敏感区,是指依法设立的各级各类自然、文化保护地,以及对建设项目的某类污染因子或者生态影响因子特别敏感的区域,主要包括:

(1)自然保护区、风景名胜区、世界文化和自然遗产地、饮用水水源保护区。

(2)基本农田保护区、基本草原、森林公园、地质公园、重要湿地、天然林、珍稀濒危野生动植物天然集中分布区、重要水生生物的自然产卵场及索饵场、越冬场和洄游通道、天然渔场、资源性缺水地区、水土流失重点防治区、沙化土地封禁保护区、封闭及半封闭海域、富营养化水域。

(3)以居住、医疗卫生、文化教育、科研、行政办公等为主要功能的区域,文物保护单位,具有特殊历史、文化、科学、民族意义的保护地。

依照"隧道允许排放量－原始评价等级涌水量－隧道有效控制后涌水量"的原则,确定隧道允许排放量。

限排量可根据相关水文参数变化规律进行取值调整,当大气降水量大、围岩渗透系数大时,可以适当增大限排量;当大气降水量小、围岩渗透系数小则适当减小限排量。

依据隧道建设对生态环境影响等级的评定结果,得出隧道施工排水对环境不同程度的影响,考虑敏感区与非敏感区。根据《地下工程防水技术规范》(GBJ 108—2008),《环境影响评价技术导则——地下水环境》(HJ 610—2016),及《公路工程技术标准》(JTG B01—2014),基于要求达到的隧道排水环境影响健康等级及各单项指标分值,根据福希海默公式求得影响半径,由降深、影响半径及相关水文地质参数,求得隧道最大涌水量,确定隧道地下水允许排放标准,并提供相应的堵水措施建议。

8.4.4 米仓山隧道涌水量计算

隧道涌水量是影响生态环境的重要因素,首先通过隧道涌水量预测开展环境影响评价。结合米仓山隧址区含水岩组的划分、地形地貌等特征,采用"地下水动力学法"对隧道进行隧道影响半径、正常涌水量及最大涌水量计算。

地下水动力学法即按不同地段水文地质特征,选取不同的水文地质参数,将隧道各段视为无隔水底板、左右无限延伸的潜水含水层,根据该隧道的情况,选用"裴布依"理论式与地下水径流模数法进行正常涌水量、最大涌水量预算。

$$Q_s = L \cdot K \frac{H^2 - h^2}{R_y - r} \tag{8-3}$$

$$q_0 = \frac{2\pi khm}{\ln(2h/r)} \tag{8-4}$$

其中,影响半径采用库萨金公式:

$$R_y = 2S\sqrt{KH} \tag{8-5}$$

式中:Q_s——隧道正常涌水量,m³/d;
  L——隧道通过含水体的长度,m;
  K——含水体渗透系数,m/d;
  H——洞底以上潜水含水体的厚度,m;
  r——隧道宽度的一半,m;
  R_y——隧道含水段的引用补给半径,m;
  S——静止水位至隧道底部的降低值,m;
  h——隧道排水沟深度,m;

其中 $r = 5.125\text{m}$,$h = 0.5\text{m}$,假设 $S = H$。

根据米仓山隧道钻孔施工中获得的简易水文地质资料、终孔测得的孔内静止水位及地面水文地质调查,利用米仓山工程地质勘察报告中提供的"米仓山隧道纵横断面图"做出该隧道洞轴地下水位线,并根据各钻孔及地面地层岩性,结合地形地貌及含水岩组含水性将隧道洞轴划分为 3 段,即 A 段:AK39+380(AZK39+392m)~AK40+480m(AZK40+432m)、B 段:AK40+480m(AZK40+432m)~AK42+728m(AZK42+692m)、C 段:AK42+728m(AZK42+692m)~AK53+036m(AZK53+046m),其中 A 段与 C 段为非岩溶区,B 为岩溶区。根据洞轴分段,采用"裴布依"理论式分别计算各段正常涌水量。

AK39+380(AZK39+392m)~AK40+480m(AZK40+432m),该段岩性为 $\epsilon_1 s$ 砂质页岩,岩石节理裂隙发育一般,基岩裂隙水贫乏。经调查,该段在洞底以上赋水可能性较小,加之为在该层位获得相关水文地质参数,该段采用降水入渗强度法计算正常涌水量:

$$Q_s = 2.74 \times \alpha \times W \times A \tag{8-6}$$

式中:Q_s——隧道正常涌水量,m³/d;
  α——降水入渗强度,根据 1:20 万南江幅《区域水文地质普查报告》取 0.10;
  W——年降雨量,mm,取年平均降雨量 1194mm;
  A——隧道通过含水体的地下集水面积,km²,在 1:2.5 万平面图上圈定,面积 8.5km²,

$$A = L \times B;$$

L——隧道涌水段长度,m;

B——影响涌水段的汇水宽度,m。

$$Q_s = 2.74 \times \alpha \times W \times A = 2.74 \times 0.10 \times 1194 \times 8.5 = 2780.8(\text{m}^3/\text{d})$$

由洞轴水位线断面获得 $S = H = 558$m。

AK40+480m(AZK40+432m)~AK42+728m(AZK42+692m),该段岩性为 Zbd 白云岩,经在 AK43600L15 号钻孔中做抽水试验取得 Zbd 白云岩渗透系数 $K = 0.1683$m/d,由洞轴水位线断面得到 $S = H = 558$m,$L = 2260$m。

计算:

$$R_y = 2S\sqrt{KH} = 10814.92(\text{m})$$

该段补给面积仅 47.852km²,换算半径 $R = 3903.7$m,$R_y > R$,故取 $R_y = 3903.7$m。

$$Q_s = L \cdot K \frac{H^2 - h^2}{R_y - r} = 30377.6(\text{m}^3/\text{d})$$

AK42+728m(AZK42+692m)~AK53+036m(AZK53+046m),该段岩性为 Pts 岩浆岩,由于其地下水类型均以基岩裂隙水为主,故把两者看作同一含水层来预测隧道正常涌水量。经在 AK51160L15 号钻孔中做抽水试验取得渗透系数 $K = 0.022$m/d,但根据地面物探显示,在 AK44+390~+550(AZK44+412~+517)段、AK45+447~+529(AZK45+440~+522)段、AK48+632~+692(AZK48+624~+685)段、AK51+002~+104(AZK51+003~+105)段、AK51+427~+482(AZK51+427~+482)段岩体极破碎,推测为断裂破碎带,由于均处于岩浆岩硬质岩地层中,结合以往经验,以上破碎带岩体透水性强,岩浆岩的渗透系数应适当提高(本区为3.0),由洞轴水位线断面得到 $S = H = 592$m,$L = 10354$m。计算:

$$R_y = 2S\sqrt{KH} = 4272.91(\text{m})$$

$$Q_s = L \cdot K \frac{H^2 - h^2}{R_y - r} = 18705.6(\text{m}^3/\text{d})$$

隧道正常总涌水量 Q_s 为 A、B、C 3 段之和,为 51864m³/d。

隧道地下水涌水量见表 8-18。

隧道地下水涌水量计算表 表8-18

分 段	岩 性	影响半径(m)	正常涌水量(m³/d)	正常涌水量(m³/d)
A	砂质页岩	544.3	2780.8	51864
B	白云岩	3903.7	30377.6	
C	岩浆岩	4272.91	18705.6	

8.4.5 评价结果与分析

米仓山隧道共有 8.5km 穿过米仓山国家森林公园,此次评价范围为米仓山隧道中线向两侧距离 1.5km 以内区域。米仓山国家森林公园为生态敏感区,对环境保护要求较高,结合野外环境水文地质调查成果,针对米仓山隧道对水环境的影响评价结果见表 8-19。

米仓山隧道对水环境的影响评价　　　　　　　　　表 8-19

评价指标		岩溶区	评分	非岩溶区	评分
自然地质条件	多年平均降雨量(mm)	1194	2	1106	2
	降水入渗强度	0.3~0.5	2	0.10~0.15	2
	岩体渗透系数(cm/s)	1.944×10^{-4}	2	2.546×10^{-5}	2
	预计降深(m)	586	4	329	3
隧道施工条件	隧道预测排水量(m^3/h)	30377	4	21485	3
	防堵水技术	复合式衬砌+预注浆	1	复合式衬砌+预注浆	1

由表可知岩溶区 K 为 2.1,影响等级为中,对生态环境的影响表现为区域内地下水位明显下降,并伴随出现局部地区地面沉降、地表水流量减少和一定数量井泉枯竭,但雨季流量有所恢复,需水量较大的木本植物开始出现生长缓慢现象,对水量变化敏感的植物开始出现少量枯萎。非岩溶区 K 为 1.9,影响等级为弱。

根据《地下工程防水技术规范》(GBJ 108—2008),《环境影响评价技术导则——地下水环境》(HJ 610—2016)及《公路工程技术标准》(JTG B01—2014),规定公路隧道敏感区排水对生态环境影响等级为弱,综合评分小于 2;非敏感区影响等级为中,影响总分值小于 3。米仓山隧道计算正常涌水量为 51864m^3/d,其中位于敏感区的隧道岩溶区段预测影响等级为中,隧道涌水量降至 10000m^3/d 能够将环境影响等级降为弱。非岩溶区预测涌水量为 21485m^3/d,影响等级符合要求。隧道施工过程中岩溶段采取了更严格的防堵水技术措施,建成后整个隧道的岩溶段和非岩溶段实际涌水量合计为 25334m^3/d,生态环境影响等级为弱,符合环境敏感区的要求。

第9章 其他四新技术

四新技术主要是指在行业内采用新技术、新工艺、新材料、新设备的技术,四新技术往往会带来更高效的施工效率和更好的施工质量。除前面章节介绍的关键技术之外,米仓山隧道在建设过程中还大量采用了其他四新技术,如为了提高施工管理水平开发了公路隧道施工信息化管理系统,为了解决运营维修难题首次提出并设置了洞内交通转换带,为了解决传统预制混凝土易破损的问题开发了一种基于活性粉末混凝土(Reactive Powder Concrete,RPC)的新型半装配式电缆沟,此外在隧道施工过程中还大量采用了 TEI 钻机❶、曼尼通叉车以及自主研发的分体式液压台车等新设备。

9.1 施工信息化技术

米仓山隧道在施工过程中通过不断摸索,在行业已有信息技术成熟应用的基础之上,将物联网传感、建筑信息模型(Building Information Modeling,BIM)、企业资源计划(Enterprise Resource Planning,ERP)、现场数据采集、实时存储、在线分析等技术与现有的隧道施工管理模式、经验相融合,已逐步构建起一套比较完善的数字化隧道管理体系;初步实现了人员、车辆无纸化进出洞管理、人员精准定位报警、三重应急保障、工序、进度自动管理、设备管理数字化;在保障隧道的施工安全的同时,实现了隧道施工精细化、集成化管理,达到了增效节流、绿色能耗的目标。

9.1.1 人员、车辆无纸化进洞管理

米仓山隧道门禁系统采用"地铁式"门禁管理系统,该门禁监控系统会在人员刷卡的同时进行人脸识别拍照并存储该条进洞信息,最后以图文结合的方式反映人员进出信息,实现无纸化登记,如图 9-1 所示。同样对于车辆进出洞也采用了"高速电子不停车收费(Electronic Toll Collection,ETC)"车辆门禁模式对进出洞车辆进行登记管理和统计,实现无纸化登记,提高管理效率,如图 9-2 所示。

---

❶ TEI 指美国科技实业岩钻公司。

图9-1 人员门禁系统

图9-2 车辆门禁系统

9.1.2 隧道内人员、车辆定位

隧道人员考勤定位系统是集隧道施工人员考勤、区域定位、安全预警、灾后急救、日常管理等功能于一体,也是国内技术领先、运行稳定、设计专业化的隧道施工现场监测系统。该系统可使管理人员能够随时掌握施工现场人员、设备的分布状况和每个人员和设备的运动轨迹,便于进行更加合理的调度管理以及安全监控管理。当事故发生时,救援人员可根据该系统所提供的数据、图形,迅速了解有关人员的位置情况,及时采取相应的救援措施,提高应急救援工作的效率。这一科技成果的实现,促使隧道建设的安全生产和日常管理再上新台阶。

较以往隧道施工人员粗略定位不同,米仓山隧道采用最先进的人员定位系统,可实现30cm精度的精准定位,通过在特定作业区域设置定位报警装置,当人员超过一定时间处于未移动状态时,系统会自动发出警报,请求救援(如人员触电晕倒等情况发生时);同时利用定位装置跟踪人员上下台车时的重力加速度情况,判断人员是否发生高空坠落事故,如图9-3所示。

图9-3 隧道台车处人员位置示意

9.1.3 三重应急保障

米仓山隧道通过数字化管理实现了隧道安全三重保障。第一重保障通过人员定位标签、隧道紧急集合点网际互联协议(Internet Protocol,IP)语音终端及管理人员手持终端,实现一键应急呼救;第二重保障利用无线传感网络实现对隧道内瓦斯浓度和有毒有害气体实时自动监测,有效避免气体毒害,同时通过自动控制风机、调动水炮,保障隧道内粉尘指标、空气环境达标,保障作业人员的健康、安全;第三重保障利用全面覆盖的IP网络,及时通知突发险情、自然灾害等,实现施工人员安全撤离,通过数十处的视频监控实时反馈现场状况与数据,帮助管理人员及早发现和处理问题,如图9-4所示。

a) 人员定位标签

b) IP语音终端

c) 瓦斯传感器

d) 有毒有害气体传感器

e) 掌子面全套监测设备

f) 监控室界面

图 9-4　数字化管理设备

9.1.4　施工工序与进度管理

为更好地协调各工序之间的衔接管理和时间控制，本项目自主研发了一套工序管理应用程序 (Application, App)。现场管理人员通过手持终端 App 实现对施工现场工序的一键记录，各工序之间实现了无缝对接，避免了班次衔接无效造成时间的浪费。工序和进度 App 云端每日、每月可自动对现场每日工序情况、开挖进尺情况数据进行统计分析，即可快速、准确地得出每月的施工报表。

隧道每日开挖进尺一直是项目部、监理、业主各方关注的焦点。通过自主研发的手机 App，轻松实现了对隧道进尺的实时统计和报表自动生成。测量人员在测量完成后将数据录入手机 App 中，即可实现进度情况的精准统计和实时上传，各级管理人员即可进行远程查看，方便快速，如图 9-5 所示。

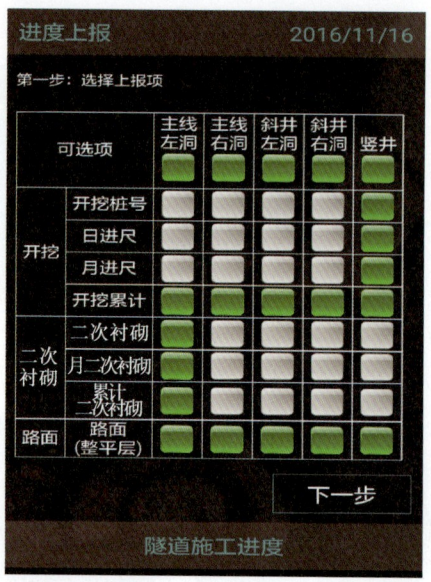

图 9-5　施工进度软件

9.1.5　施工设备远程管理系统

为了响应国家节能减排政策,研发了隧道施工智慧节能控制平台,随时根据工程现场需求控制、调节空压机集群的工作数量,达到节能的目的。结合用电量监控平台,实时掌控各个工作面的用电量情况,并进行用户能耗可控分析,建立能耗模型,为数据优化提供数据支持和决策依据,使施工用电节省电量高达20%,大大降低能耗成本。工作面作业人员、维修人员和管理人员可根据工作需求,用移动通信终端发出控制或查询请求。当设备的运行状态发生改变或出现故障时,将设备的运行状态信息和故障信息自动同步到移动通信终端和监控中心的人机交互界面。当设备发生故障时,将故障信息发送给维修人员,如图 9-6 所示。

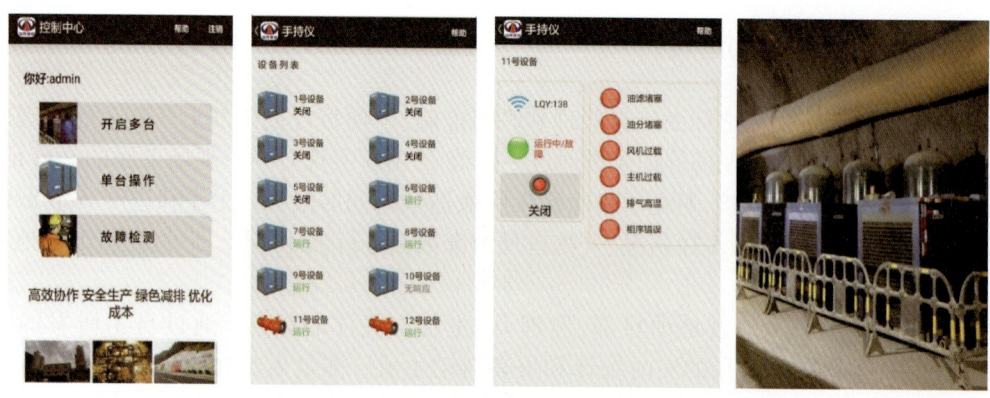

图 9-6　施工设备管理软件

9.1.6 隧道内网络建设

目前大部分施工隧道洞内网络覆盖率不高,洞内人员、设备等不能及时有效地与洞外联系。为了解决这一问题,米仓山隧道在施工过程中建设了一个易用、可靠的通信网络,对隧道工程数字化管理系统的建立和有效运行起到了重要的保障作用。

(1) 工业无线网络

建立了工业无线网络用于传输各种传感器的监测数据、设备的控制信号、隧道各区域的定位信息等。工业无线网络是一个低速的,但可靠性很高的数据传输网络,由终端节点、中继节点、网关节点组成。无线工业网络是基础通信网络的最小子集,即使没有 IP 网络,也能独立完成传感器数据、设备控制信息的可靠传输。

(2) IP 通信网络

在隧道信息系统中,除了传感器、设备信息、人员定位信息外,还需要视频监控、语音对讲等系统,而这些系统需要很大的带宽,这是低速的工业无线网不能胜任的。传统的视频监控或语音对讲,都需要单独的通信系统,比如视频监控采用模拟信号系统,用同轴电缆来完成传输,而语音对讲则需要另外一套通信系统。采用 IP 通信技术,可以将不同的业务系统,用一套通信系统来完成,同时,可以将 IP 网络作为工业无线网的传输主干来使用,使得通信系统的复用率很高,减少了安装和维护成本,而整个隧道信息系统的可靠性更高。

米仓山隧道独头掘进长度超过 8000m,掘进深度大。如果采用光缆(有线方式)构建 IP 通信网络,虽然在光缆正常的情况下,通信的稳定性和带宽都能很好满足用户需求,但也存在施工难度大、成本高、维护和扩充困难等诸多问题。更为重要的是,施工面是通信网络最重要的覆盖区域,传输的信号包括视频监控、环境监测、人员定位等,但施工面会随着工程的推进而不断向前移动,有线方式很难适应通信网络也要不断往前推进这种需求。

在米仓山隧道中,采用数字无线传输来构建 IP 通信网络,即无线网桥作为干路链路,交换机结合无线接入点(Access Point, AP),实现无线覆盖和移动数据传输。IP 通信网络重点覆盖区域为隧道掌子面、二次衬砌、空气压缩机设备,同时,在隧道中的其他区域(洞口至空气压缩机)做一定的覆盖。

9.2 交通转换带的应用

隧道运营期间的维修、养护及应急是长大隧道的难点之一。对于特长铁路隧道而言,当列车在隧道内失火且失火处距两端洞口较近时,列车可优先驶出隧道,于洞外的露天条件下开展紧急救援和消防扑救;但若列车在隧道内失火且难以驶出隧道外时,一般在隧道内设置紧急救援站,列车可紧急停靠于救援站处,并利用救援站里的配套设施开展人员疏散和消防灭火工作。可见,对于特长铁路隧道而言,设置洞内救援站的主要目的便是停靠着火的旅客列车,并为旅客的快速逃生提供必要的疏散通道,同时在必要时可适当兼顾失火的货物列车的紧急救援。铁路隧道救援站在纵向长度范围内必须能满足能停靠得下一列旅客列车,即能保证一列旅客列车各节车厢的人员都能利用救援站的通道向安全地带疏散。救援站的纵向长度主要根据旅客列车的编组长度确定,并适当兼顾货物列车的紧急救援,一般适宜设置为 450~550m。

为了避免在火灾高温热烟气的作用下,衬砌混凝土发生爆裂,一般在救援站衬砌混凝土中掺加熔点较低的有机纤维或复合纤维,以提高混凝土在高温环境下的抗爆裂性能,避免人员在疏散过程中遭受到混凝土爆裂的伤害,从而确保人员疏散的安全性。

在公路隧道领域,行业规范推荐的防火区段为 1000m 左右。高速公路隧道主要采用人行横通道和车行横通道进行人员、车辆在左、右洞之间的疏散、撤离和救援。人行横通道一般 250~400m 设置一处,车行横通道一般 500~800m 设置一处。车行横通道主要是用于车辆的疏散和救援,并兼有人行的功能,但是目前车行横通道的设计往往不便于车辆反向进出。米仓山隧道采用了交通转换带特殊设计。首先,转换带处主洞断面左、右各加宽 3.5m,其中左侧加宽有利于洞内转向,右侧加宽便于紧急情况停车;其次,按"八"字形设置两个横通道,该横通道具有主洞双车道断面的大小,如图 9-7 所示。该设计方案隧道增加了隧道开挖断面面积和工程量,但实现了左右洞车辆行驶路线的快速转换,对于隧道运营阶段的交通管制具有积极作用。

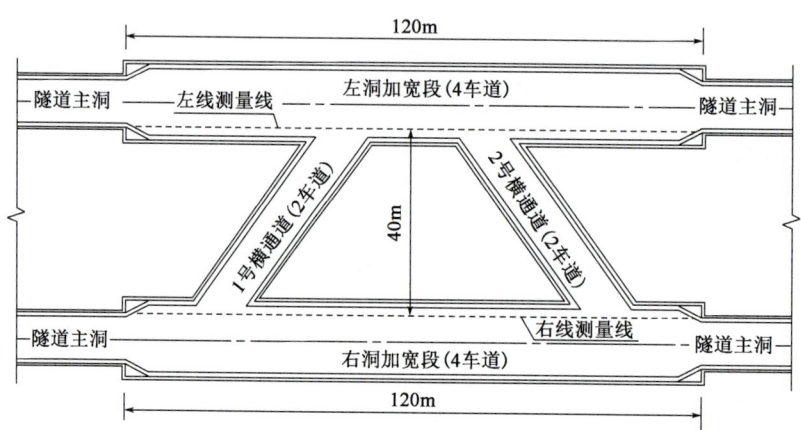

图 9-7　米仓山隧道洞内交通转换带设计图

隧道内每隔 3.5km 左右设置一处交通转换带,共设置 3 处,每处长 120m,具有交通转换、景观和停车三大功能。当隧道内某区段需要封闭时,可在该区段未封闭洞室按单洞双向行车组织,其余区段利用交通转换带恢复为单洞单向行车,如图 9-8 所示。从而快速方便地完成洞内交通转换,并在很大程度上降低对整个路段的影响。

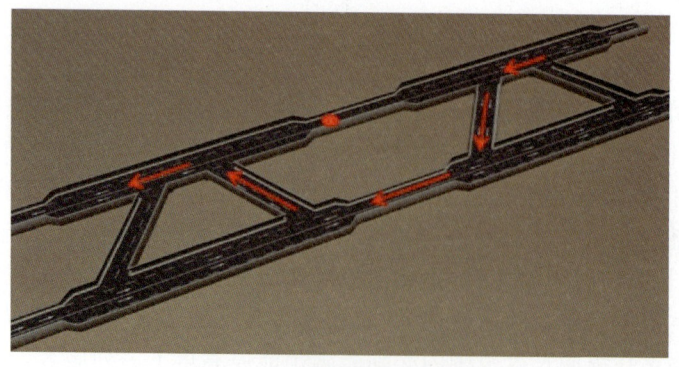

图 9-8　洞内交通路线的快速转换

转换带内配备特殊的灯光照明及内部装饰,营造出轻松惬意的氛围,可缓解司乘人员的视觉疲劳和心理压抑感，有利于提高行车舒适度和行车安全，如图9-9所示。

图9-9　交通转换带处的灯光效果

9.3　新型半装配式电缆沟

活性粉末混凝土（Reactive Powder Concrete，RPC）是在20世纪90年代由法国一个实验室开发研究出的一种继高强混凝土和高性能混凝土之后的新型超高性能水泥基复合材料。RPC同常规混凝土相比，根据其组成成分和浇筑成型后热处理方式的不同，这种新型混凝土具备更优异的力学性能，其抗压强度可以达到200~800MPa，抗拉强度可以达到20~50MPa。除了超高强度之外，RPC还具备高韧性、高耐久性、体积稳定性良好等特点，因此RPC在国内外被广泛地应用于军事、核电、桥梁、海洋和港口等多个工程领域当中。

隧道电缆沟是隧道工程的重要组成部分，对于保障隧道的正常功能有重要作用。现有隧道电缆沟现状为：采用现浇混凝土浇筑电缆沟两侧侧壁及底板，两侧壁顶部预留有一定的沟槽，采用钢筋混凝土作为电缆沟盖板。虽然该结构能够满足基本的功能要求，但是长期以来一直存在如下问题：①传统的电缆沟长侧壁浇筑时需要在顶部浇筑成阶梯状，加大了施工的难度；②传统的电缆沟长侧壁设计为直角，在隧道弯道处浇筑时很难保证平顺光滑，影响了其外观美观；③现有盖板主要采用钢筋混凝土盖板，厚度及重量都比较大，给施工及后期运营维护带来了很大的不便；同时传统电缆沟盖板强度较差，在安装及运营过程中经常会发生破损，如图9-10所示。

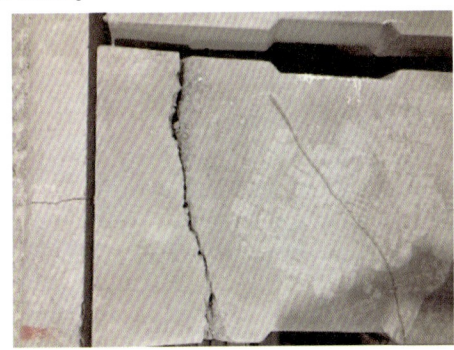

图9-10　传统电缆沟盖板

为了解决传统电缆沟所存在的一些问题,通过广泛调研提出了一种新型电缆沟。这种电缆沟主要由以下几部分组成:隧道电缆沟侧壁的长侧壁、长侧壁相对的短侧壁、底板,以及预制盖板、盖板侧缘预制条。其中为了解决目前普遍存在的盖板强度不够、容易破损的缺点,引入了 RPC 电缆沟盖板。RPC 材料是一种采用常规的水泥等材料开发出的超高强度、高耐久性、高韧性和体积稳定性良好的水泥基材料,具有强度高、质量轻的特点,同时更加美观,RPC 材料盖板与传统混凝土盖板如图 9-11 所示。

a)RPC材料盖板　　　　b)传统混凝土盖板

图 9-11　两种不同材料的盖板

与传统的电缆沟相比,这种新型电缆沟取消了长侧壁上部阶梯状,降低了支模及浇筑难度,采用盖板侧缘预制条增加了电缆沟施工的灵活性,确保了电缆沟的美观程度,采用高性能混凝土材料盖板,减小了盖板的质量,利于施工及运营维护,如图 9-12 所示。

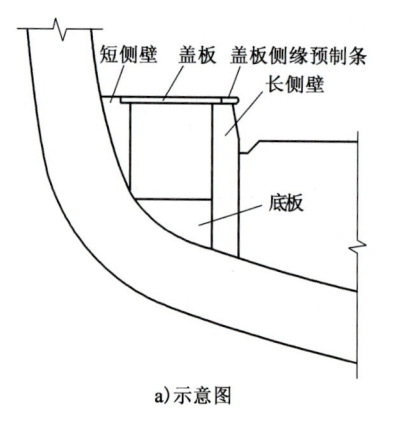 

a)示意图　　　　　　　　b)实物图

图 9-12　新型电缆沟示意图及实物

9.4　新型施工机械

(1)TEI 钻机

项目部引进 TEI 挖改钻机进行钻孔作业,该钻机高频冲击配合超高冲击能大大提高了钻进速度,在开挖作业时仅需两台 TEI 挖改钻机同时作业就可超过传统 20 人同时开钻的作业速度。使用该钻机可有效地减少掌子面的作业人数,降低伤亡风险,提高工作效率,如图 9-13 所示。

图 9-13 TEI 钻机

(2) 曼尼通叉车

项目部引进法国曼尼通叉车进行装药、立架、挂网作业。该叉车具备良好的越野能力,性能稳定,操作性好,相较于传统的台架作业方法,曼尼通叉车能有效减小作业占用空间,减少作业人员数量,在辅助隧道施工方面具有明显优势。

(3) 分体式液压台车——隧道"变形金刚"

为了解决隧道内加宽带、景观带较多的特点,投入加宽带台车 1 台,一个循环的工作长度为 6m,台车由模板总成、托架总成、平移机构、门架总成、主从行走机构、侧向液压油缸、侧向支承千斤顶等组成。该台车由左右两部分组成,可以快速拼合拆分。在运输时两部分分开运输,便于快速转场,在加宽带衬砌施工时采用单侧加宽,在景观带施工时采用双侧加宽,如图 9-14 所示。

(4) 自感式喷雾降尘炮车

米仓山隧道围岩以石英闪长岩和花岗岩为主,均为硬脆性岩石,在爆破后会产生大量的粉尘,对隧道施工空气质量和可见度都会造成较大影响。为了在开挖后尽快使粉尘沉降,减小对隧道内环境的影响,项目部引入了自感式喷雾降尘炮车。该炮车距离掌子面 50m,在放炮后喷雾炮感应喷雾,该设备的引用有效缩短了排烟的时间,提高了隧道施工空气质量,如图 9-15 所示。

图 9-14 分体式液压台车　　　　图 9-15 自感式喷雾降尘炮车

图 9-16 水沟盖板移动台车

(5)隧道水沟盖板移动台车

目前大部分隧道中采用的盖板都是在洞口统一预制的,因地面不平整、钢模长时间使用易变形,使得预制水沟盖板在平整度与精度上都很难满足要求;同时以往采用机械远距离转运盖板时,也极易造成盖板缺边掉角,甚至损坏。

在米仓山隧道中通过集思广益,将新型塑钢模板在台车上永久固定,解决了因地面不平整、模板变形造成的平整度、精度不足的问题;台车配置的移动功能,解决了盖板需要转运的问题,降低了盖板损坏的风险,如图 9-16 所示。

9.5 长陡斜井施工技术

米仓山隧道巴中段斜井为运营通风及辅助施工而设。与隧道不同,斜井的形式结构较为特殊,主要是其坡度较大,这给斜井施工带来了许多新的挑战。对长陡斜井而言,如何确保长陡斜井施工过程中的运输安全、排水畅通以及大倾角条件下施工设备,特别是开挖台车和二次衬砌台车的行进和稳固性是施工过程中的难点。为保证施工安全,洞口段施工宜避开雨季进行,按设计要求做好洞口截水沟、洞外排水沟及洞外中心沟等排水系统,施工前应复测洞口段平纵地面线,以现场实际地面线为准,若实测地面线与设计不一致,应及时提出,避免盲目大挖大刷,造成人为高边坡。洞口施工应避开雨季,并做好临时边仰坡防护措施。

9.5.1 斜井施工排水系统

陡坡斜井的排水是一个非常关键环节。合理的排水系统能够有效降低工程成本,排水系统能否满足要求直接影响斜井施工的成败。斜井排水系统主要包括集水坑、抽水机、排水管、中转水仓及若干潜水泵。对于斜井施工排水系统,排水设备的选择至关重要,一般在设备选型时要遵循以下原则:

(1)隧道内排水主要为隧道已支护段出水和掌子面出水。

(2)洞内水量是逐段递增,在各级集水井(泵站)的水泵选型上,应按照排水能力自下而上递增原则配置,并预留应急排水余量。

(3)因洞内施工为 24h 不间断作业,抽水设备本身应具有适用性和长期功效性。

(4)1 号斜井掌子面为反坡开挖,在放炮、出渣过程中,掌子面会出现大量囤积水,为保证施工进度,应快速进行抽排水作业,保证掌子面具备施工条件,所以第一阶段五级集水井要配备足够抽水能力的排水设备。

9.5.2 斜井出渣方式

目前,公路工程隧道斜井常用的出渣方式有两种:一种是有轨运输,另一种是无轨运输。

隧道斜井为通风斜井,施工完毕后用于隧道排风、排烟,不涉及后期运营行车,也不涉及斜井向正洞两侧施工,因此斜井交通运输只涉及通风斜井施工阶段的洞渣运输和混凝土运输等施工机械的交通安全。采用有轨运输时要配置相应的轨道运输设备和信号设备,一次性投入较大,且同样有安全风险;出渣和洞内其他工序受轨道和矿车的影响不便施工,造成施工效率大幅下降,成本大大增加。无轨运输具有灵活的施工组合方式、高效的出渣速度,同时不影响隧道其他施工工序,不影响二次衬砌混凝土施工的特点,从而使得无轨运输的方式运用于斜井施工有相应的优势。

9.5.3 斜井与正洞交汇处施工技术

米仓山隧道斜井与正洞的交汇段易出现应力集中现象,施工不当易引起塌方。斜井进入正洞施工的快慢成为影响隧道施工进度的关键因素之一。所以对斜井进正洞挑顶技术进行优化研究,对加快进洞速度,保证施工安全具有重要意义,主要有以下措施:

(1)交叉口段斜井较强施工:由于交叉处隧道基本呈"十"字交叉状态,围岩受力复杂,斜井与正洞交界处施工要尽量减少对围岩的扰动,要加强支护措施。

(2)正洞上台阶施工:开挖到过渡坑道断面全部进入正洞断面后,继续采用矩形断面向前掘进。由于围岩破碎,支护仍采用过渡坑道支护形式。

(3)正洞工作面开辟:正洞上台阶断面形成后,拆除门形钢架的直腿部分,向大、小里程方向间隔循环施工,跨过斜井断面3m后,从斜井向正洞开辟中台阶工作面,开始中台阶施工。中台阶施工达到5m时,开始正洞下台阶施工。下台阶施工10m左右时立即进行仰拱施工,以及时封闭支护体系。

参 考 文 献

[1] 洪开荣.我国隧道及地下工程近两年的发展与展望[J].隧道建设,2017,37(2):12.
[2] 王志伟,杨超.高速公路隧道监控系统的现状与发展[J].现代隧道技术,2009,46(06):8-16.
[3] 韩直.公路隧道智能控制的现状与发展[J].交通世界,2003(S1):36-38.
[4] 雍毅,李俊,李锴.斜通道辅助竖井施工技术研究[J].隧道建设,2012,32(03):393-397+403.
[5] 杜立杰,王佳兴,洪开荣,等.TBM施工岩爆微震监测的准确率及适用性研究[J].土木工程学报,2020,53(S1):278-285.
[6] 韩侃,陈贤丰,杨文斌,等.基于微震监测的川藏铁路某隧道岩爆预测研究[J].铁道工程学报,2020,37(11):90-95.
[7] 成功,陈亮,王锡勇,等.深井岩爆微震监测预警与防治成套技术研究[J].地下空间与工程学报,2017,13(S1):285-293.
[8] 马天辉,唐春安,唐烈先,等.基于微震监测技术的岩爆预测机制研究[J].岩石力学与工程学报,2016,35(03):470-483.
[9] 李立民,唐烈先,魏军政,等.基于微震监测技术的岩爆特征研究[J].人民黄河,2020,42(02):77-80,108.
[10] 张海云.高地应力隧洞微震监测岩爆预测技术[J].铁道建筑,2014(03):65-67.
[11] 王永东,覃桢杰,何志伟,等.公路隧道互补结合竖井送排的改进型混合通风方式研究[J].中国公路学报,2020,33(04):106-114.
[12] 张恒,孙建春,刘效成,等.利用竖井自然通风辅助机械通风的关键参数研究[J].地下空间与工程学报,2019,15(04):1258-1266,1272.
[13] 赵顺义,赵学礼.公路隧道通风竖井及支护施工技术研究[J].公路工程,2017,42(03):192-197.
[14] 王建强,邓武波,张治荣,等.云山公路隧道通风竖井施工综合技术[J].公路,2014,59(05):157-160.
[15] 李丰果,徐矫,贺国强.节能降耗新技术在深大通风竖井施工中的应用[J].隧道建设,2012,32(06):849-853.
[16] 王新民.隧道通风竖井二次成井法快速施工技术[J].铁道建筑技术,2012(08):54-58.
[17] RIE D H,LEW J O. A study of heat & smoke evacuation characteristics by the changing of operational method of tunnel fan shaft ventilation system for fire on subway train vehicle[J]. Fire Science and Engineering,2003,17(2).
[18] 刘黎,张平,王唤龙,等.高黎贡山隧道1号竖井设计及分析[J/OL].隧道建设(中英文):1-10[2021-03-22]. http://kns.cnki.net/kcms/detail/44.1745.U.20210204.1407.002.html.
[19] 魏福贵,田青峰,李鳌,等.竖井中隔墙滑模施工[J].四川建筑,2020,40(05):280-

281,284.
[20] 魏福贵,周健,李鳌,等.大直径硬岩公路竖井荷载探讨[J].公路交通科技(应用技术版),2020,16(09):327-330,370.
[21] 左强,林锐,陈世凯,等.深竖井条件下暗挖隧道施工机械配套分析[J].四川建筑,2020,40(01):258-261.
[22] 万晓丹,曹京京.信息化施工技术在主变室排风竖井中的应用[J].水利科技与经济,2009,15(04):353-354.
[23] 冯雷,王晨.新型泄漏电缆在地铁隧道场景5G网络建设中的应用[J].中国新通信,2021,23(02):96-97.
[24] 刘威,刁兆坤,范才坤,等.广深港高铁5G网络建设策略及方案研究[J].通信世界,2020(04):38-39.
[25] 陈禹平.高铁CDMA网络建设思路及实践[J].邮电设计技术,2010(06):20-23.